本书为内蒙古大学铸牢中华民族共同体意识研究系列丛书；

本书获得内蒙古哲学社会科学规划项目"'城牧互动社区'促进内蒙古多民族交往交流与交融路径研究"（2021NDB137）的支持。

产业链下的
内蒙古新型农牧民经济行为研究

Research on the Economic Behavior of
New-type Farmers and Herdsmen in Inner Mongolia
within the Industrial Chain

陈 红 等著

经济管理出版社
ECONOMY & MANAGEMENT PUBLISHING HOUSE

图书在版编目（CIP）数据

产业链下的内蒙古新型农牧民经济行为研究 / 陈红
等著. -- 北京：经济管理出版社, 2024. -- ISBN 978
-7-5243-0077-9

Ⅰ . F327.26

中国国家版本馆 CIP 数据核字第 20248K89R6 号

组稿编辑：任爱清
责任编辑：任爱清
责任印制：许　艳
责任校对：王纪慧

出版发行：经济管理出版社
　　　　　（北京市海淀区北蜂窝 8 号中雅大厦 A 座 11 层　　100038）
网　　　址：www.E-mp.com.cn
电　　　话：（010）51915602
印　　　刷：唐山玺诚印务有限公司
经　　　销：新华书店
开　　　本：710mm×1000mm /16
印　　　张：13.5
字　　　数：257 千字
版　　　次：2025 年 5 月第 1 版　　2025 年 5 月第 1 次印刷
书　　　号：ISBN 978-7-5243-0077-9
定　　　价：88.00 元

前言

在宏大叙事之下是日常生活，是人以生计为目的的日复一日的劳动。在本书绪论中，以"兼业"为题描述了当前内蒙古农牧业村落的常态。改革开放几十年的历程使村落社会和人的精神面貌发生了转变。变迁过程与政治规划同步，但与规划清晰可见的过程相比，变迁的渐进性、不平衡性使生活场域充满了模糊与混沌。这就是日常生活研究的意义所在。

农牧民经济行为的研究是多个学科的焦点，在研究过程中笔者意识到在城镇化进程中农牧区之间的区别虽在持续，但两者之间一致性也在扩大，在城镇化下的村落与城镇之间以生计为导向的人员来往密集，使城村互动成为一种普遍模式。本书中笔者在以往研究基础上进一步提出了"城村互动模式"，并将其作为农牧民经济行为的主要背景。

本书内容包含来自内蒙古多个盟市旗县的案例。调查者是内蒙古大学民族学与社会学学院民族学专业的本科生和硕士研究生，具体调查者及其所负责撰写的章节情况如下：

安娜尔，内蒙古大学民族学与社会学学院民族学专业硕士研究生，她在二连浩特市外贸市场的调查基础上撰写了第二章第六节 20 世纪 80 年代以来口岸城镇发展对农牧民经济行为的影响。

娜布其，内蒙古大学民族学与社会学学院民族学专业硕士研究生，她利用赤峰市阿鲁科尔沁旗 M 嘎查调查材料撰写了第三章第三节人的现代化与基层实践。

武林和刘丽丽，均为内蒙古大学民族学与社会学学院民族学专业本科生，他们根据通辽市科尔沁左翼中旗后乜吐硕嘎查及兴安盟科右中旗布敦华嘎查案例撰写了第三章第四节生产工具升级与村落社会生计结构变化。

苏日古嘎，本科就读于内蒙古大学民族学与社会学学院，现为兰州大学历史文化学院民族学专业硕士研究生，她在家乡通辽市奈曼旗艾吉佰村进行了长期调查后撰写了第三章第五节城村互动模式下的农牧民观念转变的第二至第五部分，内容系其本科学位论文，曾被评为 2024 年度内蒙古大学优秀本科毕业论文。

包田洪，内蒙古大学民族学与社会学学院民族学专业硕士研究生，通过对通辽市奈曼旗周边牛集市的调查撰写了第四章第二节牛产业链下的农牧民经济行为。

嘎初拉和王浩宇，分别为内蒙古大学民族学与社会学学院民族学专业硕士研究生和本科生，他们因对奶业的共同关注而分别对地方奶食品及产业化包装文化相关内容进行了针对性调查，共同撰写了第四章第三节健康观念下的牛奶产业、内蒙古形象和特色奶食品。

仓阿，内蒙古大学民族学与社会学学院民族学专业本科生，她在家乡阿拉善左旗庆格勒图嘎查进行了持续性的调查，撰写了第四章第四节羊绒产业链下的农牧民经济行为。

本书中呈现的这些案例的共同点是扎根于日常生活、生动、真实，反映了当下的内蒙古不同区域的基层社会具体情况。同时将这些案例置于宏观的社会规划内进行梳理时则得出了更多的理论性结论：首先是产业链下的农牧民的参与方式是多方面的，在产业供应链中的参与行为之外，在产业的专业化与文化构建上两者是相互绑定在一起的；其次在区域文化的打造上基层社会的参与是"默默无闻"的，但有着实质性的过程，并能够创造出自己的独特性，空间感的主要生成机制在于农牧业生产关系网络；最后是通过农牧民的能动性能够在具体的生活生产场景内捕捉他们的不同阶段的主体性特征，这是发展、现代化、整体规划等宏观议题的实践所得。

本书延续了笔者及学生一贯的写作习惯，努力将日常生活内容与经济、政治、文化的理论连接起来。在调查及写作过程中，我们彼此分享了调查期间的详细内容及产生的想法，对所采用的三大脉络：空间性、人的现代化及基层社会实践有了较深入的认识。回想整个过程，对案例的理论化的过程是较为困难的，受学识、经验所限，笔者对学生在具体问题上的引导并不充分。但相信通过本次探索，每个人都获得了思考问题的可靠基点，在未来的相关研究领域大家能够阐述更深刻的感触及想法，抛出更多有现实意义的观点。

陈红

2025 年 1 月

目 录

C O N T E N T S

第三章 社会空间视角下的内蒙古农牧区及农牧民能动性 / 071

第四章　产业链链条的延伸与农牧民经济行为 / 139

第五章

第一章

绪　论

第一节　问题的提出

本书关注的群体是农牧民，他们的角色不仅是受访对象，也是父母、亲友和老乡。书中的多个案例是调查者自己家及家乡的人和事，是鲜活的生活写照，是当下的纷繁社会事实的真实表现。本书的主题起于"新型农牧民"的思考，源于一次小型社会调查，调查系笔者指导的本科生乌云娜的学位论文①。此次调查主题原本是以牧区基层社会的女性对家庭决策的参与能力，但调查进行一段时间后，乌云娜联系笔者反馈调查中出现的情况，从她的描述发现当地女性"兼业"方面的意愿比较强烈。只是当时我们还没有确定要用"兼业"这个词，而是习惯性命名为"兼职"。直到开题答辩有专家指出"兼职"意味着职业选择，但"当前在牧区女性有选择多个职业的可能吗？"这个简单的问题启发了更多的思考，让笔者意识到了该问题背后的社会现实，即城镇化背景下农牧民身份和观念正处于较大程度的转变阶段，他们是否拥有选择职业身份的机会，这意味着需要将内蒙古农牧区及国内外情况连接起来，也就是需要在一个界限相对明确的整体之内谈农牧民个体的选择。

现阶段对农牧区人口的职业选择的结论可能因国内地区差异而有所不同，例如，在土地流转率极高、人口密集、交通条件便利的东南沿海某个村落，根据村民的生计收入种类，认为其有两个或以上的职业身份，即某企业的员工和农民，其中农民的身份仅仅是因为每年的土地流转收入；而在内蒙古农牧区现阶段村民对自己职业身份的认识上一般会把农民或牧民身份排在第一位，之后才是其他职业称谓。因此就某一具体的生活内容探讨其所涉及的整体时，常常面临如何处理该整体的范围与脉络，以及一路演进之后的相互关系模式。农牧民的兼业是他们生产及生活中缓慢发展起来的结果，这一点涉及区域社会生活的转变，直接关系到重大的政治经济决策以及思想观念的更新换代。乌云娜后来在调查基础上对牧区女性的身份角色中加入"兼业"一词，以此来分析内蒙古牧区女性现状以及就业诉求。从"兼业"的角度反观农牧区不同的案例会发现，在当前的内蒙古农牧区"兼业"如此频繁以至视为常态，同时他们兼这份

---

① 陈红."双碳"目标下内蒙古牧区发展：牧民经济主体及培育路径研究［M］.北京：经济管理出版社，2023：116—132.

"业"的起点仍扎根于农业、牧业，时刻关心主业的安稳与持续性。

内蒙古农牧区兼业的常态化可以从以下两个方向思考：一是所兼之业来自何处？二是为何需要兼业？这里需要注明的是该问题同时也构成了本书主题对应的研究整体及脉络。当前随着国内外市场经济的发展，产业链已成为重要的市场运行模式。在内蒙古农牧区，农牧民的经济行为会有意无意关联到国内外市场某类产业链，其中最为常见的是农产品、畜肉产品及奶食品业。在各个产业链条内农牧产业从事者是否找到兼业的机会或以什么形式参与到产业链，这使本书探讨的主题能够稍微明确所要涉及的整体轮廓，一方面是农牧民经济行为与国内外市场的关系，一些产业链，如牛羊肉产品、奶产品，是主要研究脉络；另一方面是本主题相对应的整体则体现在地方性与普遍性的理论层级上，通过个人和家庭的经济活动去实现比个人奋斗意义更高层级的理论实践意义。

对研究主题的细化使主题所能涉及的界限逐渐明确，从而能形成围绕主题的可感觉的空间轮廓。生活该空间中的人的生活日常、生产活动、关系网络会被纳入到观察和探讨的范围，获得在特定空间内再一次被认识的机会，这也是围绕特定主题构建其整体性的过程。从研究主题的整体性勾勒出社会空间需要经历复杂的思索，需发现社会变迁细节及总结变迁规律。对于内蒙古而言，农牧区产业链还是新鲜的事物，甚至在产业链的理解上社会各界还没有形成一致的认识，因此在产业链背景下回顾内蒙古农牧区发展进程及农牧民经济行为是以"新型"之名探求农牧区、边疆民族聚居区发展模式的可行路径，具有一定的现实和理论意义。

在社会场域内，人的自我认识所反映的是宏观和微观上的社会缩影，虽然为个案，但能够映射其所处社会空间的整体状态。相较于40年前的内蒙古农牧区，当下农牧民以家庭为单位参与市场经济活动变得比较普遍，许多家庭收入构成也因此发生了较大的改变，就如乌云娜调查中的"新发现"。那么农牧民广泛参与市场的经济行为的深度如何？这一点需要对多个个案进行深入调查和了解。在生活场景中新的内容往往是悄然发生又缓慢扩散普及的，当"新现象"被社会调查者发现时，事实上"新现象"已经变成了某一种生活常态，却需要通过长时间的社会整体形态比较之后才能再一次认识到"新现象"所包含的部分内容。乌云娜调查到的案例捕捉到了内蒙古牧区民众"兼业"的新常态。在同时期的其他社会调查中的案例也表明兼业现象在内蒙古农牧区已是普遍现象，如下文中娜布其、武林、包田洪调查的半农半牧区案例中，村民的勤勤恳恳不再是躬行田间的形象，而是兼农业与牧业于一家之内的忙碌景象。

第二节 社会转型与农牧民经济行为

一、土地制度与农牧民生活

国内工业化和城市化的快速推进得益于城乡分治的二元土地权利制度。自20世纪90年代末开始中国经济保持了30多年的高增长，其主要推力来自于高速的工业化和快速的城市化，其中土地是推力的主要根源；起初地方政府能低价征用农民土地，以创办园区、协议出让的形式推进了高速工业化；地方政府对城市土地一级市场有垄断权，通过经营性用地的市场化出让、土地抵押融资来推动了快速城市化；同时这一阶段中国市场经济出现明显的出口导向，沿海发达地区集体建设用地进入到市场，促进了制造业、工厂的快速形成。[①]

土地制度直接影响农牧民的生活日常及家庭经济决策。改革开放初至21世纪初中国社会处于经济转轨时期，农村区域实现了集体所有制下的家庭经营，确立了制度与法律的保障，实现了集体所有权与使用权的分离。这一改革同时也意味着城市与农村二元人地关系的改变，出现了大量的人地分离式的农村人口的流动现象。促进农村人口流动的原因是多方面的，其中工业化、城镇化是主要促成原因。但将这一宏观的过程置于生活空间内理解，它又是千万个家庭和个人根据自身情况综合决策的结果。1978年第一产业就业人数占全国就业人数的比例为70.5%，到2000年为50.0%。[②] 在20世纪80~90年代的社会调查中土地制度改革而引起的重大转变记事，如黑龙江XJ村，1983年底XJ村大队被解散，土地承包到户，大队农具也被分到私人手中，为保证上缴税费后维持家庭开支，每家开始经营副业，因年龄未达到政策规定要求没有分到土地的年轻人纷纷到城里打工，1991年，XJ村106人每年在外打工时间超过3个月，1994年人数增加到167人，1995年后未婚

---

① 将省三，刘守英，李青．中国土地制度改革：政策演进与地方实施［M］上海：上海三联书店，2010：18-26．

② ［美］D．盖尔·约翰逊．经济发展中的农业、农村、农民问题［M］．林毅夫，等编译．北京：商务印书馆，2004：132-133．

女性也加入到了打工队伍。①

人口离开农村的主要原因在微观生活中的主要表现是经济收入的计算和个人能力的实现，而这与当时的土地权利制度下的收益分配有直接的关系。在21世纪初关于土地收益分配制度的研究中提到"规范土地收益分配制度的中心内容是对土地收益分配关系的重新调整。从中国土地收益分配制度的现状来看，现行制度的既得利益者是实际控制地方土地的地方政府和从土地增值中收益的开发商和投机者等，农民和中低收入者、中央政府和下届地方政府的利益没有实现或受到不同程度的损害。"②分配上的不平衡对城乡二元结构起到了一定的模糊化的作用，即促使农业人口为个人的发展而选择离开土地。当然，农牧民为获得更多的现金收入和个人发展机会而只身前往城镇，也与当时人口限制相关政策放松有关，但当时的土地政策在利益分配上的倾斜使农村人口很容易做出流向城市的决定。

2013年11月，党的十八届三中全会通过《中共中央关于全面深化改革若干重大问题的决定》，其中对推进市场化改革的论断意味着国内经济向市场经济过渡，标志着中国自1978年开始的改革开放进入了新的历史阶段，此阶段也是中央聚焦"三农"问题，再一次开展土地制度改革的起始阶段，围绕农村土地征收、集体经营性建设用地入市和宅基地制度改革进行了全国试点。③

二、空间规划下的生态、城镇与农牧村

2015年，中共中央、国务院印发的《生态文明体制改革总体方案》④中明确要求"整合目前各部门分头编制的各类空间性规划，编制统一的空间规划，实现规划全覆盖"。该文件强调了空间规划的重要性，"空间规划是国家空间发展的指南、可持续发展的空间蓝图，是各类开发建设活动的基本依据"。当前空间规划分为国家、省、市县（设区的市空间规划范围为市辖区）三级。当时"空间规划"在国家行政话语体系内还是新组合的词汇。对国土空间的规划还处于试点阶段，该文件要求在省级试点并推进市县"多规合一"，统一编制市

---

① ［美］阎云翔.私人生活的变革：一个中国村庄里的爱情、家庭与亲密关系：1949-1999［M］.龚小夏，译.上海：上海书店出版社，2009：27-35.

② 张立彦.中国政府土地收益制度研究［M］.北京：中国财政经济出版社，2010：172.

③ 唐健，谭荣，魏西云.农村土地制度改革的中国故事：地方政府行为的逻辑［M］.北京：北京大学出版社，2021：13.

④ https://www.gov.cn/gongbao/content/2015/content_2941157.htm.

县空间规划，研究制定市县空间规划编制指引和技术规范，形成可复制、能推广的经验。

市县空间规划要统一土地分类标准，根据主体功能定位和省级空间规划要求，划定生产空间、生活空间、生态空间，明确城镇建设区、工业区、农村居民点等开发边界，以及耕地、林地、草原、河流、湖泊、湿地等的保护边界，加强对城市地下空间的统筹规划。

在党的十八大报告《坚定不移沿着中国特色社会主义道路前进 为全面建成小康社会而奋斗》中明确"建设生态文明，是关系人民福祉、关乎民族未来的长远大计"。报告主张坚持节约资源和保护环境的基本国策，将"绿色发展、循环发展、低碳发展"作为发展模式，"形成节约资源和保护环境的空间格局、产业结构、生产方式、生活方式，从源头上扭转生态环境恶化趋势，为人民创造良好生产生活环境，为全球生态安全作出贡献。"在"优化国土空间开发格局"部分指出"国土是生态文明建设的空间载体，必须珍惜每一寸国土。要按照人口资源环境相均衡、经济社会生态效益相统一的原则，控制开发强度，调整空间结构，促进生产空间集约高效、生活空间宜居适度、生态空间山清水秀，给自然留下更多修复空间，给农业留下更多良田，给子孙后代留下天蓝、地绿、水净的美好家园。加快实施主体功能区战略，推动各地区严格按照主体功能定位发展，构建科学合理的城市化格局、农业发展格局、生态安全格局。"①

"生产、生活、生态"空间的论述在党的十八大之后获得了学术界更多关注，从而以"三生"空间为题的研究逐渐成为热门。在党的十九大报告中继续坚持人与自然和谐共生的主张。"建设生态文明是中华民族永续发展的千年大计。必须树立和践行'绿水青山就是金山银山'的理念，坚持节约资源和保护环境的基本国策，像对待生命一样对待生态环境，统筹山水林田湖草系统治理，实行最严格的生态环境保护制度，形成绿色发展方式和生活方式，坚定走生产发展、生活富裕、生态良好的文明发展道路，建设美丽中国，为人民创造良好生产生活环境，为全球生态安全作出贡献。"②

《中华人民共和国国民经济和社会发展第十四个五年规划和2035年远景目

---

① 中共中央文献研究室编.十八大以来重要文献选编（上）[M].北京：中央文献出版社，2014：1-44.

② 习近平.决胜全面建成小康社会 夺取新时代中国特色社会主义伟大胜利——在中国共产党第十九次全国代表大会上的报告 [EB/OL].http://www.gov.cn/zhuanti/2017-10/27/content_5234876.htm.

标纲要》中"把乡村建设摆在社会主义现代化建设的重要位置，优化生产生活生态空间，持续改善村容村貌和人居环境，建设美丽宜居乡村。①"国土空间的结构变化趋势是在优化重大基础设施、生产力及公共资源布局进程中完成的，具体内容安排上协调城市化、粮食及农产品保障、生态保护之间的关系，形成城市化地区、农产品主产区、生态功能区的三大空间格局。中心城市和城市群能够增强经济和人口承载能力，中西部中心城市和城市群的功能主要体现在加快工业化城镇化进程、强化对区域发展的辐射带动作用。农产品主产区增强农业生产能力。生态功能区保护生态环境、提供生态产品，将该区域人口有序向城市化地区转移并定居落户。

在《中共中央关于制定国民经济和社会发展第十四个五年规划和二〇三五年远景目标的建议》②中进一步明确指出了区域规划要立足资源环境承载能力，发挥各地比较优势，逐步形成城市化地区、农产品主产区、生态功能区三大空间格局。"城市化地区"要高效集聚经济和人口、保护基本农田和生态空间；"农产品主产区"要增强农业生产能力；"生态功能区"要把发展重点放到保护生态环境和提供生态产品上。因此为支持生态功能区的生态功能，将该区域超出生态承载能力外的人口逐步有序转移出去。在优化重大基础设施、重大生产力和公共资源布局的基础上，三大空间格局主体功能明显，优势互补，形成高质量发展的新格局。

在党的二十大报告中再次深刻阐释了中国式现代化的当代实践，结合发展模式、国土空间布局、"双碳"目标指出了生产、生活、生态三者之间的终极关系。"中国式现代化是人与自然和谐共生的现代化。人与自然是生命共同体，无止境地向自然索取甚至破坏自然必然会遭到大自然的报复。我们坚持可持续发展，坚持节约优先、保护优先、自然恢复为主的方针，像保护眼睛一样保护自然和生态环境，坚定不移走生产发展、生活富裕、生态良好的文明发展道路，实现中华民族永续发展。"③

明确三大空间格局意味着，原来的城市与乡村、城市户口与农村户口相互

---

① 中华人民共和国国民经济和社会发展第十四个五年规划和2035年远景目标纲要［EB/OL］.https://www.mnr.gov.cn/dt/ywbb/202103/t20210315_2617124.html.

② 中共中央关于制定国民经济和社会发展第十四个五年规划和二〇三五年远景目标的建议［EB/OL］.http://www.gov.cn/xinwen/2020-11/03/content_5556991.htm.

③ 习近平：高举中国特色社会主义伟大旗帜　为全面建设社会主义现代化国家而团结奋斗——在中国共产党第二十次全国代表大会上的报告［EB/OL］. https://www.gov.cn/xinwen/2022-10/25/content_5721685.htm.

对应的空间和人群的二元分类将会失去鲜明对应效果，人口分布整体上发生改变，将迎来新的社会空间布局。城市化地区、农产品主产区、生态功能区三个空间的规划是以自然生态、人类社会可持续发展为前提的。在理论方面，可持续发展有其基本原则，即为保障人类赖以生存的生态系统及其生态功能健全、稳定，将人类活动导致的污染排放控制在地球生态系统可承受的自净化能力范围之内。在现实中，自工业化以来人类活动排放的污染物已经超过了生态系统的自净化能力，使人类生存环境受到了严重影响，其中现已突出的问题是排放过多的二氧化碳气体导致全球气候温度的持续升高，进而使地球生态系统及其生态功能失去了平衡，稳定性变差，再持续恶化会带来人类共同面临的巨大的风险。因此，在"可持续发展"之下三大空间又归为一体，系统解决生态问题的关键回落到对人类社会生产活动的有效控制，实现全领域协调降碳。当前"三生"空间相关研究中欠缺的部分更多集中在关注社会空间格局大调整同区域人口生计活动之间的协调之上。

三、宏观视角下的农牧民

20 世纪 70 年代末至 80 年代中期，以包产到户为特征的农地制度改革在全国普及。土地制度的重大改革对解放生产力起到了关键作用，到 20 世纪 90 年代农村剩余劳动力开始涌向工厂，国内东西、南北区域的人口流动加快。市场经济、打工潮、乡镇企业成为城镇化进程中社会发展的显著趋势。与此进程相应的是耕地保护、"三农"问题、环境污染、生态平衡等系列社会效应充斥着时代前行的每个阶段。从 20 世纪 70 年代末至 90 年代末，中国社会在城乡结构上发生了质的改变，城镇与农村二元状态逐步被打破，人口流动加剧。虽然城市与农村在行政区划上保持着界限，但人员流动早已打破了两者之间的壁垒。[①] 这一时期是市场经济下的农牧民经济主体形成的初期阶段。

个体的经济活动是主动与被动交织的产物，生活中纷繁的人际交往交织出了内容丰富、复杂的社会现实。微观经济学领域研究的是消费者、劳动者和一些经济活动的参与者在购买什么、存储多少，在既定工资水平下会去哪里工

---

① ［美］D. 盖尔·约翰逊. 经济发展中的农业、农村、农民问题［M］. 林毅夫，等编译. 北京：商务印书馆，2004：133-135.

作、工作几小时，以及如何做出决策。[①]经济学家认为，经济活动的参与者能够做出理性选择，并在人的行为的系统认识中常将此作为人的自我表达，体现人的行为的系统性。但这里要明确的是该系统性的另一面，因为系统观念也会作为壁垒而出现，挡住系统未纳入的视角，从而忽略其他一些东西。[②]所以在现有框架内用系统观看问题时需要意识到因系统性而挡住的视线以及被挡住的原因。本书中笔者的研究视角在宏观与微观之间切换，主要目的在于从多个维度去注视个人的经济行为。虽然农牧民经济行为的方方面面可以通过社会调查记录下来，但需要扩大对这些行为发生的社会背景、生活场景以及心态进程的认识，从而深化农牧民经济行为决策过程中的必然性、规律及意义的理解。这些行为不是孤立的活动，而是在不同层级的社会网络体系内呈现的社会关系、过程及因素。

从微观生活角度来看，经济活动参与者的所有决策都会受制于大环境的制约，这些因素中政府与市场的关系会产生重大的影响，进入 21 世纪，生态因素已然成为宏观层次上影响社会转型方向的制约性因素。在"全球变暖"问题上，各国政府面临同样的考验，面对气候问题很难凭借一国政府之力去应对挑战。对外是国际合作，而对内则是政府必须承担更多的监管职能来保护国民远离潜在风险、免受外部性和不当生产消费行为的伤害。[③]在一次中德双方的社会市场经济学术讨论中明确了"社会市场经济"概念，将其定义为一项调控性政策，其目标是在竞争性经济基础上，将自由意志和社会进步结合起来。该模式要求政策措施与市场相适应，这能为不与市场力量发生冲突的情况下推行经济政策留下更大的空间。[④]

在社会主义市场经济环境中政府在调控角色上常是兼顾宏观与微观领域的主体。个人的经济活动嵌在实现城镇化的国家话语内，是以生计为导向的进城务工的过程。因此伴随城镇化一同成长的是社会主义市场经济的规模。市场成为了消解城乡二元结构的主要路径之一。市场经济兼容个人、集体和国家主

[①] ［美］加里·贝克尔，吉蒂·贝克尔.生活中的经济学［M］.章爱民，徐佩文，译.北京：机械工业出版社，2013：334.

[②] ［美］德内拉·梅多斯，乔根·兰德斯，丹尼斯·梅多斯.增长的极限［M］.李涛，王智勇，译.北京：机械工业出版社，2013：5.

[③] ［美］维托·坦茨.政府与市场：变革中的政府职能［M］.王宇等译.北京：商务印书馆，2014：339–369.

[④] 朱民，周弘，［德］拉斯·P.菲尔德，彼得·荣根.社会市场经济：兼容个人、市场、社会和国家［M］.北京：中信出版社，2019：171–177.

体，在实践中发挥了"社会市场经济"所指的竞争性基础上的调控作用，并助推经济政策在微观社会生活中获得被充分地方化的实施空间。农牧民参与市场经济活动的主动性是他们内化经济社会发展展现出的阶段性的特征。

　　农牧区基层社会生活是农村社会研究的主要领域，其中牧区社会因生计特征及分布区域的特色与农业社会研究相比，具有针对性的研究较少，牧民经济行为的相关研究在以往牧区研究中较为分散，加之内蒙古自治区市场经济发展相对滞后，牧民经济活动在市场化背景下显得被动。1950~2000年牧区经历了定居和草场承包制，此过程在全国五大牧区的实施时间上略有不一致，但至21世纪初基本在全国牧业区域完成了两大工程。此阶段农牧民生活水平显著提高，两大工程的实施也促成了农牧民群体生计方式的重大转变，逐渐适应了定居状态下的草原畜牧业经营，积累了市场经济下经营畜牧产品的经验，从而也完成了牧区城镇化的基本条件。

　　从国家战略角度来看，农牧区社会空间承载着多重的治理过程，是兼顾生态保护、实现新型城镇化、解决三农/三牧问题以及稳固边疆民族地区等多个维度的综合区域。生态环境治理的紧迫性促使国家进一步推进牧区城镇化，人为生态让步，实现新型城镇化。内蒙古草原生态问题层出的时间段是20世纪90年代末，旱灾、蝗灾及频繁的沙尘暴引起了国内、国际广泛关注。2003年新《中华人民共和国草原法》强调草原保护，明确了草原概念，并强化系统协调草原及利用群体的关系的力度。21世纪初至今生态脆弱区的保护以草定畜、舍饲圈养、退牧还草、退耕还草及生态移民等政策形式推进，政策实施过程伴随区域性的人口流动、生计转变及文化变迁。为生态保护和实现可持续发展而形成的生态移民工程，不仅有利于建设现代化边疆和少数民族地区，同时也起到了国家力量介入地方社区的作用。[①]

　　伴随生态治理，牧区城镇成为吸纳迁移人口的主要"阵地"。在生态移民相关社会调查中显示，应对生态问题产生的人口迁移常常流向城镇。分析生态移民的影响时发现，迁移者不管原先是农业人口还是牧业人口，多数人口会尝试从事第一产业以外的第二、第三产业工作，但同时也会保留一定程度的原有生计。[②]这一社会效应是伴随政策实施过程缓慢出现的，从而农牧村进城的群体在客观上加快了城镇化。20世纪90年代进城工作的农牧业人口中也有一部

　　①② 包智明，任国英.内蒙古生态移民研究［M］.北京：中央民族大学出版社，2011：376-378；新吉乐图.中国环境政策报告：来自中、日两国学者对中国生态环境的考察——生态移民［M］.呼和浩特：内蒙古大学出版社，2005：208.

分人员因工业化发展而从事工矿资源开发工作。"工矿资源开发使当地的社会经济结构发生重大变化。"虽然矿产开发促进了当地的经济发展，但也使当地农牧民因开发而失去草场，农牧民拿到一定数额的补偿金后永久失去草场，"由于失去了传统生计所依赖的草场，他们面临结构性转业的重任，需要从第一产业转到第二、第三产业，可持续升级和再就业问题面临着新的困难"。[①]

生态移民工程的始端是以前期资源型发展以及工业化高速发展的社会效应、生态效应为前提的，从而"可持续"成为生态及社会在内的发展基点，后续在政策及实践进程中对"可持续"多了更多解释并使其更加具体化。西部大开发战略指出了生态环境的重要性，内蒙古的战略定位从资源大省（区）转变为北部生态屏障，更加强调了生态安全的重要性。但城镇化不管在哪一段进程中都从未停止过，农牧业人口的流动呈现出越发频繁的趋势，农牧民家庭经济决策反映了农牧民主动走向城镇，自主经营第二、第三产业的愿望。

四、农牧区人口的流动与城村界限

现阶段国家在农业农村改革的相关举措中进一步肯定了土地承包责任制，继续巩固完善农村基本经营制度，第二轮土地承包到期后将再延长 30 年，并继续完善农村承包地所有权、承包权、经营权分置制度。对基本制度的肯定与落实有助于进一步放活以农 / 牧村土地、草场为基础的经营权的有效使用。政策对土地承包到户的保持客观上会进一步促进城乡之间的人口流动。健全城乡融合发展体制和机制也在鼓励城乡之间的双向流动。流动是增强农业、农村发展活力的主要因素，对形成新型农牧业经营主体起到了决定作用。

围绕持续而频繁的城乡人口流动形成了较大体量的研究，其中研究人员从不同的视角分析城乡之间的流动人口。在农牧区城镇化趋势中学者敏锐地观察到流动性的动力、模式来自城镇与村落之间的人口流动，并从多角度探讨了农牧民群体进入城镇后与牧业村落之间的关联性，如周璇等（2016）提出了新型农牧区综合体，[②] 滕驰（2017）探讨了城镇化中人口转移的内在动力，[③] 王皓田

---

① 张群.工矿业开发背景下的牧民可持续生计研究：基于内蒙古乌拉特后旗的调查［M］.北京：光明日报出版社，2021：95.

② 周璇，唐柳，王茹.农牧区城镇化模式创新与新型农牧区综合体建设研究［J］.农村经济，2016（9）：49-55.

③ 滕驰.内蒙古牧区新型城镇化进程中人口转移问题与对策研究——以W旗为例［J］.中央民族大学学报（哲学社会科学版），2017，44（1）：12-16.

（2016）提出了人畜合—离式游牧的概念，[①]包智明和石腾飞（2020）认为，农牧民的流动性是其主体性的特征，[②]孟根仓和陈红（2020）提出了城—牧互动社区的概念。[③]

　　农牧民在城镇化的进程中所保持的流动动力来源于城镇市场与家乡特产之间连接起来的利益链，即农牧民现阶段的流动实际上是城村两栖模式下的流动。城村两栖的状态使以家庭为单位的作业形式得以发挥其长处，农牧民成为既属于城镇又属于乡村的人口。例如，现在从人口统计数据我们可以看到"人户分离人口"的信息，在2021年公布的内蒙古自治区人口数据中，"居住在城镇的常住人口为16227475人，占全区常住人口的67.48%；居住在乡村的常住人口为7821680人，占全区常住人口的32.52%。同2010年相比，城镇人口增加2507301人，乡村人口减少3164437人，城镇常住人口比重上升11.95个百分点。[④]再从人口普查统计材料"常住人口"两大分类"人户分离人口"和"流动人口"的变化情况来看，"在全区常住人口中，人户分离人口为11462961人，其中，市辖区内人户分离人口为2394517人，流动人口为9068444人。在流动人口中，跨内蒙古自治区流入人口为1686420人，内蒙古自治区内流动人口为7382024人。与2010年相比，人户分离人口增长59.85%，市辖区内人户分离人口增长129.76%，流动人口增长47.97%。"[⑤]两组数据表明，一方面自2010年以来内蒙古自治区新型城镇化在稳步推进，常住人口城镇化率大大提升，城镇化建设取得了历史性成就；另一方面数据显示的是现实需求。大批量的、持续的进城乡村人口的生产、生活整体处于哪种状态，他们遇到了哪些挑战及如何克服？内蒙古自治区经济社会持续发展为人口的迁移流动创造了条件，其中"人户分离人口""自治区内流动人口"的统计中包含了在城镇和牧业村落之间"两栖"或"双向流动"人口。城镇和农/牧村之间的人口流动是常态，同时农牧村流出的人口在户籍和生活上显示出了新的特征，农牧村流出的人口在户籍上尽量保留农村户籍，人则常在城镇生活。

---

① 王皓田.人畜合—离式游牧与牧区城镇化新探索——以内蒙古四子王旗为个案［J］.贵州民族研究，2016，37（4）：45-48.

② 包智明，石腾飞.牧区城镇化与草原生态治理［J］.中国社会科学，2020（3）：146-162，207.

③ 孟根仓，陈红."城牧互动社区"：内蒙古城市—牧区二元社会的时空压缩［J］.青海民族大学学报（社会科学版），2020，46（1）：143-147.

④⑤ 内蒙古自治区第七次全国人口普查主要数据情况［EB/OL］.https://www.nmg.gov.cn/tjsj/sjfb/tjsj/tjgb/202105/t20210526_1596846.html.

城乡之间人员流动的频繁化是紧随改革开放和市场经济呈现的趋势。这一现象在社区视角下，被归纳为城镇与乡村之间的时空挤压，是原有的二元空间模式之上借助现代条件形成的新的社区结构——"城—牧互动社区"。[①] "城—牧互动社区"所指的社区是因社会流动人口的增加而形成的城镇与牧业村落之间的生计互动网络，是对社会空间变化的具象化的形容。"城—牧互动社区"研究注重人们在流动中交织促成的现有生计互动模式。现阶段城镇与牧业村落之间的二元体系在生态治理、发展、共同富裕的时代议题下被流动的人流推进到了全新的阶段。社区式的理解给社会空间的重组带来了一定理解障碍。农牧区流动人口的涌现对原有乡村与城镇的无形边界产生了冲击，在国家当下的生态、双碳及城镇化的相关政策领域发挥了重要的促进作用。新型城镇化的"新"在于对社会整体空间的再一次整合及重组。相比于"城—牧互动社区"，"城—牧互动模式"可能更具有包容性。城—牧互动模式的主张放弃了社区的范畴，认为城镇与牧业村落一体化的趋势有助于削弱城镇与村落的二元边界，人们不再以单纯的牧业经济为主要生计方式，开始寻求多种经营、销售渠道，利用个人、家庭可支配的所有资源投入到跨城乡空间的经济活动以求家庭、个人达到高质量的生活状态。[②] 与此同时，被削弱的界限内也包括社区的边界，从农牧村进城的人员虽然仍属于农村人口，但他们也会是城镇的住户、经营者、工作人员等，他们连接了城镇与村落的社会空间，农牧业社区的文化、规范、认同等在城镇内被弱化。

第三节　关于研究方法及研究框架

本书的内容包含了多个案例，也因此书中不乏日常生活中的琐碎，但在笔者看来，看似严肃的经济学概念、理论、数据背后是人们生活日常和生产生计的决策过程。人的行为与生计相关的内容会被裹挟到经济学研究的不同领域。本书中以产业链为视角去阐述农牧民经济行为就是为了将工业生产体系与人的

---

① 孟根仓，陈红. "城牧互动社区"：内蒙古城市—牧区二元社会的时空压缩 [J].青海民族大学学报（社会科学版），2020，46（1）：143-147.
② 陈红. "双碳"目标下内蒙古牧区发展——牧民经济主体及培育路径研究 [M].北京：经济管理出版社，2023：55-57.

生活决策连接起来。在内蒙古农牧区，多数农牧民可能无法直接参与某一产业链的关键环节，但通过无处不在的市场将自家的农作物、牧业产品等连接到产业链的供应链或更高层级的链条内。这个过程中有市场带来的信息、有政策的引导，而其中更多是农牧民自主寻求的"合作"机会，通过理性的抉择获得更好的回报。

本书是在笔者所撰写的《"双碳"目标下内蒙古牧区发展：牧民经济主体及培育路径研究》的基础上的进一步思考和归纳。在主题上两本著作均研究村落社会内的不同经济行为，主要体现在以下四个方面：①从整体性的角度对基层社会的个人行为发生的宏观社会背景的理解；②内蒙古自治区农牧业村落在几十年发展进程中的一致性；③农牧业村落的人口流动性对社会空间界限的削弱作用的认识；④中国式现代化的基层实践形式的归纳。

在上一段中讲到书中案例的日常性，这与本书撰写者和多位调查者主张以个案访谈、追踪为主要的材料来源有关。同大量数据为依据的定量分析相比，通过参与观察和深入个案了解而获得资料有其优缺点。优点主要是通过个案的深度描写能够以小见大，更深入地了解当下的社会现实；缺点是无法对案例以外的情况进行详细的解释。这也是定性与定量研究方法上自然要面临的挑战。为此本书中尽量在以案例为主的定性研究方法基础上，对社会环境、宏观政策及地方性经济社会发展数据进行收集和利用，对案例发生的社会场景及普遍意义进行补充。

本书研究思路以试图在经济活动中尽力结合宏观和微观视角，将国家政治经济决策与农牧业社会联系起来，以此探讨中国式现代化在农牧业村落、农牧业人口中的实践形式。在探索过程中笔者看到了中国边疆民族区域农牧业社会在现代化过程中呈现的两大特征：城乡界限的模糊化及人口流动率的频繁化。在现实中两个过程是相互增进的关系，城乡界限的模糊并不仅是以城市和乡村两大物理空间为分界线，更是人员流动下的人的观念、认识上的界限的削弱。人口流动频繁发生在人口学上有更多的研究，但本书重点关注的是促成流动性的各个方面的条件与因素，其中，现代交通、通信的便利及平台、产业需求是农村人口进一步承担流动任务的关键要素。与21世纪初生态治理等原因而政策性的搬离村庄的农牧业人口不同，近十年来的农牧业人口的流动呈现出了作为经济主体的积极主动性。书中第一章绪论中整体介绍了研究主题、意义及相关概念的应用与理解；第二章则是对20世纪50年代以来内蒙古自治区社会环境、宏观政策的转变脉络进行了梳理，旨在对产业链发生的社会语境及农牧民参与其中的可能性及现状增加认识上的客观度；案例内容分布在第三章和第四章内，案例来自内蒙古自治区不同的区域，涵盖了从东到西（通辽市、赤峰市、锡林浩特市及阿拉善盟）的不同盟市牛、奶、绒产业下的农牧民经济行为及参与形式。这里需要说明的是锡林郭勒盟的案例安排在了第二章的末尾，主要是该案例反映了自 20 世纪 80 年代末以来的农牧村人口流向口岸的内容，能够与该章内容呼应，通过实际案例还原当时的社会政策落实情况及经过几十年的发展后的实际效果。

第四节 相关概念的应用与理解

一、关于产业链

产业链理论源于生产过程中的分工理论，后经过多位学者的理论构建，形成了对产业分工、专业化的系统认识，到 20 世纪 90 年代，国内引入产业分工相关经济理论的同时出现了"产业链"一词，并被广泛应用于各个产业。自 21 世纪初多名学者以农业产业链为题进行了研究，对农业产业链形成了一定的共识，明确农业产业链为包含企业、农户等多个参与主体，链条覆盖农业生产前、中、后涉及的生产领域的完整价值传递和增值的过程，是一条涉及第一、第二、第三产业的产业链。[1] 畜牧业产业链的研究在国外主要集中在产业链管理与价值链探讨上，国内则侧重于草原畜牧业产业链内涵、实践经验的总结，主张通过组织管理草原畜牧业产业链优化其效用。在定义方面多为借用农业产业链的认识，突出畜牧业的特点。四大牧区分布在边疆民族地区，因此在产业链的利益连接机制中则需要考虑超过经济利益以外的因素。现实中与牧业产业链连接时也存在牧户利益受损的情况，产业链运行对草原畜牧业产业链各利益主体均有影响，鼓励采用"企业 + 专业合作社 + 牧户产业链组织"形式。[2]

---

① 戴孝悌.产业链视域中的中国农业产业发展研究［M］.北京：中国社会科学出版社,2015：9.
② 吕萍等.草原畜牧业产业链建设与运行机制创新研究：基于牧民增收视角［M］.北京：中国社会科学出版社, 2017.

二、关于经济主体

改革开放以来经济主体始终属于经济学界基础研究领域，因为离开经济主体的活动无从谈市场经济。国内经济主体定义阐释上以改革开放为节点，认为经济主体从公有制又一次走向多样化。经济主体一般性定义中强调经济主体在追求经济活动中能自主设计目标、自由选择行为方式、独立负责行为后果等自主性方面。经济主体从宏观角度分为政府、企业、个人三类，从微观经济学主体角度分为企业、农户和居民。经济主体可被理解市场经济活动的参与者。[①]在市场经济活动中农民是生产者、经营者同时也是消费者，他们是农村市场经济中最基本的市场主体。[②] 社会主义市场经济下的基层社会农牧民群体是随着农村改革与城市改革、国内市场与国外市场的接轨，从几千年小农经济 / 游牧经济和几十年的计划经济格局中脱胎出来的市场主体。正因如此，自形成之日起该经济主体有着一定的局限性：主体规模小且分散、产业化程度低、活动空间狭窄、缺乏主体之间的关联性、科技素质待提高等。[③]

农牧民经济主体所呈现的局限性始终要求国家、社会对于该群体的投入与培育。"专业化规模型"[④] "加强科技素质"[⑤] 是主要被强调的需加强培育的部分。尤其探讨"三农 / 牧"问题时，农牧民是否能从市场经济的弱势群体转为强势主体的可能性被视为解决问题的出口。[⑥] 伴随信息技术的发展涌现了不同于国营、集体经营经济主体和企业经济主体的"第三种"经济主体——利用互联网形成的新经济体。[⑦] 结合经济法和乡村振兴政策，有学者认为要通过经济法发挥社会整体利益的基本价值理念，促使更多优质资源流向乡村主体，使其获取更多经济利益，摆脱弱势处境，而在此过程中，明确经济主体的市场主体

---

① 贾华强.中国如何实现持续繁荣的市场经济——以经济主体多样性为视角的分析 [J].人民论坛·学术前沿，2013（2）：28–35.

② 崔继云.对农村市场经济中市场主体的再认识 [J].农业经济，1995（3）：24–25.

③④ 董克礼.在更高层次上培育农村市场经济新主体 [J].新长征，1995（3）：28–29.

⑤ 宋新亮.政府的宏观调控与农民的市场经济主体地位 [J].黑龙江教育学院学报，2005（3）：13–14.

⑥ 邱力生."三农"问题的出路在于使农民成为市场经济的强势主体 [A] // 当代中国经济问题探索（上册）[C].全国高校社会主义经济理论与实践研讨会领导小组.武汉：武汉大学商学院，2004：7.

⑦ 常青.习近平"不能回到计划经济的老路上去"的财产哲学基础 [J].湖北经济学院学报（人文社会科学版），2022，19（2）：4–8.

和地位并规范其权利是提高经济主体的市场参与度的关键。^①

三、关于农牧民经济行为

对农牧民经济行为关注构成了本书社会调查的主要内容。哪些会被包括在农牧民经济行为之内？这个问题的答案可以停留于宽泛的层次，即与农牧民生计相关的所有日常行为都可以作为观察对象。经济行为作为人类行为中具有记录价值的部分而广受关注。行为经济学所关注的是人们在生活中做出的选择，这个部分也是行为心理学的关注对象。在心理学和行为经济学中对人的行动假设是人的行动并不总是理性的，人会过度自信、过分重视现实生活中观察到的细枝末节，不愿意改变固有观念。^②在销售商品时商家会使用"左位偏差"的策略，现场测验结果显示人对价格牌上最左边位置有非理性关注，因此商品价格末尾常常出现 0.99 的结尾。^③

现实生活中人的生计决策过程中存在诸多导致偏差的因素，如曼昆总结，学习经济学有助于充分认识到"不对称的信息的研究应该使你更谨慎地对待市场结果；政治经济学的研究应该使你更谨慎地对待政府的解决方法；而行为经济学的研究应该使你更谨慎地对待依靠人的决策的任何一种制度，既包括市场也包括政府。"^④农牧民经济行为虽为理性抉择的结果，但因地域、生态、交通、信息等重要因素都无法达到均衡，加上地方政府在政策实施上的因地制宜，农牧民经济行为之间的差异以及愿望与所获得结果的偏差是显而易见的。农牧民经济行为可以理解为"存在理性偏差"的行为，即在自己所能控制范围内做出的最理性的决定，通过决策使行为效果最大化，均衡家庭支出与收入，达到家庭生计可持续。

四、关于新型农牧民

2006 年中央一号文件中提到"提高农民整体素质，培养造就有文化、懂

---

① 孙明.乡村振兴视域下农民法治信仰生成机制研究［J］.鲁东大学学报（哲学社会科学版），2023，40（3）：28-35.

② ［美］戴维·迈尔斯.心理学（第 9 版）［M］.黄希庭，等译.北京：人民邮电出版社，2013：613-617.

③④ ［美］曼昆.经济学原理微观经济学分册［M］.梁小民，梁砾，译.北京：北京大学出版社，2015：502，506-507.

技术、会经营的新型农民，是建设社会主义新农村的迫切需要。"① 此后各个省、自治区、直辖市出台"新型农民""新型农牧民"的相关文件，随之展开了相关研究。2012 年中央一号文件中再一次着重提到农村人才培养，要求"以提高科技素质、职业技能、经营能力为核心，大规模开展农村实用人才培训。""加大各类农村人才培养计划实施力度，扩大培训规模，提高补助标准。加快培养村干部、农民专业合作社负责人、到村任职大学生等农村发展带头人，农民植保员、防疫员、水利员、信息员、沼气工等农村技能服务型人才，种养大户、农机大户、经纪人等农村生产经营型人才。大力培育新型职业农民，对未升学的农村高初中毕业生免费提供农业技能培训，对符合条件的农村青年务农创业和农民工返乡创业项目给予补助和贷款支持。"②

本书中引入"新型农牧民"概念是基于上述"新型农民""新型职业农民"的理解上再使其更加具体化，在特定社会空间内思考关系网络所促成的农牧民主体性特征。城镇与农、牧村落之间的人口流动的新常态使城镇与农牧村之间的自然与社会空间产生了较大的变化。农牧民经济行为中展示出了新形势下的生产生活关系结构，使城镇化下的农牧民群体呈现出了新特征。

五、关于主体性与整体

贺来（2013）在其书中讲到"'主体性'原则意味着对'神圣权威'的质疑和挑战"，这也在国内一度导致谈主体性色变，为此他主张"相对于'主体性'原则的'客观性'作为最为重要原则"。③ 笔者曾在学位论文中尽力了解、梳理国内外主体性研究的脉络，并根据自己的经历和理解提出了如何捕捉群体的主体性。在不同场合，人们会基于自己的社会身份从各自的立场上言说"农牧民"。从而"农牧民"会展现出多种特征和欲望，使每个人言语中的农牧民都显得真实有效。如果一个社区有 30 户 200 人，他们都是农牧民，此时又如何让具体的单个的农、牧人升级到抽象的"农牧民"呢？带着这样的问题再去审视前人的研究时就会发现，抽象的群体层面的主体性会与群体所表现出来的

① 中共中央 国务院关于推进社会主义新农村建设的若干意见（2005 年 12 月 31 日）[EB/OL]. https://www.moa.gov.cn/ztzl/jj2019zyyhwj/yhwjhg/201301/t20130129_3209958.htm.

② 中共中央 国务院关于加快推进农业科技创新持续增强农产品供给保障能力的若干意见（2011 年 12 月 31 日）[EB/OL]. http://www.moa.gov.cn/nybgb/2012/deq/201805/t20180512_6141957.htm.

③ 贺来. 主体性的当代哲学视域 [M]. 北京：北京师范大学出版社，2013：79-80.

"宇宙观、价值观、伦理准则以及民族自我认同等"相关①，也会与内化现代性的程度相关；② 更普遍意义上的群体，如公民主体性等，则依赖"法治话语理解网络之内"的"现代性个人的自我确证"来实现主体性，③ 再者，如中华民族主体性，会与马克思主义哲学中国化相关联，④ 即与本土化有关；同时群体主体性会表现出国家建构的一面。⑤

对群体呈现的主体性的不同角度进行论述可以得知，对于群体主体性可以从本土/本族文化、现代性/化、社会与他人关系的协调、对外来因素的吸收与内化模式，以及从国家在场性的认识等方面去考虑，"文化主体性，在历史特定条件下，往往被加以改造"，⑥ 其进程体现的是主体性探讨的不同限度和经验范围。在农牧民主体性的探讨中引入"整体"一词，是基于"偏差"的认识，在"偏差整体"内使有阶段性表现的农牧民主体性具体化。人们在接触到某个社会群体或个体时，不可避免地进行经验总结，构建出具体印象。"经验"即源于被观察、接触群体或个人的实践过程中展现的主体性。经验的范围决定了偏差的程度和整体的时空范围。

---

①⑥ 那顺巴依尔.内蒙古现代化先驱者视野中的游牧社会：主体性的他者化——以喀喇沁右翼旗贡桑诺尔布为例［A］//齐木德道尔吉，徐杰舜.游牧文化与农耕文化——人类学高级论坛［M］.哈尔滨：黑龙江人民出版社，2009.

② 黄琳.现代性视阈中的农民主体性［M］.昆明：云南大学出版社，2010：32-36.

③ 涂少彬.探求均衡之治：基于公民主体性与儒家文化的论述［M］.北京：中国社会科学出版社，2012：58.

④ 李广昌.民族主体性的觉解——马克思主义哲学中国化的想象力［M］.北京：中国社会科学出版社，2010：189.

⑤ 杨美惠.礼物、关系学与国家：中国人际关系与主体性建构［M］.赵旭东，孙珉，合译，张跃宏，译校.南京：江苏人民出版社，2009：207-235.

第 二 章

发展视角下的内蒙古
农牧业政策与社会变迁

第一节　何谓发展视角

一、发展理念的发展

"发展"一词在社会各个领域极为受欢迎，几乎把所有的内容都可以与发展连起来。从其广泛的应用性来看，与发展连接到一起是为了表达事物向前迈进、有上升变化的过程性的意义。一旦连接发展那么该事物自然就获得进一步的好的评价，被期望未来更好的结果。人们对发展给予厚望，整个社会体系也为发展而进行规划。在发展视角下农牧业政策是一步一步向前迈进的阶段性升级的过程，每个阶段有其自设的目标和完成规划，从而政策决策引领社会演进的方向，促成长远的社会文化变迁。

在全球性的生态、环境、气候等重大议题面前，农牧区发展更加注重环境可持续之下的人的发展；在资源的利用上，发展过程中应当对本土文化因素加以重视，"发展"也因此发展到了"可持续发展""协调发展""包容性发展"等不同发展路径上，对工业化式的发展进行了模式上的调和，新的社会条件下地方性的生态文化与工业化发展之间有了进一步的对话，现代化进程中综合了更多的促进发展的因素。

自党的十八大以来，对为什么建设、建设什么样的、怎样建设生态文明提出了一系列新理念、新思想、新战略。在全国生态环境环保大会上（2018 年 5 月 18 日）习近平主席对新时代推进生态文明建设提出了六条原则性的要求，再次强调"绿水青山就是金山银山"的重要发展理念，将此作为推进现代化建设的重大原则。生态环境问题归根结底是发展方式和生活方式问题，把经济活动、人的行为限制在自然资源和生态环境能够承受的限度内，给自然生态留下休养生息的时间和空间。

发展的视角是多维度的，尤其在中国式现代化的语境中，中国农牧业区域从人到人居环境、从经济指标到生态水平、从市场到人文发展不再是国民生产总值的叠加和简单的人均 GDP 的换算。发展发生在高新科技引领下的人际网络高度互动的社会空间之内，经技术与协作结合的精耕细作和分类疏导达到共同富裕的过程。

二、发展话语下的国家与地方的链接

1984年10月20日，中国共产党十二届三中全会通过了《中共中央关于经济体制改革的决定》，其中总结历史经验及改革开放的实践经验和理论成果的基础上，解决了社会主义实践中一系列重大的理论和实践问题，规划了经济体制全面改革的蓝图，明确指出了社会主义经济是公有制基础上有计划的商品经济，商品经济的充分发展是社会主义经济发展不可逾越的阶段，是实现经济现代化的必要条件。这一论断为中国经济体制全面改革奠定了科学的理论基础。

该文件指出了社会主义的根本任务是发展社会生产力，检验一切改革得失成败的主要标准是是否有利于发展社会生产力。改革的具体任务是解决好国家和企业、企业和职工关系，增强企业活力；建立自觉运用价值规律的计划体制，发展社会主义商品经济；建立合理的价格体系，充分重视经济杠杆的作用；实行政企职责分开，正确发挥政府机构管理经济的职能；建立多种形式的经济责任制，认真贯彻按劳分配原则；积极发展多种经济形式，进一步扩大对外和对内的经济技术交流。

此次会议的决定在中国经济体制方面具有划时代意义，标志着以建设社会主义商品经济为目标的全面改革的开始，此后国有大中型工业企业实行了承包制，小型企业实行了租赁制，乡镇企业迅速崛起，个体和私营企业以及"三资"企业迅猛发展。从20世纪80年代中期开始，中国对外开放进一步扩大，国家财力不断增强，人民生活得到了改善。在农村改革方面，为增强农民对家庭联产承包责任制的信心，进一步明确发包方和承包方的权利、义务，使承包户能够用好有限土地，不断提高土地生产率，党中央将家庭联产承包责任制作为农村基本政策长期稳定下来，两次提出延长土地承包期限。1984年，党中央提出土地承包期十五年不变；1993年，党中央又提出承包期限再延长三十年，并提倡"增人不增地，减人不减地"。承包期的延长，保障了经营承包者的经营自主权和合法权益，增强了农民承包耕地的稳定感，巩固了家庭联产承包责任制，从而激发农民生产的积极性和主动性，鼓励农民以主人翁的姿态去进行生产经营，改善生产条件，运用科学技术，搞好核算，增加投入，提高效益，保证农作物的稳定增产和农民收入的提高。

这一时期同时展开了农产品流通体制改革，完善国家对大宗产品的合同订购制度，对国家合同订购以外和放开搞活的农产品，积极组织多层次、多渠道、少环节的流通，重点扶持农民组织起来参与流通。完善农产品经营放管结合的政策。对关系国计民生的粮食，在保证完成国家定购任务的前提下，放开经营；对烟草、蚕茧及少量特种中药材，继续由国家指定部门统一经营；对食油、食糖、绵羊毛、黄红麻等实行指导性计划，建立和完善购销合同制，引导生产和流通；对其他农产品，充分发挥市场调节作用，放开价格，同时加强宏观指导和管理。逐步理顺农产品价格，废除统购统销制度，提高收购价格，调整产业结构，调动农民种粮的积极性。以市场为导向，引导农民生产适销对路的产品，建立可调控的农产品市场体系，解决农产品买难卖难的问题，加大了国家财政支农力度。

三、内蒙古农牧区发展的起点

内蒙古农牧区发展的重要研究背景是草场承包责任制的实施及推广。发展主题在农牧业领域的应用除生产力、经济能力发展的追求之外，更多地表现在生态视角的反思之上。如以生态文明论反思社会进化论，关注农牧民生活方式及其合理性；从生态适应角度"逐水草而居"的游牧及"刀耕火种"的小农生活不是"原始""落后"的生产方式，两者是人类几千年的自然资源利用过程中的知识积累，提倡认识到不同生产模式的生态适应性和环境合理性；从发展的多样性讨论工业化发展，20世纪末环境问题日益凸显，找出现代化、工业化与农牧业生产之间的平衡发展途径显得更加迫切等。

内蒙古自治区是国内较早推行农村牧区家庭联产承包经营责任制的区域，在发展农牧业的规划上开始走向了产业化经营，并对农村牧区进行税费改革，从政策和实践上推进了社会主义新农村、新牧区的建设。1985~1993年是国民经济体制改革的过渡期，农村经济体制改革增强了农村经济的活力，农民收入显著提高。1997年，内蒙古自治区党委、政府贯彻执行中共中央、国务院关于全国乡镇企业情况和今后改革与发展意见，提出关于自治区乡镇企业今后改革与发展意见，要求乡镇企业的改革与发展，必须贯彻科教兴企和可持续发展战略，推进经济体制和经济增长方式的转变，提高经济运行的质量和效益。

内蒙古自治区在"底子薄、起步晚"的状态下起步，在人民公社时期的社队企业、手工业联社基础上组建了自治区公社工业管理局，负责自治区城乡人民公社工业、手工业、修理服务行业的管理。内蒙古自治区政府制定优惠政策，采取扶持措施，调动农牧民群众和社会办乡镇企业的积极性和创造性；坚持多种经济成分并存，互相促进，共同发展；创造条件，开展招商引资工作，加强与先进地区的经济技术合作，逐步建成一批高科技、外向型、大规模的企业和乡镇企业小区；提倡集约化经营，创办龙头企业，发展企业集团，加快产业化步伐，提高总体发展水平。推进农牧业产业化是内蒙古自治区推进科教兴区战略，解决农村、农民、农业问题的重大决策。

内蒙古农牧区现代化之路在党的领导下走过了 70 余载，与其现代化随行的是发展理念下的政策、规划的不断更新与调整。在发展的长期、短期规划中，内蒙古有其区域特征并保持了资源禀赋与生态功能均重要的角色。过去的 70 多年来经历的民主改革、公社化、工业化及北部边疆生态文明建设过程，使内蒙古农牧区空间、人口整体形态产生了重大转变。根据发展理念在不同领域的表现形式，本章内容大致归入两大类型：一是国家政策、经济重大决定在内蒙古自治区实施过程；二是农牧相关宏观政策在社会生活中的实际反映。第一部分主要依据各个阶段的国家、内蒙古自治区文件及相关文献整理而成，其中利用了各级志书、汇编等摘录了不同时期的相关论述；第二部分以案例为主，内容比较分散，也无法将多个旗县社会生活记录纳入进来，因此案例中尽量保持了农与牧两种生活空间中产生的内容。

第二节　20 世纪 50~70 年代初的内蒙古农牧区民主改革及农牧民生活

一、农区民主改革及公社化 [①]

《中华人民共和国土地改革法》强调农区土地改革贯彻执行"依靠贫农、雇农，团结中农，有步骤地有分别地消灭封建剥削制度，发展农业生产"的总路线总方针。在内蒙古东部区的土地改革中，依据内蒙古自治区的实际情况

---

① 梁铁城.内蒙古自治区志·发展和改革志［M］呼和浩特：内蒙古人民出版社,2013：62-63；内蒙古党委政策研究室，内蒙古自治区农业委员会.内蒙古畜牧业文献资料选编（1947-1987）第一卷（内部资料）［M］.呼和浩特：内蒙古党委印刷厂，1987：47-51+69-72.

和当时的斗争形势，形成了一套地方性的政策：①承认内蒙古自治区境内的土地，为内蒙古自治区民族公民所公有，废除内蒙古自治区封建的土地所有制，实行耕者有其田，原来一切封建地主和庙宇所占有的土地，一律收归公有，按人口统一分配给所有无地和少地的蒙汉族人民。②废除土地改革前农村中的一切地主、王公、高利贷者对贫苦农民与农牧民的一切债权。但是雇农、贫农、中农、农牧民间的债务和商业买卖间的债务不变。③对蒙古族一般富农的土地不动，保护中农。土地分配后，各阶层人民对他所分得或保留的土地，有自由经营的权利。④取消"蒙租"，①蒙汉各族人民对于国家有同等的公平负担与公民义务。

当时的绥远城管辖范围属于西部区域，该区域土改政策与东部有所不同，执行了另一套办法，主要体现在以下五个方面：①保护畜牧业、照顾畜牧业的发展；保护牧场和严禁开垦牧场；划定一定数量的牧场适应蒙汉人民发展畜牧业的需要。②没收蒙古族大地主的土地、牲畜、农具、多余的粮食及其在农村中多余的房屋，不没收其他财物，没收中等地主的土地，对于耕畜、农具、多余粮食及其在农村中多余的房屋，一般保留不动，对于小地主的土地、耕畜、农具、多余粮食及在农村中的多余房屋，一般保留不动，在蒙古族中划分阶级、计算剥削收入时，按实收地租数量计算，不按出租土地数量计算。③对蒙古族小土地出租者允许收租。④分配土地时，适当照顾无地、少地的蒙古族农民，多分配一份土地和生产资料。⑤喇嘛和农牧民愿意经营农业的分配与当地蒙古族农民同等的土地和生产资料。

土地改革后，根据中央人民政府的指示，各地区开展了以互助合作为中心的农业生产运动。到1952年，内蒙古自治区已经组织起各种类型的互助组13.9万个，其中常年互助组占34.3%；参加各种类型农业生产互助组的农户68万多户，占总农户的51.6%，试办了28个土地、耕畜入股分红的农业生产合作社。由国家发放低利息贷款帮助贫苦农民购买耕畜、农具、种子等解决了生产、生活上的迫切问题。各级人民政府发动群众开渠、筑堤、兴修水利，促进农业生产的发展。

---

① 土地改革前，内蒙古自治区的土地是蒙古族所公有，归蒙古王公掌握。清中、末年间蒙古王公私卖公地或出荒放垦，出现两类情况：一部分土地出卖或出租给汉人地主；另一部分给蒙人作户口地，汉人地主或农民租用土地时，要向蒙古王公或分得户口地的蒙人缴租金，称作"蒙租"。

二、牧区民主改革及公社化 [①]

内蒙古自治区成立初期的内蒙古畜牧业生产方式以游牧、半游牧经济为主，牧区经过民主改革，实行了草原民族公有，放牧自由，废除了王公世袭制，取消封建统治阶级一切特权，实现了民主选举制。内蒙古自治区党委根据牧区社会经济和畜牧业生产特点，制定"禁止开荒，保护牧场"和"不分不斗不划阶级"和"农牧民、牧主两利"政策，在保障牧工政治权利的前提下，使牧工在经济上得到合理的劳动报酬，将旧的苏鲁克 [②] 制度改造成为新的苏鲁克制度。通过当地政府的领导和监督，牧工牧主双方协议制定适当的工资和"苏鲁克"分配收益的标准，并签订合同。牧主不得任意解雇牧工，夺走畜群；农牧民也要履行协议，经营好畜群。通过政府主导的牧区民主改革废除了封建特权制度，解放了生产力，稳定了社会秩序，调动了各阶层人民发展畜牧业生产的积极性，使自治区畜牧业得到恢复和发展。

当时内蒙古自治区召庙 1300 多座。民主改革时期废除了喇嘛和庙仓特权，对喇嘛和召庙占有的土地，一部分收归国有，另一部分先减租减息，后实行土地改革，鼓励喇嘛从事生产劳动，促进民族团结和生产的发展。1947~1953 年牧区人口有大幅增长，农牧民人数由 22.8 万人增加到 32.4 万人；牲畜由 476 万头增加到 893 万头，增长率为 88%。农牧民生活普遍得到改善，其中贫困牧户占 30%，大部分为新流入牧区的人口。

为了消除牧区贫穷落后的现状，自 1948 年就开始提倡农牧民生产互助和建立供销合作社。根据赵真北先生回顾当时亟待解决的问题集中在两大方面：一方面是劳动投入多、牛羊不成群、避灾能力低等，表现在因草原灾害频繁（旱、风、雪）、畜群疫病、兽害频繁而畜牧业脆弱和不稳定；牧户短缺种畜、着急宰卖幼畜；农牧民劳动强度大，"养羊不成群也得一个人放牧"，遇灾害性天气跟群、守群，与天灾、兽害斗争等。另一方面是农牧民移动能力有限，表现在农牧民放牧方式停留于"天牧""瞭牧"的方式，缺乏交通工具、车辆，

---

① 梁铁城.内蒙古自治区志·发展和改革志［M］呼和浩特：内蒙古人民出版社,2013：64-65；内蒙古自治区政协文史资料委员会."三不两利"与"稳长宽"文献与史料［M］.呼和浩特：内蒙古政协文史书店,2005：448-470；内蒙古党委政策研究室,内蒙古自治区农业委员会.内蒙古畜牧业文献资料选编（1947-1987）第二卷（内部资料）［M］.呼和浩特：内蒙古党委印刷厂,1987：397-427；涛娣,敖仁其.内蒙古草原畜牧业发展问题探索：纪念赵真北先生［M］.北京：民族出版社,2023：295-309.

② 苏鲁克,蒙古语,意为"群",通常是指内蒙古牧区牲畜承放制度。

遇天灾无力移场放牧，牲畜损失很大，也无力走"阿音"（贩运盐碱商队），增加或补充收入来源。

针对这些问题，党和政府号召农牧民组织起来，互助合作，如打井、防火、搭棚、储草、防止风雪灾害，防疫、打狼，按母畜比例配备种公畜，互助接羔，开辟无水草场，合群轮牧以及从事副业生产等。内蒙古牧区互助组到1953年达到4000多个，到1954年，在互助组的基础上办合作社16个，其中翁牛特旗即办了12个，1956年春，合作社发展到270个，入社牧户达11%。各种互助组6710个，参加的牧户达53.2%。根据1957年10月统计，合作社达632个，入社牧户占总牧户的24.6%。

1958年2月6日，乌兰夫同志在中共内蒙古自治区第一届代表大会第二次会议上的报告中要求当年入社牧户要达到45%~50%。1958年7月初，召开内蒙古第七次牧区工作会议时，合作社已达2083个，入社牧户为85%，公私合营牧场发展到77个，基本上实现了合作化，对牧业区的畜牧业社会主义改造。1958年末，中共八届六中全会讨论通过《关于人民公社的若干问题的决议》。在全国人民公社化运动的影响下，内蒙古牧业区把当时的2200多个合作社联合成152个公社。公社化初期内蒙古自治区在建立公社组织制度上采取上动（联合组成人民公社）下不动（原合作社），坚持对劳动成果不剥夺的原则，承认牲畜是农牧民的劳动成果，对每户入社的牲畜都给予一定的报酬。公社则由152个调整为245个，规模上调小，核算单位为生产队，它直接对应畜群生产组。社员自留畜在一个队内占5%~7%，最多不超过10%。畜牧业生产的积累有牲畜和现金两个部分，畜群注重基础母畜、种畜、育成畜、成畜、仔幼畜的合理比例，现金收入分配以外要留储备，保证灾年恢复生产和社员消费的需要。贯彻按劳分配和少扣多分的原则，畜牧业收入主要看当年牲畜出栏多少和畜产品产量等因素，现金收入的70%分给社员，保证社员的收入在正常情况下逐年有所增加。

畜群是根据草原在一定季节的载畜量，对牲畜适度规模放牧的一种形式，牛、马、羊、驼分别组群。增畜保畜的内容主要根据畜群活动分为采食、补饲、饮水、舔碱、抓膘、保膘、配种、接仔、夜间守群等部分，并根据季节增加牲畜配备种畜、防疫、剪鬃毛、搭棚、垫卧盘、备草等工作。畜群适宜固定专人放牧经营，除放牧员外还需要帮工，一般是一群两人。视生产队牲畜多少和各户劳动力情况组群，牲畜少，定居的队，实行统一放牧，分户管理。

对牧主经济和寺庙经济的改造政策，将1958年建立的由458户牧主组成的122个合营牧场调整为71个，对其交牧场的牲畜付1%的定息，安排其中的代表人物为副场长，牧场内实行党支部领导下的公方场长负责制，也组成畜群生产组实行"两定一奖"责任制，有的实行工资制。有482户牧主参加了人民公社，但他们不参与领导。另有牧主的20万头和召庙的50万头原由农牧民放"苏鲁克"牲畜留在人民公社，同样付给定息和畜股报酬。

1959年的内蒙古第八次牧区工作会议后对针对牧区劳动力不足，从农村调人或接收流入的人给予安排，发放迁移证，使牧区农业人口达到了一定规模。锡林郭勒盟1960年大办农业，开垦草原144.3万亩，流入的人员外从包头接来全国各地的流入人员近7000人，拟实现粮食自给。但由于草原大部分不宜种植粮食，其收成也不佳（"文化大革命"期间，在东、西乌珠穆沁旗建立两个师的建设兵团种地6年未能解决兵团自己的粮食问题），大多数移民除回流外又被安插到牧业队，更是吃"大锅饭"，加重农牧民负担。流入的人员留在旗所在地和公社，办皮毛、乳品加工，但其产品成本高质量低。针对此情况牧区生产方针改为以牧为主，结合畜牧业，发展多种经济。

三、农牧民生产生活记录

20世纪50~70年代的近30年集中进行了多个政治经济的重大调整，那一时期的整体社会处于急剧变化的时代。从民主改革到人民公社的建立，再到20世纪70年代末，内蒙古农牧业获得了空前的发展，这一点在政策实施过程、社会生活记录中都有表现。内蒙古作为边疆民族地区，当时流动人口的整体状态表明该区域在经济社会发展上的区域特色。

内蒙古东、西部土地改革的时间有所差异。东部地区是在1947~1948年完成；西部地区是在1951~1952年完成，先进行减租减息，然后进行了土地改革，但在具体的实施过程中有各自的特点。民主改革之后内蒙古社会在党的领导下逐步进入人民公社化阶段，在以往的一些社会调查资料中描述了当时的农牧民的生活状态。

20世纪50年代是中国农、牧业区域发生重大转变的起始阶段，经过民主改革农牧民当家作主获得了人身自由，拥有了土地使用权利。这一重大的社会政治、经济和文化上的改革在村落社会中产生了深远的影响。《近现代蒙古人农耕村落社会的形成》一书中内蒙古自治区东部郎布套布村的记录中较为详细地讲到了20世纪中期20余年内蒙古村落社会的生活变化及经济情况。"1947年1月八路军在该村宣布了革命的胜利"，10月时"翻身大队"土地改革执行组织来到村内。工作组把村中从南部村带着全部财产躲避土改逃到郎布套布村的四户划为地主，定为革命的对象。村中之前迁入的金姓一家是村里的首富，家里有200头左右牲畜，而村里其他户合起来牛马仅有100头（匹），土地改革中地主家的财产和土地全部被没收，被批斗到年末。郎布套布村在1948年春进行了土地分配，村民每人平均分到了10亩农地，家畜以耕畜为主，一户至少分到一头以上的牛和马，用于以户为单位耕种，人口多的家庭分到了乳牛。当年在郎布套布村居住着约35户200人，与1939年的48户相比，农户减少了13户，其原因是从1939年到土地改革止，由于有实力的农家破产，农地缩小，致使榜青①移居他村。随着郎布套布村的土地改革进行了户口登记，处于频繁移居状态的榜青分到了一定面积的农地并得以落户，也使社会治安安定了下来。土地改革实施后的两年间，村民如需移居，必须从原来的村落开具证明。

实施土地改革的最初三年，郎布套布嘎查大丰收，农民上缴完农业税后生活与过去相比仍比较富裕。于是从1949年起掀起了盖房潮，生活上富裕起来的榜青追求自建房屋，买上木材，村民相互无偿帮忙盖房。但土地改革后的两年1950年开始郎布套布村的人口流动再次复苏，可能是一部分榜青，尤其是从邻近地区来的单身榜青，在土地改革后返回故乡的人变多。到20世纪50年代后半期，流入人口出现了新的倾向，通过入赘、依靠亲属关系转入人口较多。1953~1975年，郎布套布村有新移居的14户，其中7户是入赘或通过其他的婚姻关系，另有两户是投靠亲属迁来的，婚姻关系成为人口增长的最大原因。

1948~1953年也因家庭为单位的农业生产方式扩大了家庭对劳动力的需求，同时自主的新生活催生了一批新的家庭，如过去没条件娶妻的榜青开始成家。民主改革之后以家庭为单位的生产活动带来了新的贫富差距，出现了富裕户雇佣劳动力的现象，为此提倡"互助组"由3~7个家庭组成一个生产单位，迈出了人民公社化的第一步。在郎布套布村，1953年末旗里派遣"工作队"到村里"整风"，先对那些雇佣人的干部进行处分和批判，从第二年春天开始组织了以几户家庭为单位成立了"互助组"。1954年全村分成三个生产组实现了"初级社"。生产组成员将农地、家畜及农具等生产用的财产，全部上交生产组，形成了生产队。1958年后"大跃进"期间各家庭物资基本集中到生产队，"食堂化"运动使农民再次失去了劳动积极性，此年有6户辽宁省汉族灾民被分配到该村居住，一年后5户人返乡。

---

① 榜青：农忙时打短工的人。

1959~1961 年中国连续三年遭受自然灾害，饥饿再次袭击了原本经济基础薄弱的农村地区。加之由于与苏联的关系恶化，在农村地区出现因粮食不足，农民再次离乡背井，各地出现流浪农民为主的"盲流"人口。1960 年来到郎布套布的辽宁省新民县的汉族牛志忠一家当时就是"盲流"人员，政府分配他们到该村居住的。从 20 世纪 50~60 年代，由政府分配移居来的"盲流"2 户在郎布套布村定居后没迁出。

郎布套布嘎查与邻近的镇只有 4 千米的距离，因此这里也是镇里退休人员愿意安排退休生活的农村区域。在 20 世纪 60 年代移居郎布套布村的 2 户是在附近的镇里工作退休后定居的人员。20 世纪 60 年代末"知识青年"下乡，到 70 年代中期知青又陆续返回城市，其中有一部分人留在了当地。1968 年，郎布套布村来了 8 名知青，都是本旗政府所在地的人，两年之间陆续返回原地，其中 1 名留在该村结婚定居。1976 年，从通辽市来了 20 名知青，3 年之内全部返回。[①]

郎布套布嘎查的相关调查中其作者从人口流动的角度详细记录了 20 世纪 40 年代末后的近 20 年间的变化。结合在本节上两段内容，在社会政治、经济巨大转变的时代，内蒙古东部半农半牧区村落社会中的农牧民生活在 20 年间经历了以家户为单位到以公社集体为单位的过程。人口流动上的变化与时代背景相关，同时反映出制度、政策的改变对村落社会日常生活、经济决策产生决定性的作用。当时虽然商品经济并不发达，但随着人身解放以及经济条件的转变人们有了对房屋的更多需求，结婚成家之后对生产物资及生活物资的需求变得更为明显。当时城镇与村落二元户籍管理体系下人口流动较少，此书中未见从村落流向城镇的案例。

民主改革时期蒙古人居住的农业地区或半农半牧地区，与国内其他农区一样进行了阶级区分，在上文中介绍的"三不两利""稳、长、宽"政策下内蒙古纯牧业区域阶级划分不是很明确，但 20 世纪 40 年代末之后的 20 年也经历了同农区一样的社会转变过程。生产活动主要集中在牧业工作上，从牲畜头数到畜产品有大量的增长，从《东苏旗畜牧志》[②]中记载的一些内容看，1945~1965 年牧业工作成绩斐然，每户平均牲畜头数增长 2.97 倍，1947 年之

---

① 李儿只斤·布仁赛音.近现代蒙古人农耕村落社会的形成 [M].娜仁格日勒，译.呼和浩特：内蒙古大学出版社，2007:199–208.

② 东苏旗畜牧志编委.东苏旗畜牧志（蒙古文）[M].海拉尔：内蒙古文化出版社，1995：100–115.

后出售给国家的牲畜达到了 824717 头，农牧民的生活有了极大的改善。苏尼特左旗牧业人口远多于城镇人口，在 1966~1976 年比例基本保持在 2~3 倍左右。

《文化的变迁——一个嘎查的故事》介绍了乌兰察布市察哈尔右翼后旗乌兰哈达苏木阿达日嘎嘎查案例。该嘎查在 1958 年时继合作社成立了人民公社，包括三个农业大队和三个牧业大队。按照书中详细介绍当时的生产队分组一个重要的考虑因素是羊群分布区域和家庭居住的位置，每个小组里有四五户人家，管理一群羊。生产队的羊群基本上就是各户入社的牲畜股份（以下简称"畜股"），集中起来的牲畜又根据每家的人数再分配到各户管理。放牧人的选择原则上是先由个人提出来后提交"队委会"批准，当时人选会考虑阶级成分。当时打草、剪毛等劳动均由生产队组织的集体劳动，社员通过劳动获得工分，通过年终决算，从生产队里得到现金，这个结算出来的盈余叫"分红"。在生产队里，每户管理的家畜一经分配以后，除非有新户迁入，或者是旧户移出，否则就不再重新分配。各家承包家畜所增殖的部分不会分配给他人，减少的部分也不会得到补偿。家畜头数的增加会有更多的工分收入，鲜奶也会有相应的增加。虽然个人没有支配畜产品的权力，但通过劳动能够得到实物。这有助于农牧民保持劳动热情。该书中记录了丹巴一家的例子。20 世纪 70 年代初，丹巴家共有 3 个劳动力，积累的工分主要来源于三个方面：①丹巴的放牧所得；②儿子额尔顿参加生产队里的集体劳动所得；③管理家畜所得。

当时每人每月从队里支取 5 元，作为口粮及零用钱。这 5 元是不管有无工分积累，都会发放；夏秋季节，队里会临时屠宰几只羊，按人头分给社员；入冬时每人还会分到 0.8 头的羊作为过冬的肉食。这些支出在年终结算时会扣除。丹巴一家连续数年都有约 400 元的"分红"，算是队里最多的。丹巴六岁时到寺庙学习经文，长大后成为庙里的牧羊人。寺院畜群里有信众赠予的牛羊，这是寺院维持日常开销的主要途径。丹巴几年后还俗回家。20 世纪 50 年代初，他与附近一位带两个孩子的女性结婚，1956 年，他们的儿子额尔顿出生。长子小学毕业后回到父母身边，1969 年结婚，与父母的房子相邻盖了两间土房单独生活，成为放牛人。牧牛人同牧羊人一样，一天能拿 10 个工分，但比起放羊放牛更轻松一些。在野外牛群不用像看管羊群那样需要牧人跟随，只需要隔一段时间掌握其移动方向即可。当时 10 个工分等于 1.4 元，因此 1 个月下来能挣 42 元。当时一个月 25 斤的口粮大约花 5 元。口粮钱不考虑当月劳动工分多少，先由队里从公共基金拿出来发放给个人。在人民公社时代，牧区个人的消费上发生的较大改变主要体现在家畜头数对家庭消费能力的限制，是以同一消费水准平均分配资源为原则的（阿拉腾，2006）。[①]

第三节 20 世纪 70 年代末开始的内蒙古农牧村社会及政策改革

一、农牧业改革

党的十一届三中全会之后国内建设重点回归到经济上，经济制度性的改革拉开了帷幕。1978 年 8 月 28 日，内蒙古自治区党委下发《关于当前农村牧区若干经济政策问题的规定》试行草案，要求在农村牧区建立生产责任制。当年年末在伊克昭盟杭锦旗巴拉亥公社实行以"四定一奖"（定地、定产、定肥、定工、超产奖励）责任制。1979 年，中国共产党伊克昭盟委员会将其作为典型经验做推广。自治区各盟市、旗县也结合本地实际，开展各种打破"大锅饭"的尝试。

在农业部印发的《关于加快发展畜牧业的意见》（1979 年 4 月 6 日）中强调"农业是国民经济中的薄弱环节，畜牧业又是整个农业中的薄弱环节。迅速改变畜牧业的落后状况，加快畜牧业的发展速度，是我国国民经济发展的迫切需要。29 年来，在毛主席革命路线指引下，我国畜牧业有了一定的发展。解放初期，全国有大牲畜 6000 万头，猪 5700 多万头，羊 4000 多万只。1978 年预计，全国大牲畜达到 9300 多万头，猪 30100 多万头，羊 16000 多万只；畜牧业总产值 180 多亿元，占农业总产值的 13%。但是，我国畜牧业还很落后，发展缓慢，又不稳定，产品率很低。新中国成立 29 年以来，全国牲畜平均每年递增 4.5%，近 11 年，降低到 2.5%，近 5 年来，牛的头数减少了 400 万头。牛、羊每头平均活重和产肉量比过去下降 20%，猪的出栏率由 1965 年的 75% 下降到 54%。全国平均每人一年占有肉 15 斤，还不及世界平均水平的 1/3，居世界第 98 位；蛋平均每人 4 斤，为世界平均水平的 1/3；奶平均每人 2 斤，

---

① 阿拉腾.文化的变迁———一个嘎查的故事［M］.北京：民族出版社，2006：86-91.

只相当于世界平均水平的1%；和畜牧业发达国家相比，差距更大。"①文件中反思了造成畜牧业落后的主要原因，因极"左"路线的干扰工作思路的问题突出，"把互相依存、互相促进的农林牧三者关系对立起来"，宣扬"粮要上，牧业让""杀了羊，林成行""牧民不吃亏心粮"的错误主张，家庭养猪、禽、牛、羊及养兔、养蜂被当成资本主义尾巴，这些思想倾向严重干扰了集体及家庭发展畜牧业的积极性。

该阶段农业部的农牧业发展规划中基于国土农、牧、林区资源初步形成了农、林、牧结合发展的策略，合理地利用自然资源是农业高速度全面发展的重要保证。牧区要以牧为主，围绕畜牧业生产，发展多种经济；草原开荒造成沙化和不适宜于种粮食的要退耕还牧；半农半牧区要逐步过渡到以牧为主，农牧结合，全面发展；城市郊区、工矿区要执行以蔬菜、水果、肉、蛋、奶为主的生产方针，提高肉蛋奶自给率；农区贯彻执行农林牧三结合的方针。为农林牧结合发展，20世纪70年代末开始农牧业相关政策生产任务的区域划分上转向牧区、半牧区主要是提供畜产品和为畜牧业服务的种植业，提倡多种经营和自留畜；农区积极扶持家庭养畜、禽。当时国内肉蛋奶的供应来源是家庭饲养，这说明农、牧家庭能够提供辅助劳动力，也能利用零星饲料发展家庭饲养业。从而进一步调动社员的积极性，鼓励多养家畜家禽成为保证市场供应和人民生活需要的主要渠道之一。当时鼓励集体畜牧业和养殖业，逐步壮大集体和国营畜牧业，使集体和国营畜牧业提供畜产品的比重逐步增大。到该阶段畜牧业统计有了重大调整，不再一味追求牲畜存栏数，而是提倡实际贡献，畜群结构上扩大适龄母畜比例，通过科学饲养缩短育肥期，提高出栏率，并在牧区建设冷库、冷藏车间，通过创造秋后育肥适时屠宰的条件，改善因牲畜长途赶运掉膘状况。

1979年9月28日党的十一届四中全会通过了《中共中央关于加快农业发展若干问题的决定》，强调"我国人民建设社会主义的伟大事业，进入了实现四个现代化的新的历史时期。我们和国家的工作重心，从1979年起转到社会主义现代化建设上来。摆在我们面前的首要任务，就是要集中精力使目前还很落后的农业尽快得到迅速发展，因为农业是国民经济的基础，农业的高速度发展是保证实现四个现代化的根本条件。我们只有加快发展农业生产，逐步实现农业现代化，才能使占我国人口80%的农民富裕起来，也才能促进整个

---

① 内蒙古党委政策研究室，内蒙古自治区农业委员会.内蒙古畜牧业文献资料选编（1947–1987）第一卷（内部资料）[M].呼和浩特：内蒙古党委印刷厂，1987：215.

国民经济蓬勃发展，加强工农联盟，巩固我国社会主义制度和无产阶级专政。"[1] 20 世纪 70 年代末的系列经济改革中提高了对国内农业现状和历史经验的认识，表明了继新中国成立以来农业社会主义改造所取得成就加强农业基础工程建设的态度，明确了通过提高化学肥料、农业机械、排灌机械和农村用电方面的投入，增加农产品产量的构想。

到 20 世纪 70 年代末国内农业发展速度同人民的需要和四个现代化的需要之间存在的矛盾。"从 1957 年到 1978 年，全国人口增长 3 亿人，非农业人口增加 4000 万人，耕地面积却由于基本建设用地等原因不但没有增加，反而减少了。因此，尽管单位面积产量和粮食总产量都有了增长，1978 年全国平均每人占有的粮食大体上还只相当于 1957 年，全国农业人口平均每人全年的收入只有 70 多元，有近 1/4 的生产队社员收入在 50 元以下，平均每个生产大队的集体积累不到 10000 元，有的地方甚至不能维持简单再生产。"[2]

二、农村家庭联产承包经营责任制 [3]

20 世纪 70 年代末随着自治区政府颁布一系列规定，改革快速进行。到 1980 年，中共中央《关于进一步加强和完善农业生产责任制的几个问题》指示中规定，允许边远贫困地区实行"包产到户"责任制。遵照中央文件精神，内蒙古自治区党委和政府结合自治区实际情况，认为在内蒙古自治区符合"包产到户"的条件，在形成《关于内蒙古自治区工作汇报提纲》基础上，允许各盟市旗县基于实际情况采用多种经营形式、多种劳动组织形式和多种报酬办法同存的模式。"包产到户"即集体把耕地按人口和劳动力比例分配到户，对户实行包产量（产值）、包工分、包费用。包产部分由集体统一核算分配，超、减产部分全奖全赔。

1980 年内蒙古自治区政府首先在乌兰察布盟卓资县羊圈湾公社进行全部耕地"包产到户"的试验。此次经验被推广到各盟市旗县学习，各地按照地方特征因地制宜，落实家庭联产承包责任制，到 1981 年底基本上在自治区范围内普遍完成了改革。当时土地承包到户是第一步，接着集体管理的林、机电井、大中型农机具、农用牲畜都作价卖给了农户，除农田外对无明确责任人的荒山、荒滩、荒坡、荒水"四荒"进行新一轮承包经营，各盟市旗县改变了人

①② 内蒙古党委政策研究室，内蒙古自治区农业委员会.内蒙古畜牧业文献资料选编（1947–1987）第一卷（内部资料）[M].呼和浩特：内蒙古党委印刷厂，1987：223+225.
③ 梁铁城.内蒙古自治区志·发展和改革志 [M].呼和浩特：内蒙古人民出版社，2013：503–504.

民公社的经济体制。

经过实践人们认识到了生产责任制的核心为"联产"，"包产到户"被多数人认可"责任最明确，利益最直接，方法最简便"，因此效果也最明显。到1982年"包产到户"在实践中发展为"大包干"，内蒙古自治区农村除34个生产队集体统一经营外，其余61648个生产队，实行"大包干"责任制，占农户总数的99.94%。合作经济组织除了土地之外，其他生产资料的大部分作价到农户，生产队不再进行统一核算。由集体通过合同形式承包到户，以家庭（户）为单位自主经营，由承包户完成相应的国家征购任务和集体提留后，剩下的产品全由农户自己支配，实现责、权、利的统一。

20世纪90年代，土地承包进入到第二轮承包续签合同的阶段。在十几年间的土地承包制的实施解放了生产力，提高了农民生活，同时也显露出了各类问题。稳定和完善农村土地承包关系，鼓励农民在土地上进行长期投入，以法律形式保证农民的承包经营权成为时代性的重要问题。1996年12月，内蒙古自治区政府下发实施《关于做好延长土地承包工作的通知》，坚定贯彻"包产到户"的基本政策，与农民续签土地承包合同，除对个别农户承包进行调整外，续签过程中保证了绝大多数农民继续承包原承包的土地的权利。对乡村保留机动地问题提出了明确意见要求原则上不留机动地，确实有必要留机动地的乡村，其数量不得超过全部耕地的5%。第二轮承包合同续签后土地延期承包合同有效期至少持续30年，"四荒"承包期则可以延长至50年甚至100年。1998年11月19日，根据中共中央办公厅、国务院办公厅的通知要求，自治区下发统一颁发土地承包经营权证书的通知，要求凡已签订承包合同的，必须及时发放土地承包经营权证书。证书由乡镇经营管理站负责统一填写，由旗县农业部门统一组织发放。

2003年3月1日，《中华人民共和国农村土地承包法》施行。土地承包法中明确规定国家实行农村土地承包经营制度，从而家庭承包、土地承包经营得到法律的确认和保护。通过合同形式明确了家庭承包发包方和承包方的权利和义务、承包的原则及程序、承包期限等，并对不同方式的承包、争议的解决及相应法律责任做出具体的规定。

三、牧区草畜双承包责任制[①]

内蒙古自治区从1980年在全国牧区率先推行家庭联产承包经营责任制，

---

　　① 梁铁城.内蒙古自治区志·发展和改革志［M］.呼和浩特：内蒙古人民出版社,2013：505-506.

将人、畜、草，责、权、利统一起来，改变原先生产队体制，实行"草场公有，承包经营，牲畜作价，户有户养"的草畜双承包责任制（以下简称"草畜双承制"）。在草畜双承制落实过程中，先是把一定数量的牲畜和相应的草场一并承包给生产者，对承包方和发包方明确各自在牲畜经营、草场使用、保护和建设上的责、权、利，通过人、畜、草三者的关系落实到户，调动了以家庭为单位的生产者积极性。畜、草双承制在牧区落实联户承包责任制中曾被普遍推行，最终形成了"草场公有，承包经营，牲畜作价，户有户养"责任制。

1999 年，内蒙古自治区政府发布施行《内蒙古自治区草原承包经营权流转办法》，对流转的形式、流转的程序、监督管理、法律责任做出明确规定，规范草原承包经营权流转行为，完善草原承包制度。通过实行草原承包经营权自愿、有偿、合法的流转，促进畜牧业生产的发展，有利于草原的保护和建设。

2002 年 9 月 10 日，内蒙古自治区政府发出《关于全面落实农区草牧场"双权一制"工作的通知》，落实草原所有权、使用权和承包经营责任制（以下简称"双权一制"）。这是深化农村牧区改革的一项核心内容。要求认真开展农区草原承包到户工作，尊重广大农牧民意愿，不搞强迫命令，承包方案要经村民大会讨论通过。明确发包方和承包方各自的权利、责任和义务，做到权责利统一。农区草原承包到户后，只准建设人工草地和围栏划区轮牧，不准自然放牧。严禁把草牧场当成"四荒"处理。

通知要求，各地区要按照《内蒙古自治区草原管理条例》《内蒙古自治区农牧业承包合同条例》《内蒙古自治区进一步落实完善草原"双权一制"规定》，开展农区草原承包到户工作。承包方式和程序要符合 2003 年 3 月 1 日起施行的《中华人民共和国农村国有土地承包法》有关规定。规定指出：耕地的承包期为 30 年。草地的承包期为 35~50 年。林地的承包期为 30~70 年；特殊林木的林地承包期，经国务院林业行政主管部门批准可以延长。国家依法保护农村土地承包关系的长期稳定。农村土地承包后，土地的所有权性质不变承包地不得买卖。

四、流动人口 [①] 与农牧村社会

20 世纪 50~70 年代，政治、经济上的重大改变对农牧民的生产、生活决策产生了直接影响。在当时的社会环境下内蒙古社会人口流动有时代特色。流

---

① 宋廼工.中国人口（内蒙古分册）[M].北京：中国财政经济出版社，1987：184-194.

动人口情况可以分为经常性和非经常性流动两类：经常性的流动人口是指每个历史阶段由于经济、社会和人口的协调发展而引起的正常的流动人口；非经常性的流动人口则是指特定历史阶段，由于经济、政治或自然灾害等原因而引起的流动人口。

该阶段经常的人口流动体现在采购货物、投靠亲戚、帮工或文体活动、会议等社会活动而引起的临时的人口流动。在内蒙古自治区城镇之间、城乡之间，以采购员、推销员形成的流动人口，是一个重要的方面，属于因采购而引起的流动。内蒙古自治区地域辽阔，加上城镇、集市分布分散，各盟市旗县的商业供销部门都需要派出一定数量的采购人员来维持生产、生活所需物资的流通。采购人员常年流动在各大、中城市之间。到 20 世纪 70 年代末随着活跃城乡经济、扩大对内对外贸易的努力，采购、推销人员队伍不断增加，数量达到了一定的规模。当时采购人员集中在京、津、沪等发达的大城市，区内集中在呼、包、赤峰、通辽、集宁等盟市所在地。据以往资料统计，部分盟市旗县在呼和浩特设立的驻呼采购小组、办事处有 30 多处，采购人员流动比较频繁。另一种明显的人口流动是围绕当时到内蒙古支边人员、科研人员、大中专院校学生毕业留城镇工作，会形成探亲形式的流动人口。

相较于上述人口流动，也有许多临时性质的人口流动，主要集中在那达慕或大型会议期间以及社会服务需求较大的行业。"那达慕"是内蒙古人民传统的群众性集会，集会期间有文艺体育活动，更重要的是能进行物资、信息交流。对那达慕政府和各级商业、物资、宣传等部门也会宣传和组织。那达慕期间一般当地人流量较大，到 20 世纪 80 年代末，随着牧业经济的发展，每逢夏秋之际，牧区各地几乎都举行不同规模的那达慕，规模逐渐扩大。1958~1977 年，大型政治会议多，会有群众性集会，因此也推进了流动人口数量。1978 年以后，此类会议数量减少，因会议而引起的流动人口也减少。

务工类型的人口流动的形成与当时的内蒙古地域特征、文化习惯有关。地域上的地广人稀，农村牧区季节性的缺乏劳动力，因此邻近省份的农民有季节性的帮工现象。主、雇双方达成协议，协议结束按实物分成。1949~1957 年政府一般不加干涉；1958~1976 年此类流动人口受到政府限制，被称为"盲流"。1978 年后，内蒙古农牧区劳动力和技术的需求凸显，务工类型的人口流动增加。同时在内蒙古区域的流动人口中较为常见的是生活服务相关的一些领域，如修鞋、补锅、缝纫、镶牙、修表、磨刀、加工木器、配修眼镜等行业。在服务型流动人口中，还有一部分因建筑业、工程队到来的副业人员。由于在建筑施工中实行国家分派还是之后实行的招投标制，许多自治区内的建筑工程，被外省区的施工单位去完成，随之区外大批建筑施工队伍进入区内一些建筑工地，还有工业、建筑业相关的烧砖、铸造、机修、锻铁行业常有技术需求而出现的流动人口。

该阶段的非经常性的人口流动主要是在灾荒期间产生的，还有一部分人口流动源于当时政治运动的需要。历史上形成的山西、河北、陕西一带农民"走西口""走口外"到达内蒙古区域，遇到自然灾害流入内蒙古的人口量增加。1954 年山东、河北遭水灾，有近万人流入内蒙古东部多个旗县；1955 年，山西、河北等邻省又遭旱灾，又有 5 万多人流入内蒙古中部旗县。流入人口有投靠亲友暂住的，也有的被当地民政部门安置从事工农业生产，有的次年重返原籍，有的被安置转为当地居民。

在上一段内容中提到了内蒙古自治区政府制定农牧业政策时对流入人口的安置以及引起的相关社会反映，人口安置政策未能达到提高农业生产的目标。1960 年以前，内蒙古自治区政府对外省区流动人口特别是灾民，基本上是采取就地安置的办法，把他们转化为当地劳动力加以吸收。如 1956~1957 年，对由邻近各省流入的数 10 万自流人口都按集体移民安置在各地农村，从事农业生产。但是，这样的政策除了给当地造成人口、生产的负担外，也引起另一方面的问题，邻近省份的农民认为内蒙古相对好谋生，从而引起了自流人口涌入的现象。1960 年后半年内蒙古自治区的自流人口猛增至百万余人，引起中央有关部门和自治区领导部门的重视，于是内蒙古自治区开始采取措施制止大批自流人口盲目流入。从 1961 年起各地对流入的自流人口进行了收容遣送。据内蒙古自治区民政厅 1961~1965 年统计，5 年间，内蒙古自治区各地共收容自流人口 155139 人，被遣送原籍的 153074 人，占总数的 98.67%，就地安置的有 2065 人，占总数的 1.33%。1958~1977 年区内人口的非经常性流动原因上又增加了由于各种政治运动的影响形成的流动，主要是机关干部下放劳动，干部、部队人员、工人集中学习班，各种政治宣传队、工作组下基层等形式。

五、户籍制度改革及人口迁移

结合计划经济体制实行的户籍制度对新中国成立以来的城乡发展独特性起到了决定性作用。随着国家政权的稳定，户籍制度在城市率先落实。1953 年第一次全国人口普查后开始建立人口统计报表制度，这在客观上促进了户口管理制度的进一步落实，国家强化了对整体人口的控制。20 世纪 50 年代初流向城镇的农村人口数量增加，对当时薄弱的城市供给系统造成了负担。1958年全国人大常委会通过了《户口登记条例》，标志着全面的户口管理制度的建立，人口迁徙被严格限制，城乡居民在户籍管理上被区分，分为"农业户口"和"非农业户口"两类。城乡二元体制的制度设计就是以户籍制度的二元模式为基础的，也可以说对城市人口的限制是20世纪50年代的中国在内外政治、经济压力下的为实现高度工业化而采取的制度性的设置。"户籍制度除了限制人口及劳动力由农村向城市迁移流动，还将农村人口基本上排除在国家供应和社会福利等之外。禁止农村人口外流，连同其他一系列相关制度措施，例如，公社制度、农村土地制度（土地不能'农转非'），将农民限制在农村里"（陈金永，2023）。①

国家对城村人口流动的严格限制从20世纪50年代一直延续到改革开放，持有农村户口的个人在体制内转变户籍属性的可能性较低，一般是通过考取大专以上的学历分配工作、退伍回乡获得工作岗位、通过婚姻、亲戚关系找到城镇有编制的工作等，总之能够在城镇、乡一级找到有编制的工作是关键。国家在户口迁移、户籍属性变更上的严格限制加强了国家权力对整体社会人员流动的有效控制。

20世纪80年代农村人口开始流向城镇。上文中讲到"三农"问题时也提到此阶段农村人口批量涌入城镇后的社会效应。从户籍角度再次考察"流动人口"这一概念时流动的人口来源于户口与人所处位置上的错位。错位的主要表现是虽然人在城镇但因户口原因无法完整享受城镇福利。改革开放初期随着进城务工的农村人口的迅速增加这一点而引起了关注，"三农"问题的概念化源于此现象。随着改革开放社会政策有了重大的调整，人民公社解体，家庭为单位的经济核算体系促使家庭内的劳动分工更注重成本和效率，家户内留出了一定的劳动力去追求更大的经济回报。此时各地方政府开始放宽农民向小城镇迁移的限制。1984年后农民可以作为"自理口粮户口"到周边城镇务工或经商，户籍属性上他们属于"非农业人口"。"'自理口粮户口'农民有合法的权利离开土地并进入城镇，但是持此类户口的人口不能获得城市的福利，也不能凭此进入其他城镇户籍。同时，在二元体系下，正式迁入城镇者要放弃他们原来在农村的土地。20世纪80年代，这种类型的户口对一些农民工有一定的吸引力，因为正规的'农转非'的门槛对他们几乎是完全封闭的。到1988年'自理口粮户口'的人口总数已经达到了400万人。可是，到了20世纪80年代后期，

---

① 陈金永.大国城民：城镇化与户籍改革［M］.北京：北京大学出版社，2023：25.

可以在城镇居住的其他途径逐步增加，甚至也不需要什么登记，'自理口粮户口'也就失去了吸引力，在20世纪90年代早期，这一政策被取消了"（陈金永，2023）。[1] 户口限制放宽的阶段是20世纪90年代末和21世纪初，根据公安部的政策持农业户口的人根据一定条件（主要是在当地工作年限、房产）办理城镇户口在城镇落户，能够享受与城镇常住居民在教育、就业、社会保障与福利上同样的权利。到2001年公安部颁布新的规定规范户口类型，农民进城后人可以在城镇工作，其承包土地的经营权可以保留，从而出现了人户分离现象。

结合户籍制度可以了解到1949年之后国家对人口流动控制较为严格，人口与户口之间的绑定对农村人口与土地的绑定起到了关键作用。严格的户籍管理制度对人口分类及安置上主导性会对区域社会产生极大影响。根据中国人口统计材料，自20世纪40年代末以来内蒙古的流动人口在全国较为突出，数量大、形式多样，其阶段性表现为：1949~1957年区内外的人口流动围绕着自治区国民经济建设形成，流动人口的数量规模相对较小；1958~1976年流动人口受政策的影响时高时低；1977~1984年通过拨乱反正流动人口得到自行的合理调整，促进了农牧业生产和第三产业的发展。

第四节　20世纪80年代至21世纪初农牧配套政策及农牧村社会

一、发展乡镇企业 [2]

随着在农村牧区家庭联产承包经营责任制的展开乡镇企业、农牧业产业化成为实现农牧业现代化之路中的必要环节。根据1984年中共中央一号文件指示各级政府经营管理农牧业工作中需要加强的部分是经营管理服务体系及生产技术服务体系，是年内蒙古自治区政社分开，改称乡镇企业。乡镇企业的经营范围主要包括农业企业、工业、商业饮食业、服务业、交通运输业、建筑业等。1997年3月，中共中央、国务院转发农业部《关于我国乡镇企业情况和

---

① 陈金永.大国城民：城镇化与户籍改革［M］.北京：北京大学出版社，2023：28.
② 梁铁成.内蒙古自治区志·发展和改革志［M］呼和浩特：内蒙古人民出版社，2013：506-507.

今后改革与发展意见的报告》，文件中肯定"乡镇企业是中国农民的伟大创造。自党的十一届三中全会以来，乡镇企业迅猛发展，取得巨大成就。乡镇企业已成为农村经济的主体力量和国民经济的一大支柱，为转移农村富余劳动力，增加农民收入，增加农业投入，巩固和壮大集体经济，建设富裕、文明、繁荣的社会主义新农村做出重大贡献；在增加社会有效供给、促进国家工业化、提高综合国力、巩固工农联盟和保障社会稳定等方面发挥重要作用；为在我们这样一个农民占绝大多数的农业大国解决好农业、农村、农民问题，促进经济体制改革、国民经济和社会发展，探索出一条成功之路。发展乡镇企业，是推进中国社会主义现代化建设和强国富民的一项重大战略抉择"。

1984年11月，内蒙古自治区党委、政府批转内蒙古自治区乡镇企业局《关于我区乡镇企业今后改革与发展意见的报告》鼓励发展乡镇企业。乡镇企业在内蒙古自治区国民经济中，特别是在农村牧区占有重要位置。统计显示，1989年乡镇企业总产值达到47.79亿元，占社会总产值的9.97%；截至1997年，自治区乡镇企业现价总产值达到1915亿元，同比增长56%。1997年，内蒙古自治区乡镇企业发展到76万家，乡镇企业就业人数达到315.8万人，占内蒙古自治区农村牧区劳动力比重为45%以上。内蒙古自治区乡镇企业产值超百亿元的盟市有8个，入库税金超亿元的盟市8个，产值超10亿元的旗县区58个，产值超5亿元的乡镇65个，超亿元的村157个。初具规模的乡镇企业工业小区达到90个（含国家级11个、自治区级23个），完成的乡镇企业总产值占内蒙古自治区乡镇企业总产值的8%左右。从乡镇企业发展起来的国家级企业集团有4家：内蒙古自治区兴发集团、内蒙古华蒙金河集团、内蒙古恒通集团和内蒙古奈伦集团；列入国家大中型乡镇企业有11家。

1997年后深化乡镇企业改革，遵循"有利于发展社会主义的生产力、有利于增强社会主义国家的综合国力、有利于提高人民的生活水平"的标准，工作中尊重农民生产实践经验，鼓励农民的创造创新及自主选择。坚持在政府工作中政企职责分开，政府从直接管理生产经营转向宏观规划、指导、管理、监督、协调、服务，使企业真正成为自主经营、自负盈亏、自我约束、自我发展的市场主体。内蒙古自治区开始对100个乡镇企业进行产权制度改革试点，内容以推行股份合作制为主，完善了承包制，加快了现代企业制度的确立。1998年以后，内蒙古自治区乡镇企业改革的重点为逐步建立现代企业制度，鼓励多个企业完成了转制。

加快发展第三产业是优化经济结构，推进工业化和城镇化，增加就业，提高人民生活质量的客观要求。1996~2003年内蒙古自治区第三产业增加值年均增长 11%，与同期的 GDP 增速持平；第三产业增加值由 1995 年的 258 亿元增加到 2003 年的 723 亿元，第三产业占 GDP 的比重由 31% 提高到 34.5%。[①] 国内城镇化进程中第三产业已成为增加就业和城乡居民收入的重要渠道。全区第三产业从业人数在 1995 之后从业人数的比重提高了近十个点，服务行业职工工资总额占城镇职工工资总额的比重也提高了近一倍。据当时的一些数据统计，20 世纪 90 年代之后农牧民来自第三产业的收入比重一直保持增高的趋势。

近年来在内蒙古自治区第三产业服务设施不断完善，服务消费有了明显增加，非公有制服务业得到较快发展。城镇居民人均交通费、通信费、人均教育文化娱乐支出及人均医疗保健支出连年持续增长，全区服务行业个体工商户和私营企业户数、个体私营服务业从业人数成倍增长。在自治区政府政策在商贸流通业、运输物流、旅游业、餐饮业、金融业上作为重点发展领域，并促进信息、中介、会展服务，继续提升科教文体卫生方面的服务能力。

二、农牧业产业化 [②]

农牧业产业化是中国实现现代化之路上的薄弱环节，自 20 世纪 80 年代为实现农牧业现代化，政府从科技技术、经营管理进行了多项改革和尝试。承包责任制、乡镇企业近 20 年的实践，使农牧业现代化语境中逐渐出现产业化的行业设想。20 年的农、牧区商品经济获得了发展，乡镇企业的创立及活跃使农牧产品加工专业化，农村牧区产业结构有了实质性的改变。自治区农牧业产业化经营使家庭为单位的小规模经营同国内、国际市场连接了起来，形成了家庭、村、农牧企业结合的经营网络。该模式也被形容为"龙型经济"，如草原兴发、伊利公司，企业作为龙头，"公司 + 农户"的形式带动农牧产品在当地实现深加工。到 20 世纪 90 年代，农牧产品流通体制改革和农牧业市场化程度的普遍提高，农村经济体制改革倾向生产销售一体化经营。此后内蒙古自治区各地出现了公司加农户、基地加农户、协会加农户等形式的组织模式，与农畜产品相连的专门化市场、社会化服务、加工行业也有新发展。

20 世纪 90 年代末，政府的农牧工作重点集中在加强农畜产品基地建设、培育壮大龙头企业及培育、开拓市场等方面。农畜产品商业化生产的建设思路是地方资源特点与市场相适应，将农牧特色产品与更大的市场相衔接，围绕自

---

① 资料来源：内蒙古自治区"十一五"专项规划汇编（内部资料集）。

② 梁铁成.内蒙古自治区志·发展和改革志［M］.呼和浩特：内蒙古人民出版社,2013：506-513.

治区农畜产品加工重点行业和龙头企业布局，实行专业化生产、规模化经营，成为龙头企业的相对固定的原料生产基地。调动农、牧民投资建设产业基地的积极性，发展"一村一品、一乡一业"的模式，各个旗县根据地方情况积极推动农牧业产业化，鼓励行政事业单位参与农牧业综合开发、建设基地，并吸引区内外、国内外客商投资，多种形式联合建基地。到该阶段家庭联产承包责任制已执行 20 年，在现实中，随着市场经济的发展对制度本身的完善有了更高的要求，建立健全土地流转机制及落实草场有偿使用的期待关系到了今后农牧业产业化发展的根基。内蒙古自治区扶持嘎查村集体经济的发展资金和盟市的配套资金重点用于农牧业产业化建设。在具体做法上注重培育壮大龙头企业，打破行政区划、所有制、行业界限和隶属关系，培育对肉类加工业、粮油加工业、制糖工业、乳制品加工业、饮料制造业、绒毛纺织服装业、皮革皮毛加工业、林产品加工业、以农畜产品为原料的医药工业和化学工业十大行业的龙头企业。对各个行业的龙头企业予以享受优惠政策，各级土地管理部门对龙头企业所需土地要优先安排，各项费用按最低标准执行，出口配额、退税等方面可优先获得扶持。

为扩大规模、增强辐射能力，该阶段内蒙古自治区集中力量抓好年交易额超亿元的农畜产品批发市场，在重要农畜产品生产基地和集散地重点建设一批跨地区的大中型农畜产品专业批发市场；盟市重点建设区域性专业批发市场；旗县重点建立和完善农贸市场。市场建设要立足于高起点，并努力与龙头企业和基地挂钩，加强配套服务。加快发展贸工农（牧）一体化和适合农村牧区特点的流通组织形式与营销方式。同时，引导龙头企业真正把农畜产品生产基地和农牧户当作"第一车间""第一道工序"来扶持，采取适当提高农畜产品价格、实行价外补贴、保护价收购等办法收购农畜产品，防止企业把经济损失转嫁给农牧民。

1998 年发布《内蒙古自治区农牧业产业化总体规划》，各盟市、旗县结合本地实际和发展的要求，建立强有力的领导机构和具体办事机构，强化宏观调控和管理服务。以实际行动加快了农畜产品加工及龙头企业科技进步，积极引进国内外先进技术工艺和设备，重点引进、推广精加工、深加工、保鲜、包装、储运等先进技术，加快了现有企业的技术改造。自治区高等院校、中等专业学校和职业技术学校要根据发展农畜产品加工业，加快推进农牧业产业化的需要，调整学科和专业设置，重点为龙头企业发展和基地建设培养学用一致的各类专业人才。

2003 年 12 月，内蒙古自治区党委、政府结合贯彻中共第十六大和内蒙古自治区第七次党代会精神，牢牢把握西部大开发和加入世界贸易组织的历史机遇，统筹城乡经济社会发展，借鉴现代工业思维谋划农牧业经济，围绕产业化经营调整农牧业结构，以农牧民增收为目标，提出了《关于进一步加快推进自治区农牧业产业化的实施意见》。本着市场导向、效益优先、发挥优势的宗旨，从内蒙古自治区实际出发，确立六大主导产业：乳产业、肉产业、绒（皮革、皮毛）产业、粮油产业、马铃薯（蔬菜、瓜果）产业、饲料（饲草产业）为今后实施农牧业产业化经营的战略重点；重点支持大型龙头企业以优势产业为依托，以资本运营为纽带，大范围整合资源、资金、技术、人才、品牌等要素，开展跨行业、跨所有制的兼并与联合，迅速扩张规模，组建了企业集团。

随着农村牧区经济的发展和市场化进程的加快，农牧民作为投资主体、经营主体和市场主体的地位得到确立，特别是在农牧业结构调整步伐加快，农村牧区专业化分工深化的形势下，内蒙古自治区农牧民群众创建各种形式的对外参与市场竞争、对内提供服务的农牧民专业合作组织，包括专业合作社、专业协会、农畜产品行业协会等。这些组织一出现便显现出旺盛的生命力，呈现出良好的发展势头。

三、农村牧区税费改革

从 1984 年开始，国内进入到由计划经时期转向有计划的商品经济时期。随着农村家庭联产承包制的推行，农村形势发生了巨大变化。"农民负担情况也发生了变化，负担主体由原来的集体变为农户，负担主要形式由原来的集体支出变为农民直接提供资金和劳务。农民负担的内容主要包括国家税收、村提留和乡统筹费，农村义务工和劳动积累工，其他收费、集资、摊派等社会负担。"[①] 从 1984 年 10 月党的十二届三中全会开始，改革开放步伐进一步加快，范围不断扩大，为农村的进一步发展带来了新的机遇，也使农民负担逐渐显性化。显性化主要表现在 1985 年之后的农村税费延续了人民公社时期的内容，在基层政权组织由公社变为乡镇，财政体制由公社财政变为乡镇财政的情况下，原来由公社承担的各种负担因承包到户的包干制分派到每

---

① 中华人民共和国财政部《中国农民负担史》编委会.中国农民负担史·第五卷，中国全面改革开放和建设社会主义市场经济体制时期的农民负担：1985~2006 年［M］.北京：中国财政经济出版社，2020：16.

户，虽然家庭承包责任制能够提高个人积极性但负担也落到了家庭和个人身上。1986 年按照当时的制度要求村建设资金，除国家增加农业投资外，主要靠农村自身的积累。政策主张各地合作经济组织从当年收入中适当提取公共积累，"交够国家的、留足集体的，剩下全是自己的"，在新的分配关系下，农民既负担了国家税收，又负担了基层政权的筹集资金、"两工"以及各种行政事业性收费、集资、罚款、摊派等。乡镇范围内的办学、计划生育、优抚、民兵训练和交通，所需费用在全乡镇"统筹"，村级组织可以收取村提留，包括公积金、公益金和管理费。1992 年 9 月 4 日党的第七届人民代表大会常务委员会第二十七次会议通过《中华人民共和国国税征收管理法》，使中国税收的征收走上了法制化管理道路，是年 11 月财政部印发《农业税收征收经费管理规定》，加强了对农业税征收经费的管理，建立健全核算制度。农业税在20 世纪 80 年代中后期开始总体趋势稳中有降，粮食主产老区负担比新粮食主产区和西北边疆地区重。

调整和改革牧业税从 1980 年开始，牧区省份实行牧业税免征政策，1985年前后，随着牧区经济的恢复和发展，除西藏地区继续免征外，内蒙古、四川、陕西、甘肃、宁夏、青海、新疆陆续恢复征收牧业税，各地之间的税率区别较大。1989 年内蒙古自治区颁布《内蒙古自治区牧业税征收办法》。内蒙古自治区牧业税，各盟市的定额税率，根据各地牲畜发展和牧业经济水平及历史负担情况，分别确定。各旗县的定额税率，由盟市根据自治区规定的各盟平均定额税率，结合其所辖地区不同的经济情况和过去负担情况，分别加以规定。

1994 年税制改革初步建立了适应社会主义市场经济体制的税收制度，取消了产品税、集市税、牲畜交易税，其他工商税除了对养猪大户、农民储蓄户利息征收个人所得税外，对农业生产和农民基本不再征税。总体上 1994~1999年，农牧业税负担高于上一阶段，农牧民负担增加，农牧村收费也呈现快速增长趋势。地区之间的差异较大，尤其是牧业税，内蒙古新疆的牧业税占全国的 74.33%（梁铁城，2013）[①]21 世纪初，随着国民经济的快速发展，国家综合实力提升，针对城乡综合差距党中央提出了工业反哺农业，城市支持农村，建立小康社会目标。2005 年 12 月 29 日，第十届全国人民代表大会常务委员会第十九次会议通过了关于废止《中华人民共和国农业税条例》的决定，农业税

---

① 梁铁城. 内蒙古自治区志·发展和改革志［M］. 呼和浩特：内蒙古人民出版社，2013：157–159.

条例自 2006 年 1 月 1 日起废止。中央对牧业税只规定总的负担原则，具体的征税办法由省、自治区结合本地区的实际情况制定。2004 年，内蒙古自治区开始第二步税费改革工作，免征了牧业税。2005 年，内蒙古全面免征农业税，农牧民从事农牧业生产实现了零税负。同时，中央和地方加大财政转移支付力度，切实减轻农牧民负担。[①]

内蒙古自治区农牧村税费的改革是 1999 年初开始进行试点的。1999 年 4 月，自治区政府批转自治区财政厅等四个部门关于开展农村牧区费改税试点工作报告并发出通知，决定在试点区域内取消"三提五统"，即将目前向农牧民收取的嘎查村提留（公积金、公益金、管理费）和苏木乡镇统筹费（乡村两级办学、计划生育、优抚、民兵训练、乡村道路建设）改为统一的"农村牧区公益事业建设税"。在赤峰市、乌兰察布盟、锡林郭勒盟和巴彦淖尔盟各选择一个旗县先行试点。2000 年 4 月 19 日，内蒙古自治区农村牧区税费改革试点工作领导小组成立。同年 5 月和 10 月，内蒙古自治区党委、政府下发《内蒙古自治区党委、自治区人民政府关于深入开展农村牧区税费改革试点工作的实施意见》，取消苏木乡统筹费后，原由苏木乡统筹费开支的乡村两级九年制义务教育、计划生育、优抚和民兵训练支出，由各级政府通过财政预算安排。修建苏木乡、嘎查村道路所需资金，不再固定向农牧民收取。村级道路建设资金由村民大会民主协商解决，乡级道路建设资金由政府负责安排。农村牧区卫生医疗事业应逐步实行有偿服务，政府适当补助。取消在农村牧区进行教育集资。中小学危房改造资金由财政预算安排。所有专门面向农牧民征收的行政事业性收费、政府性基金和涉及农牧民的集资项目，都要一律取消，取消屠宰税。"两工"，劳动积累工和义务工也被逐步取消。嘎查村内进行农田水利基本建设、修建村级道路、植树造林等集体生产公益事业所需劳务，要分三年逐步过渡为按照《村民委员会组织法》的有关规定，实行一事一议，由村民大会民主讨论决定的办法。严禁强行以资代劳，除遇到特大防洪、抢险、抗旱等紧急任务、经旗县级以上政府批准可临时动用农村牧区劳动力外，任何地方和部门均不得无偿动用农村牧区劳动力。

改革嘎查村提留征收使用办法。嘎查村干部报酬、五保户供养资金、办公经费，除原由集体经营收入的开支仍然保留外，由嘎查村提留开支的，采用新的农业税、牧业税附加方式统一收取。嘎查村内兴办其他集体生产公益事业所

---

① 梁铁城.内蒙古自治区志·发展和改革志［M］.呼和浩特：内蒙古人民出版社，2013：233-237.

需资金，不再固定向农牧民收取嘎查村提留，按照《村民委员会组织法》的规定，实行一事一议，由嘎查村民大会民主讨论决定，实行嘎查村事务公开、嘎查村民监督和上级审计。对嘎查村内一事一议的集体生产公益事业筹资，实行上限控制，年人均最高筹资额不得超过 15 元。

2001 年，内蒙古自治区确定每个盟市选一个旗县进行试点，内蒙古自治区在十一个旗（县）进行税费改革试点。2002 年，全面实施税费改革，2003 年，取消牧业税。2004 年，农业税税率降低 3 个百分点，并在锡林郭勒盟进行全部取消农业税试点，呼和浩特市等五盟市自行取消农业税。2005 年底，取消包括国有农牧场在内的全部农牧业税，提前实现农牧民从事农牧业生产的零税负。①

四、小城镇建设及城乡一体化的努力 ②

内蒙古自治区党委 1985 年 1 月在乌兰察布市卓资县旗下营镇为小城镇经济体制改革召开了座谈会。当时建设小城镇的目的在于打破城镇与农村之间条块分割的局面，通过放权搞活城乡市场经济。具体做法是镇管辖内的企业由镇里来管理，而且乡镇党政领导部门只管路线、方针、政策，其余的事都由企业自己来管。经过在旗下营镇的试点获得了初步实践经验，陆续把镇内的企业承包、租赁、拍卖给了集体或个人经营。旗下营镇的改革吸引了四周农民进镇办实业，短期之内获得了大量家庭前来镇里创办第三产业，其中不乏自带口粮进镇开业的家庭。旗下营镇的小城镇经济体制改革很快推动卓资县的政治、经济体制综合改革，一度创造闻名全国的卓资县综合改革经验，对内蒙古自治区的经济体制改革起很大的推动作用，为以后的小城镇改革起示范作用。1996 年，自治区党委、政府颁发《关于小城镇综合改革试点实施意见》，在开始进行综合改革试点。

内蒙古自治区小城镇改革试点工作以 1993 年国家体改委在深圳召开全国县级综合改革座谈会为契机，自治区党委、政府把小城镇改革试点作为县级综合改革的一项重要内容，摆上重要位置，对各地小城镇改革和建设提出总体要求，选择一批小城镇进行改革和建设试点；1995 年国家体改委等 11 部委在昆山召开的小城镇综合改革试点工作会议为契机，内蒙古自治区提出综合改革试

---

① ② 梁铁城.内蒙古自治区志·发展和改革志［M］.呼和浩特：内蒙古人民出版社，2013：237+519-522.

点任务，在内蒙古自治区选择部分小城镇进行综合改革试点，先后出台促进小城镇改革和建设的政策文件，用于指导小城镇综合改革试点工作，并取得阶段性成果；1999年5月开始，为适应小城镇改革发展新形势新任务的要求，将试点工作与国务院体改办中国小城镇改革发展中心工作相衔接，把小城镇综合改革试点工作的重心转到促进重点镇改革发展上，从综合改革试点镇中，挑选一些基础条件较好、发展潜力较大、改革意识较强的试点镇作为改革发展重点镇。

发展小城镇是带动农村经济和社会发展的一个大战略。2004年8月，国家发展改革委要求，小城镇的发展改革要以党的十六届三中全会提出的科学发展观为指导思想，坚持以人为本，坚持统筹城乡经济社会协调发展，指导小城镇健康建设。在内容上明确五个重点：加快政府职能转变和管理体制改革；加强经济社会发展规划对小城镇发展的指导作用；培育和壮大小城镇经济基础，引导小城镇把多渠道扩大就业、调整就业结构作为经济发展的重要任务；改善小城镇的投资、就业和人居环境；深化农村土地制度和小城镇户籍管理制度改革，探索相关的配套政策。

2005年11月，内蒙古自治区党委、政府提出《关于完善城镇体系推进城镇发展的意见》，把城镇化与工业化、农牧业产业化"三化"提到引领自治区经济社会发展的总体战略高度，把小城镇协调发展纳入到城镇化整个系统中来考虑、布局。内蒙古自治区正处于工业化和城镇化的中期阶段，工业连年高速发展，经济总量不断扩大，城乡居民收入持续增长，已经全面进入城镇化的高速发展期。这种发展机遇，是内蒙古自治区发挥后发优势，实现跨越式发展，以较小的代价获取最大发展效益的战略机遇，对实现最广大人民群众的利益，改变城乡二元结构，促进国民经济和社会的协调发展都具有重大的现实意义和历史意义。特别是像自治区这样经济欠发达的地区，加快推进城镇化是解决"三农三牧"问题的有效途径，是落实科学发展观、实现全面建设小康社会的奋斗目标，建设和谐社会的重要措施。内蒙古自治区党委、政府提出，以建设现代化城市为目标，以推进新型工业化和现代服务业为动力，以制度创新为保障，以城镇扩容提速为重点，突出发展大城市，加快发展中小城市，有重点地发展小城镇，促进大中小城市和小城镇协调发展，提高城镇综合承载能力，走具有自治区特色的城镇化道路。通过全面推进城镇化，加快农村牧区人口向城镇转移，促进城乡经济社会协调发展。

要坚持城镇化与工业化、农牧业产业化"三化一体"的良性互动。通过城镇化引导要素集聚，优化第一产业结构，调整第二产业布局，促进第三产业升级。抓好旗县所在地的扩容提质，促进小城镇发展从数量型向质量型转变，加快小城镇集中高效发展。对具有区位优势、人口集聚优势和产业优势的旗县城镇加大扶持力度。

农村牧区综合改革是借助小城镇发展成果实现城乡一体化进一步推进的路径。2005年，自治区按照构建社会主义新农村的要求，加快农村牧区的改革，主要内容为首先是推进农牧业产业化经营，把内蒙古建设成为全国农畜产品和绿色产业开发区，改变农牧业产业化经营投资主体单一的状况，实现多元化投资，促进农牧业龙头企业迅速发展壮大；其次是推进了各项综合改革，在内蒙古自治区范围内全部取消农业税，撤乡并镇，撤并苏木、嘎查，减少财政供养人员，精简嘎查村组干部，同时合理调整农村牧区教育布局，撤并中小学校，试点农村牧区新型合作医疗，组建内蒙古自治区农村信用联社。2006年后农村牧区改革向纵深推进，围绕推进社会主义新农村建设的中心任务，统筹推进农村牧区土地、草场、林权、粮食流通、征地、医疗卫生、社会保障等方面改革等重点改革内容，督促整合利用各类财政性支农资金，在农牧业产业化、农村牧区新型集体经济、土地规模经营、区域性农业保险和农业担保业等发展方面，吸收更多的社会和企业投入，加快农牧业现代化步伐和新农村新牧区建设。

第五节　21世纪社会新的话语及农牧民经济行为

一、"双碳"目标与社会生活的连接

"双碳"是"碳达峰""碳中和"的简称，中国力争于2030年前二氧化碳排放达到峰值、2060年前实现碳中和。[①]碳达峰和碳中和是具有时间节点的降碳计划。碳中和就是指人为排放的二氧化碳（化石燃料利用和土地利用），被人为努力（木材蓄积量、土壤有机碳、工程封存等）和自然过程（海洋吸

---

① 习近平.习近平谈治国理政（第四卷）[M].北京：外文出版社，2022：375.

收、侵蚀—沉积过程的碳埋藏、碱性土壤的固碳等）所吸收（张宁，2021）。[1]
相比于"碳达峰"，"碳中和"需要详细的解释才能够理解，"碳中和 = 碳减
排 + 经济增长与碳脱钩 + 可再生能源为主体能源 + 负碳技术 + 碳抵消；碳抵
消 = 碳捕捉和再利用 + 森林碳汇 + 甲烷减排。""实现碳中和，需要在能源、
交通、建筑、工业、农业等领域全面减排，通过负碳技术创新和管理机制创新
实现 GDP 增长和碳排放脱钩，大力发展可再生能源替代化石能源，实现能源
结构向以可再生能源为主体的能源转型；与此同时，还必须采用碳捕捉和再利
用技术，增加森林碳汇，发展低碳农林业和减少农业等生产过程中的甲烷等方
式来抵消新增的碳排放。"一方面是生产、消费过程中实现技术性降碳，另一
方面是增加碳汇方式。碳中和不是说到 2030 年就完全不使用化石能源，也不
用消费煤炭，届时就不会或者没有碳排放，而是指新增的碳排放必须被负碳技
术抵消掉，以实现净零排放（薛进军和郭琳，2022）。[2]

在"双碳"背景下气候的"问题"的可以理解为限期内为地球降温的过
程。地球温度越高人类生存环境变得更艰难，人类社会所追求的繁荣发展
也会止步不前。于是找降温的方法首先从找到那些助长温度的因素开始。比
尔·盖茨在书中给出了源自人类活动的温室气体排放比重表，其中列出的五个
类别是：①生产和制造（水泥、钢、塑料）31%；②电力生产与存储（电力）
27%；③种植和养殖（植物、动物）19%；④交通运输（飞机、卡车、货船）
16%；⑤取暖和制冷（供暖系统、冷却系统、制冷系统）7%。[3] 人的衣食住行
每一项维持生活常态的活动都在排放温室气体。

2020 年 10 月，党的十九届五中全会首次将 2030 年碳达峰、2060 年碳中
和的"双碳"目标纳入"十四五"规划建议。2020 年 12 月，中央经济工作
会议把做好碳达峰、碳中和工作列为 2021 年重点任务之一，中国正式步入了
"降碳"时期，国内经济社会将迎来系统性转变。"实现碳达峰、碳中和，是以
习近平同志为核心的党中央经过深思熟虑作出的重大战略决策，事关中华民族

① 张宁."双碳"目标下黄河流域生态保护和高质量发展路径及政策设计——在第五届鲁青论坛"黄河流域碳达峰与碳中和路径高峰论坛"上的发言［J］.青海师范大学学报（社会科学版），2021（4）：13-17.

② 薛进军，郭琳.科学认识气候变化，合理制定碳达峰碳中的路线图和时间表［J］.华中科技大学学报（社会科学版），2022，36（5）：42.

③ 比尔·盖茨.气候经济与人类未来：比尔·盖茨给世界的解决方案［M］.陈召强，译.北京：中信出版社，2021：55.

永续发展和构建人类命运共同体。"①谈人类社会与自然环境时"人类命运共同体"的设想的现实意义更加显著。气候变化是人类共同面临的挑战。自2015年12月《巴黎协定》2020年后的全球气候治理计划——全球平均气温较前工业化时期上升幅度控制在2摄氏度以内，并努力将温度上升幅度限制在1.5摄氏度以内，成为人类社会共同面对的艰难任务。研究显示基于目前各国提交的自主贡献承诺来看，全球气温仍有可能上升3.2摄氏度，因此各国政府在自主贡献承诺之后纷纷重新拟定新目标。

2020年9月，习近平总书记在第75届联合国大会一般性辩论上指出：中国二氧化碳排放力争于2030年前达到峰值，努力争取2060年前实现碳中和。这是中国在《巴黎协定》后明确提出的第一个长期气候目标。②在国务院《关于完整准确全面贯彻新发展理念做好碳达峰碳中和工作的意见》(2021)③中特别将推进城乡建设和管理模式低碳转型作为工作重点之一，要求在城乡规划建设管理各环节全面落实绿色低碳要求，结合实施乡村建设行动，推进县城和农村绿色低碳发展，在城乡建设中发展节能低碳建筑，全面推广绿色低碳建材，推动建筑材料循环利用。加快优化建筑用能结构，深化可再生能源建筑应用，加快推动建筑用能电气化和低碳化。人口集中到周边城镇之后，农牧村区域内的人口密度会相对降低，能够为"生态功能区"留出空间。生态环境部、国家发展改革委等七个部委联合印发的文件中对于"留出的空间"做出了进一步的规划和协调的方向，在推进生态建设协同增效环节，坚持因地制宜，宜林则林，宜草则草，科学开展大规模国土绿化行动，持续增加森林面积和蓄积量。这是形成碳汇空间的主要途径，加强城市生态建设，完善城市绿色生态网络，优化城市绿化树种，开展生态改善、环境扩容、提升生态系统碳汇与净化功能被列为工作主要内容。④

实现碳汇，自然载体及物理空间变得极为重要，在国家及地方层级的部署中均有顾及并尽力在实践中落实。但再细化草原规划实质性的内容时，碳汇的实现更依赖人的实际行动。从而问题转向包括人与自然在内的系统性的问题。在"双碳"背景下，城市化与经济社会发展中的人类活动是碳排放主要来源。城镇化能够吸收生态功能区转移人口，但在其城镇安居过程中的实现"低

---

① http://www.gov.cn/zhengce/2021–10/25/content_5644689.htm.

② https://m.gmw.cn/baijia/2020–09/23/34214329.html.

③ http://www.gov.cn/xinwen/2021–10/24/content_5644613.htm.

④ http://www.gov.cn/zhengce/zhengceku/2022–06/17/content_5696364.htm.

碳""零碳"则是复杂的工程，需要社会子系统之间的协调。

碳吸收、负碳技术、碳抵消等表述，虽然表达上各有其着重但其中统一指向的内容是碳汇。通过植树造林、植被恢复、耕地固碳等措施吸收大气中的二氧化碳，从而减少温室气体浓度是实现碳汇的有效途径。实现"双碳"目标在不同的解释中集中在两个方面即减少碳排放和增加碳汇。两者都关系到城镇化进程中的人的社会生产生活的技术改造、升级以及原有生计模式的转变。张宁（2021）谈到二氧化碳排放时，"主要包括化石燃料燃烧和土地利用两个方面，前者贡献比重超过 80%；吸收端即吸收和储存二氧化碳，主要包括人为努力和自然过程两个方面，大气、陆地、海洋都可以吸收和储存二氧化碳，成为碳汇"。[①] "碳汇"虽然在概念层次上较容易解释，但转移到实践阶段时会面临许多复杂问题。碳汇不仅关系到森林、海洋、江河、草地以及农田的再利用，同时也是综合性的社会治理过程，其中"再利用"意味着，在社会层面人的日常生活各方面要转变，是人们对发展理念到生活观念的重新解释和付诸行动的过程。

"构建国土空间开发保护新格局。立足于资源环境承载能力，发挥各地比较优势，逐步形成城市化地区、农产品主产区、生态功能区三大空间格局"，"支持城市化地区高效集聚经济和人口、保护基本农田和生态空间，支持农产品主产区增强农业生产能力，支持生态功能区把发展重点放到保护生态环境、提供生态产品上，支持生态功能区的人口逐步有序转移，形成主体功能明显、优势互补、高质量发展的国土空间开发保护新格局。"[②]

党的十八大以来，习近平总书记先后三次到内蒙古考察，连续 5 年参加全国两会内蒙古代表团审议，明确要求把内蒙古建设成为中国北方重要生态安全屏障、祖国北部边疆安全稳定屏障、国家重要能源和战略资源基地、农畜产品生产基地，中国向北开放重要桥头堡。习近平总书记赋予的"两个屏障""两个基地""一个桥头堡"的战略定位，既指明了内蒙古在新时代新征程上的重大责任和光荣使命，也指明了内蒙古完整准确全面贯彻新发展理念、服务和融入新发展格局的努力方向和着力重点。[③] 内蒙古有"两个屏障""两个基地""一个桥头堡"的定位，是当下内蒙古自治区"五大任务"

[①] 张宁."双碳"目标下黄河流域生态保护和高质量发展路径及政策设计——在第五届鲁青论坛"黄河流域碳达峰与碳中和路径高峰论坛"上的发言 [J].青海师范大学学报（社会科学版），2021（4）：12.

[②] http://www.gov.cn/xinwen/2020-11/03/content_5556991.htm.

[③] https://www.nmg.gov.cn/ztzl/tjlswdrw/.

的具体依据。

"内蒙古地区的草原是欧亚大陆草原的一个重要亚带，更是我国北方的重要天然生态屏障。非但如此，草原也是内蒙古自治区的主要生态构成区，对整个自治区的环境保护与社会发展意义重大。"[①] 内蒙古草原面积广阔，对保持水土、生物多样性以及涵养水源发挥着根本作用。党的十八大之后内蒙古先后出台了《内蒙古自治区基本草原保护条例》《关于加强草原保护修复的实施意见》等地方性法规规章和政策文件，不断加大草原保护力度。将全区 87% 的面积划入限制开发区域，51% 的面积划入生态保护红线。

内蒙古自治区境内草原被分为红线内、红线外基本草原和一般草原三类，红线内草原被视为严格管控对象，从源头上杜绝不合理开发建设活动。根据国家整体规划，内蒙古是国家重要的能源基地。内蒙古成矿地质条件优越，矿产资源丰富，西部地区富集铜、铅锌、铁、稀土、黄金等矿产；东部地区富集银、铅锌、铜、锡、稀有和稀散金属元素矿产；能源矿产资源遍布 12 个盟市，主要集中在鄂尔多斯盆地、二连浩特盆地（群）、海拉尔盆地群。包头白云鄂博矿山是世界上最大的稀土矿山。2021 年，内蒙古自治区原煤产量、发电装机容量新能源装机容量位居全国第一。内蒙古外送煤炭量、外送电量居全国首位，但其背后也伴随着能耗总量高、能源结构偏重煤炭的问题。

从"十三五"期间的情况来看，内蒙古自治区在降碳方面面临单位 GDP能耗降幅小，产业结构不够合理，技术转型难度大的实际问题，继而在"十四五"期间进入了产业转型压力阶段。但作为外送电大区，是全国电力能源主要保障区域之一，这一"角色"不会一瞬间改变。内蒙古自治区是典型的能源输出地区，其作为国家综合能源基地的战略地位不能替代。同时，2021年以来在"双碳"目标约束下，内蒙古在能源基地和节能减排工作的平衡上面临着巨大压力。

除富饶的矿产资源外，内蒙古森林、草原、湖泊资源也较为丰富，被视为中国北方重要的生态安全屏障。而现阶段，在保证生态安全的可行途径之内保障碳汇载体是基础工作。森林、草原、湖海、湿地等自然资源是天然的碳汇载体。[②] 现阶段内蒙古在"双碳"工作中面临较大的转变难度，需要顾及能源输出及自然资源利用时的碳排放空间。能源输出、保障方面的碳排放在目前阶段

---

① 崔思朋.游牧生产方式及其生态价值研究：以北方草原为考察对象［M］.北京：中国社会科学出版社，2023：17.

② 目前除森林以外的其他自然载体的碳汇功能还未得到一致结论。

没有太多可替代的方案，能够有效人为控制的部分主要集中在通过自然载体增加碳汇部分。因此内蒙古在原有生态保护、可持续发展工作基础上，结合新型城镇化对森林、草原、农田面积及作业方式上增加碳汇的可能，可以说这是较为可行的措施。这一转变趋势也意味着持续鼓励牧区人口在城镇之内集中，以扩大草原区域生态功能，降低人口、畜群的承载量。这也是 20 世纪末生态问题获得了世界性的关注的原因，"双碳"概念走入国家战略，实施相关政策而产生的必然结果，今后会更深刻地影响到各行各业规范及人们的理念、生计、消费模式。

地方政府作为"双碳"目标的执行主体，国家政策的执行关乎降碳实际成效。"十三五"规划之后包括内蒙古自治区在内的多省（区）、市均存在产业结构转型、"高碳"能源禀赋高，再生能源发展速度慢以及能源体制、政策障碍等实际情况。内蒙古自治区作为能源和战略资源基地和生态功能大区，在碳的问题上有着双重且相抵消的定位，"双碳"工作面临转型压力大、能源资源供应负担重、缺乏相应技术人才等系列问题。

二、社会空间与生态空间互动

在"双碳"背景下，内蒙古草原区域经历着同一自然、社会空间内的重叠治理过程。气候变暖的趋势让世界各国再一次认识到"全球化"与"人类共同的命运"的必要性，"减碳"成为各国国家议事日程以及发展规划中的重要组成部分，并随气候问题的关注度，对气候问题超出了自然科学研究范围，成为政治的、经济的、社会日常性的规范内容。未来几十年内蒙古地方政府在降碳与能源保障之间的协调关系到区域性社会政策的成绩。基于生态保护、可持续发展工作基础，结合新型城镇化对森林、草原、农田面积及作业方式上扩大增加碳汇的可能，对于未来的内蒙古来讲可以说是较为可行的路径。这一过程中持续通过牧区人口在城镇之内集中空出更多的草原，降低草原区域人口、畜群的承载量。20 世纪末生态问题成为制定国家政策的重要依据，就如"双碳"概念走入国家战略、政策，今后以降碳为目标的社会政策持续规范社会各个领域人们的理念、生计、消费模式。

关于内蒙古牧区现代化相关研究中，政策及市场常被视为外部因素来看待，进而认为牧民和牧区被动地卷入国家政策治理以及激烈的市场竞争当中，成为了时代巨变下的被治理推向现代化的对象。从文化人类学角度反思农牧区现代化过程，牧民所处的"徘徊在变与不变的边缘"和"徘徊在传统与现代之间"①的状态有其内在成因，在文化长卷之内以游牧文化体系为底蕴的牧区生活逻辑有着悠久的历史沉淀及相伴而生的游牧的文化心理。兼顾长时段历史脉络，从城—牧互动模式再"回头"来看，发现伴随现代化产生的牧区社会文化变迁的"阵痛"正在以自己的方式缝合着"徘徊"的一些心理落差，这主要体现在半个多世纪以来基层社会群体性的经济行为的选择上。从经济学角度来讲，牧民的"徘徊"实际上衔接到了城镇与牧业村落。在城镇化的推力下，随着农牧民群体进入城镇频次、缘由的增加，表现出了自主性的一面，至少在年青一代的农牧民群体中呈现出了明显的主动性。从农牧民对城市和牧业村落空间资源统合利用的经验观察，面对国家农牧区政策和市场竞争，农牧民能够发挥主观能动性解决自身问题的能力不可忽视。城—牧互动模式下农牧民基于便利的交通网络和通信设备，能够较为及时处理信息，对市场、政策变动形成了一定的主观判断能力。因此，"徘徊在传统与现代之间"的牧民如今通过十余年的努力在角色心态上有了变化，从对城镇的陌生转变成为穿梭于牧业村落与城镇之间的经济主体。农牧民群体在城镇与牧业村落之间的穿梭从单纯的逢年过节回乡看看变成基于创造一定的经济价值之后，对于城镇态度、对于流动、对于农牧民的身份均产生了较大的改变，这是心态转变的主要促进因素。农牧民从徘徊的心态进入了与所处时代、生活环境能够自主互动的个体。城—牧互动模式是内蒙古牧区现代化进程中的一种趋势和阶段，具有积极的意义。在城乡一体化阶段，农牧民对于生活形式、职业身份有了选择性，他们可以根据生活中的机遇主动做出判断。多元的、机会开放性的社会环境也使其成员变得更加包容、进取。

城乡之间人员的流动性的增加打破了多年来的城乡二元模式，深刻地改变了城市和村落社会过去的结构。但从城乡二元模式到城镇化，中间需要经历过渡阶段，其长短取决于多方因素。上文中笔者认为现阶段牧区城乡流动相关研究中关于牧民群体选择流动的支撑点的分析不够深入，目前的牧区城乡流动主要制约因素在于流动成本，超出成本核算的流动无法长期持续。农牧民在城镇化的进程中能够保持流动的动力，主要是城镇的市场销量与村落产出之间的收益平衡，正因此现阶段的牧区城镇化的双向流动实际上是以严格家庭分工下的两栖模式的流动。双向流动的语义在不同的年代及不同省（区）市的环境下表

---

① 阿拉坦宝力格.论徘徊在传统与现代之间的游牧［J］.中央民族大学学报（哲学社会科学版），2011（6）：51–58.

现形式上有所不同。在"三农"视域下农民工问题也带来了人口流动。人口流动的频次与质量同经济发展的程度成正比。现阶段在高铁普及的东南沿海地区城乡之间的流动依托发达的商业网络人员能够较为高速流动，能形成庞大的劳动力市场。在内蒙古牧业区域，周边城镇与牧业村落之间的人员流动，与农民工模式的流动和市场化劳动力模式的流动都有所不同。牧区城镇化进程中的群体的流动，基于他们自主性和牧业产品生产周期下的"慢生活"，有着综合其地域、文化、产业特性的一面。也因此在上文中对城—牧互动模式只形容为"高频流动性"基础上的互动，"高频"是相对于内蒙古牧区村落与城镇之间宽距离和"慢生活"的节奏而言的高频次的人员流动。当前农牧民自主性主要体现在农牧民群体进入城镇后又与家乡牧业村落有着密切的联系之上，村落内的经济生产支撑着他们在城镇内的生计延伸及生活开销；"慢生活"更多体现着农牧民群体自身所处的层层文化的形塑。城镇化与干旱戈壁气候环境、家畜的生长周期、畜牧业文化底蕴、区域性的发展滞后等诸因素结合成为了"慢"的机理。城村之间的双向流动在这里流变为城村两栖下的时空挤压和原有自然村为基础的社区边界的模糊化效果。

城镇化下的城村两栖基本是以家庭为单位来维持的。他们的生活空间既属于城镇又属于乡村。原属于乡村的人口以家庭为单位参与到城镇化的过程也是乡村区域实现现代化的重要内容。在此进程中农牧区显而易见的改变是人们的生活条件的改善，而另一缓进的一层是人的心态、观念的变化。随着城镇化农牧区人口在生计模式上产生的较大改变，经历十几年之后农牧区人口开始对市场熟悉，从让步生态被动离开农牧区转变为了自主经营两栖生活主动参与到了城镇市场的形态。而在两栖阶段，进城的农牧民仍然在身份认同上有着双重性，这来源于他们城镇内的生计结构中包含扎根于乡土的部分。因此在维持生计层次上两栖状态的保持是在完成城镇市场和牧业村落产品之间的接轨的过程。这是在生活日常领域内的内容，是对城镇和村落空间观察和利用时摸索出来的生计渠道对接的多重尝试。

现阶段内蒙古牧业区域城—牧互动模式体现了城乡空间整合的区域性特征。社会—生态空间转换既为社会子系统之间实现系统耦合的显著表现。城—牧互动模式与"双碳"目标之间实际上是在社会治理新的要求下的对接过程。系统耦合视角之下，会发现社会规划、社会空间包含的多重性，会迫使这一模式所承担的时代重任分解到多个社会子系统，以及子系统之间的耦合之上。"双碳"目标之后社会—生态空间之内包含了城镇社区治理、农牧村、流动人口、社会公共配套设施建设、社会普遍认知转变等社会诸多领域的协同。人类社会无法独立于自然环境而存续，社会赖以存续的能量供给离不开自然。空间名义下的"双碳"目标是人类社会再一次审视自身行为与自然和谐共存的过程，两者之间的互动最终是转变人类观念的过程。因此说到底，人的流动及城乡二元模式转变到三大空间格局要求社会群体性的生产、生计、生活观念的大转变。

三大空间格局的划分，是以人口的流动为潜在条件的。三大空间之间并不是相互隔绝的关系。从乡村人口进城来看，其转移形式多样，并带有区域性特点。在内蒙古牧区，城镇与牧业村落生计系统之间的互动主要经过对两处（城镇和牧村）均熟悉的牧民群体的流动积极性得以实现的。他们是能够实现系统耦合的人的因素。社会政策、区域功能规划、行动中的理念坚持等均需要人的头脑的综合理解，并在日常行动中的践行而得以落实。而能够付诸实践即意味着对所处、所经历事务的熟练操作。农牧民群体在 21 世纪 20 年来的城镇化进程中所积累的正是这一点，对城镇化的政策导向的解读以及将其同农牧业生活产出之间的有效结合，是实现区域性的特色城镇化的关键，是多个社会子系统实现耦合的决定性因素。人的因素上实现社会子系统耦合有成功实践的部分，也有未尽的部分。一方面是社会转型所伴随的结构性的阵痛，另一方面是社会整体所面临的重大问题的升级，"双碳"目标的确立，对国家发展模式提出了直接的时间节点和相应的紧迫任务。

三大空间格局同"双碳"目标相呼应，进而强化了城乡之间的双向流动。在内蒙古牧业区域城—牧互动模式的动力也会随着"双碳"目标的进阶而迎来新的动力。在社会政策导向下的人口向城镇区域的流动，会使城乡两栖人口对两类社会空间的利用更加密集从而会提高熟悉度，并会在互动中进一步刺激社会微循环系统，在实践中完成城镇市场体系与村落社会之间的系统耦合，即实现区域性的社会—生态空间之间的互动。

三、现代物流体系及口岸经济建设

新型工业化、城镇化、农牧业产业化和新农村新牧区建设是以信息技术、以生产性物流为支撑的，培育和引进第三方物流企业决定了今后区域发展的潜力。内蒙古自治区现代物流体系的建设自 2005 年步入了新的阶段，物流基础设施建设初具规模。呼和浩特、包头、通辽、赤峰作为四大物流枢纽城市及多个物流节点城镇，构成了煤炭、化工、冶金建材、装备制造、农畜产品加工和城乡配送六大专业物流体系，起到了贯通自治区东西部、口岸、出区达海三大物流通道，形成西部物流区域、东部物流区域和口岸物流带的现代物流业作用。内蒙古自治区有了承东启西、南联北开的区域性物流基地和联通欧亚的国际陆路物流格局。

内蒙古自治区地处中国正北边疆，21 世纪初对外开放口岸有 18 个，其中正常运行的 13 个，口岸基础设施建设步伐加快，整体功能不断完善。满洲里铁路口岸 2002 年被列为全国重点建设和优先发展的口岸，先后投入 1 亿元建设了策克口岸管理区内的联检配套设施。策克口岸于 2005 年 7 月，经国务院批准正式对外开放。2014 年 6 月 5 日，二连浩特经国务院批准成为全国第二批重点开发开放试验区。

自 21 世纪以来口岸发展基础设施建设滞后、口岸建设融资渠道不畅、缺乏口岸特色的产业等系列问题列入规划后得到了长期投资改善。为适应自治区经济发展战略和对外交往的需要，内蒙古自治区口岸发展以扩大向北开放和合作开发俄、蒙资源为主要任务，以提高口岸疏运能力、通关效率、完善通关服务功能为突破口，在制度建设、口岸基础设施建设及技术创新上取得了突破。口岸经济长足发展，促成了口岸城镇化，带动了口岸周边区域农牧区经济和人员流动。

四、新质生产力与就业机会

"新质生产力"一词的产生在当下的中国社会有其必然性。与过去相比，改革开放后的五十年间中国社会发生了质的转变。2023 年 12 月中央经济工作会议上习近平总书记明确新质生产力的重要性，要求"要以科技创新推动产业创新，特别是以颠覆性技术和前沿技术催生新产业、新模式、新动能，发展新质生产力。"[1]2024 年 1 月在二十届中央政治局第十一次集体学习时的讲话中再一次深化新质生产力的概念，指出"什么是新质生产力、如何发展新质生产力？我一直在思考，也注意到学术界的一些研究成果。概括地说，新质生产力是创新起主导作用，摆脱传统经济增长方式、生产力发展路径，具有高科技、高效能、高质量特征，符合新发展理念的先进生产力质态。它由技术革命性突破、生产要素创新性配置、产业深度转型升级而催生，以劳动者、劳动资料、劳动对象及其优化组合的跃升为基本内涵，以全要素生产率大幅提升为核心标

---

[1] https://www.gov.cn/yaowen/liebiao/202312/content_6919384.htm.

志，特点是创新，关键在质优，本质是先进生产力。"①

当前各个学科领域有关新质生产力的研究处于起始阶段。新质生产力论断的形成是实现中国式现代化的时代要求。坚持新发展理念、推进新型工业化战略、建设现代化产业体系、实现高质量发展的追求最终均走向对新质生产力的渴求。按照马克思主义唯物观生产力决定生产关系的原理，新质生产力将对生产关系将起到实质性的、重大的改变，生产关系又反作用于生产力，因此两者之间的协调才能带来社会最终的发展，实现中国式现代化。

在新质生产力视域下中国当前的社会将会迎来新的挑战。"新质"的含金量在于技术创新和整合，而社会生活中的大多数人对此环节实际贡献可能是有限的，但却面临新的环境下学习、应用各项改变，去实现个人生命轨迹当中的突破与"创新"。因此新质生产力的实现进程中会伴随多领域由上往下普及的过程。这一点在就业创业领域体现得更为明显。在此背景下就业创业问题实际上是人的现代化的问题，是让新的科技力量普及、惠及社会相对各类群体的问题。

在新质生产力下从就业创业环境、条件及现实可能性来讲，还存在以下四个问题：①城乡流动的状态下理解农牧民需求，即中国的工业化、城镇化还在持续和深入，农村人口从 20 世纪 90 年代开始向城市流动，人口流动已是常态；②农牧民群体在工作、生活场景中面临的实际情况是教育和医疗资源集中在城镇，农牧区成年人群体担负着赡养老人、养育子女、城乡两头奔波于生计，其中女性作为家庭中主要责任人之一，常常会成为留居城镇的主力；③近期的一些社会调查资料显示，农牧民群体借助新的互联网、在线交流平台及物流网络获得了追求自我、开拓兼职业务、增加经济收入的机会；④深入分析一些来自内蒙古牧区的案例，发现不管进城与否，农牧区人口两性在新的生产因素的利用上是有较大区别的，农牧区女性热衷于兼职，而她们兼职的机会来源于对本土（家乡）文化、人际关系的了解和对网络、平台、物流体系的熟悉度，男性群体显得更"专业化"，即直接承担经营性活动的主要部分。

总体来说，在新质生产力视域下，"新质"部分是内蒙古农牧区流动的、走向城镇的人口来讲是就业创业的一次好的机遇，同时这也是挑战，现实起点如此，接下来更需要创造衔接人与物的机会，让需要就业创业的农牧民群体精准接触到用得上的新的科技、技术，实现人的进一步的现代化。

---

① http://www.xinhuanet.com/politics/20240531/0012b92a84c145fe9fa4afb76eea453e/c.html.

第六节　20世纪80年代以来口岸城镇
发展对农牧民经济行为的影响 [①]

　　本节中呈现的社会调查内容主要涉及2020~2021年的二连浩特外贸市场个体户在疫情期间的商业策略和模式上的调整。通过文献资料及调查所获集中探讨跨界而居的国家之间，长期的贸易往来会促成跨越界线及超越货物本身的一种潜在的、稳定的关系。疫情期间二连浩特外贸市场个体商户调查的多个案例有助于分析该关系的实际形态。这一点对于国际贸易往来的微观层次的研究具有一定的现实和理论意义。边境贸易的稳定性对促进边境贸易繁荣发展及建设特色边境城镇文化具有重要意义。

　　本书所包含的社会调查内容来源于2021年7月由安娜尔开展的对二连浩特外贸市场商户的访谈和观察。调查发现商户经营模式因疫情而出现了较大转变，边境线两侧的商人之间更多地利用互联网来维持彼此在贸易上的来往。疫情两年间的贸易往来点滴反映出了中、蒙双方贸易需求的保障是多方面的，双方长期积累的商业信任在特殊环境下发挥了重要作用。关于跨界边贸信任来源的研究有助于拓展对边贸需求的多角度认识。

　　相较口岸贸易的诸多数据，二连浩特市外贸市场提供了更多鲜活的案例。二连浩特外贸市场在口岸支撑下呈现出边境城镇特有的发展轨迹。在"老二连浩特"商人的记忆中，自20世纪90年代二连浩特的对外贸易从小型摊位逐渐发展到了"义乌商贸城"和"温州商贸城"两大商场的规模。2020~2021年受疫情影响，二连浩特口岸常处于关闭状态，最初二连浩特市外贸市场商户生意受到了较大影响，在当地政府及商户们共同努力下后期情况得到了一定的缓解。

　　下文中要谈到的二连浩特口岸中蒙之间的贸易主要是对边民互市贸易和边境小额贸易的调查。

一、二连浩特口岸发展

　　中、蒙两国之间有着长达4000多千米边境线，根据2020年中蒙公约已

---

　　① 本节内容由安娜尔（内蒙古大学民族学与社会学学院民族学专业硕士研究生）撰写。

有 10 处陆路口岸。二连浩特是可通铁路、公路常年开放的口岸。二连浩特边境线长 72.3 千米，是中国对蒙开放的最大陆路口岸，是向北开放的前沿和窗口。这里被称为欧亚大陆桥"桥头堡"，大大缩短了从北京经二连浩特到莫斯科的距离。二连浩特作为中、蒙、俄之间交通枢纽成为边境贸易重地的地缘优势。

（一）二连浩特的地理位置

二连浩特（二连）口岸位于内蒙古自治区正北部，距锡林浩特市 360 千米、呼和浩特市 390 千米、北京市 690 千米，是距首都最近的边境陆路口岸。二连浩特与蒙古国口岸城市扎门乌德隔界相望，两市相距 4.5 千米，距蒙古国首都乌兰巴托 714 千米、距俄罗斯首都莫斯科 7623 千米。二连浩特市辖区面积 4015 平方千米，城市建成区面积 27 平方千米，下辖一个苏木（5 个嘎查）、8 个社区。2022 年末，全市总人口约 7.25 万人口，户籍人口 3.67 万人。[①] 距离二连浩特市区东北 9 千米处的二连浩特盐池，蒙古语"额仁达布散淖尔"。光绪十五年（1889 年），清政府架通张家口至库伦（今蒙古国乌兰巴托）的电话线，又设电报局，并将该地标入当时的地图集，名曰"二连浩特"，"二连浩特"称谓系音译变体；1918 年，张家口旅蒙商景学钤等创办"大成张库汽车公司"，开通了张家口至库伦（今蒙古国乌兰巴托）汽车运输线，二连浩特盐池成为这条运输线上的重要站点之一，站名"滂北"。

（二）现代交通干线

1953 年集二铁路（集宁—二连浩特）正式动工修建，在铁路选线时，为避开盐池低洼地形，从原有交通线西移 9 千米，又在距离原边境线南 6.5 千米处建国境火车站，站名始称"额仁"，后更改为"二连浩特"。1956 年 1 月，中、朝、越、苏、蒙及东欧各社会主义国家参加的铁路联运正式开通，以车站为中心的建筑群便成为二连浩特的雏形。1956 年 3 月 7 日，设置二连浩特镇，隶属锡林郭勒盟苏尼特右旗。1957 年 7 月 14 日，升格为县级建制，于"二连"后加缀"浩特"（蒙语意为城市）一词，隶属锡林郭勒盟。1966 年 1 月，经国务院批准设市。1969 年 11 月，划归乌兰察布盟，1980 年 5 月，重新划回锡林郭勒盟。

---

① http://www.elht.gov.cn/zjel/elgk/csgk/.

（三）重点建设对象

1984 年 9 月，时任总书记胡耀邦同志视察二连浩特并提出"南有深圳，北有二连浩特"。1985 年 1 月，内蒙古自治区批准二连浩特升格为准地级市。1985 年 6 月，国务院批准二连浩特为甲类开放城市。1986 年 3 月，内蒙古自治区政府批准二连浩特为计划单列市。1992 年 7 月，二连浩特被国务院列为 13 个沿边开放城市之一。1994 年 8 月，胡锦涛同志视察二连浩特，作出"在边字上做文章，在开放上下功夫，在内联上求发展"的重要指示，为二连浩特的开放发展指明了方向。2014 年 6 月 5 日，二连浩特经国务院批准成为全国第二批重点开发开放试验区。2014 年 8 月，习近平总书记访问蒙古国期间提出"双方同意研究在中国二连浩特—蒙古国扎门乌德等地建立跨境经济合作区"。

二、中蒙贸易发展势头下的边民互市

在二连浩特市 2023 年政府工作报告中提到"二是持续推进对外开放。中蒙经济合作区两国政府间协议正式生效，中方区域申建工作有序推进；边境经济合作区列入乌兰察布—二连浩特国家物流枢纽园区，边腹互动发展载体持续完善；边民互市贸易区互贸商品落地加工工具备恢复运营条件，高质量发展平台加快建设。"[①] 该段论述对二连浩特口岸经济中的两类区域现状及未来趋势进行了简短评述。在边境贸易和经济合作区的相关概念中，对两者有明确的层次定位。边境贸易包含边境小额贸易、边境经济技术合作及边民互市贸易在内的毗邻国家边境区域的经济活动，其可涵盖的经济活动种类较多。下文中要谈到的二连浩特口岸中蒙之间的贸易是主要是对边民互市贸易和边境小额贸易的调查。

二连浩特外贸市场的形成历史在地方志的记载中有体现，在一些相关二连浩特口岸研究中也有体现。"二连浩特边境经济合作区于 1993 年经过国务院批准设立，由于多方面的原因，到 2002 年 10 月，基本上处于开而不发的状态。到 2002 年后二连浩特市委、市政府明确合作的功能定位，开始对症下药。一是调整发展策略，把'以贸立市，以贸兴市'策略调整为'边境贸易、加工贸易、旅游贸易'三大支柱产业并重的策略；二是调整招商引资思路，充分发

---

① http://www.elht.gov.cn/c/2023-01-19/77731.shtml.

挥面向国内外两种资源、两个市场的优势，在土地使用、税费征收、资金信贷等方面给予投资者诸多优惠，让投资者的投资得到较高的利润回报"（冠琼，2007）。①

2002年后，二连浩特发展方式有了重大的转变。这一点在当地"老二连浩特"的口述中得到了较为生动的介绍。"老二连浩特"是20世纪90年代二连浩特口岸开始开放时就做贸易的生意人。他们对这一区域的不同时期有切身感受，只言片语中讲述了二连浩特外贸市场几十年间的变化。20世纪90年代二连浩特口岸刚起步时期条件比较简陋，但从老二连浩特商人的描述能感受到当时个体零售商品的旺盛需求。

起初二连浩特并没有固定的外贸市场，在二连浩特市汽车站北边有个叫"友谊商店"的小卖部，这个小卖部在当时二连浩特唯一的小卖部。围绕着这个小卖部会有很多的商贩在纸盒子上面放置自己的货物做买卖。1993年前后，在现在的温州市场地理位置出现了一座商场，叫作"南市场"，这是二连浩特的生意人拥有档口摊位的历史性时刻。那时大家庆幸的是二连浩特终于有了一个能做生意的经济交易空间与场所了。当时那个档口（设在街边的摊位，排挡）是铁棚做的，条件很不好，生意人做起生意那可一个字"狠"（下得了辛苦）。

二连浩特口岸开放初期边界两侧的市场潜力引起了区内外商人、企业的注意。纷至沓来的经商、务工人员对当时国内南、北方市场起到了整合促进作用。在老二连浩特人的回忆中提到"那时口岸刚刚开放，有很多南方的商贩来这里做生意，我们也一样跟着他们做生意。那时候人们普遍做的都是代卖，从别处拿货再卖出去，挣差价。后来到1994年那会儿人们手上逐渐有了点资金，学会自己去外地进货，拿来一些工厂的尾货或者按批发价格带来商品再零售。南方的商贩也来这里做生意，那时候的南方生意人普遍做的都是批发，从别处拿货再卖出去，挣差价"。

1994~2000年是二连浩特外贸生意的黄金时期，有许多的公司企业来到二连浩特做进出口批发生意。这些公司给社会提供了大量的就业机会，促进了区内就业市场，改变了许多来自农牧区年轻人的人生规划。根据老二连浩特人的回忆，当时的二连浩特是年轻人奋斗的地方，虽然条件艰苦但能挣到钱。"20世纪90年代，二连浩特市口岸刚刚开放，农牧区的年轻人来二连浩特做生意

① 冠琼.内蒙古边境贸易与经济发展研究——以满洲里和二连浩特为例[D].内蒙古师范大学硕士学位论文，2007.

是一种时代趋势，很多年轻人来到二连浩特市外贸市场开启了他们的生意人生涯，也有一些人从事各种各样的工作，有的成为公司职员，有的在蹬三轮，有的在车站吆喝拉拢旅客去他们的宾馆住宿等。""南市场出现后，生意种类越来越多，现今在外贸商场门口吆喝换币是不合法的，而在那时候由于口岸刚刚开放，这些换币的人员都被允许以这种形式换币，其中一些人持有政府颁发的上岗证。"

三、2020~2021 年二连浩特的外贸市场

（一）有部分生意人的转行

2020~2021 年依赖口岸贸易的二连浩特外贸市场经历了特殊时期。因疫情口岸关闭的最初阶段生意人在期盼中艰难维持，但随着关闭口岸时间的拉长，部分生意人不得不转行。生意人 W 是一位家具店老板，之前买卖好的时候年入百万元，有两个 700 平方米的店铺。疫情后家具生意因非生活必需品加上对运输的高要求，二连浩特市外贸市场的家具城整体生意惨淡。有许多生意人选择了闭店出门打工维持生计。W 此时转行在美团外卖做起了骑手，从生意人变成了外卖员。他说"还好，政府政策还是很不错的。疫情前店铺的租金 23 元/平方米，疫情后 3 元/平方米。这对我来说也是减轻经济压力的一件事情。"

被访人 D 疫情前他是从二连浩特到北京的长途客车的司机，疫情期间他改行成为一名保安。他说："疫情前蒙古国人去北京做生意的特别多，所以二连浩特到北京的长途客车共有 36 辆，按国家标准一辆长途客车上必须有 3 名司机，这么一算疫情前开长途客车的司机共有 108 名。可疫情期间，由于乘客锐减，二连浩特到北京的长途客车从 36 辆减少到 2 辆，108 名司机也被减少到仅剩 6 名，其他人全部失了业。"在他以前的同事中有人在郊区种树浇花，有人在水泥厂打工，有人在开公交车，也有像他一样在当保安的人。D 的妻子在疫情前是外贸市场衣帽店的一名翻译。因为疫情她工作的衣帽店的南方人搬回了老家，她只能转行成为酒店前台。疫情防控使外贸市场的部分生意人、打工人不得不面临重新选择就业的问题。为了生计部分人员不得不重新谋求新的打工机会，也有人选择回老家放牧或务农。

（二）部分人等到了新的利润点

疫情期间口岸虽然处于关闭状态，但界线两侧的贸易联络借助无线设备一

直在持续，外贸市场仍然发挥了中蒙小商品贸易的重要连接点的作用。不能面谈、不能自由往来的生意模式，给二连浩特的生意人带来了一些意想不到的新的生意增长点。访谈中发现疫情期间商品的价格普遍有所上涨，其因与疫情期间的生意模式有关。疫情期间留下来的生意人的订单量并没有比疫情防控前的订单量减少，反而多了不少，原因是大部分生意人对疫情期间的口岸生意不抱希望，选择了关门回乡。这对于留在二连浩特市外贸市场坚持进货、发货的生意人则成了一种订单翻倍的机会，同时商品价格会随着供货人的减少而逐渐上升。总的来讲，二连浩特市外贸市场的商品在疫情防控期间价格普遍都有所上涨。一方面是受原材料涨价的影响，另一方面是生意人看准疫情期间的生意模式的特点，提高了买方利润。

（三）催生了一种新的职业

二连浩特外贸生意的红火程度也与其中的一群年轻人的工作有关联。他们因资本浅，缺少创业基金，在疫情防控前他们在实体店打工或者到商店当翻译员。疫情防控后，他们借着平时积累的客户资源，利用网络做起了代卖生意。随着疫情封锁期限的拉长，代卖形式在二连浩特外贸市场交易中起到了重要作用。以代卖生意人T为例，他把别人实体店铺内的货物的图片发给客户，生意谈成后从中获得差价。这对"代卖"生意人来讲成了零投资的生意，不用交店铺租金、水电费，也不用雇员工，更不用进货。这一群体的人觉得"蒙古国的客户又不知道我有没有实体店"，从而他们觉得闭关状态也有利可图，"这样蒙古国客户会一直以为我有自己的规模化的实体店，一直从这里进货"。

在代卖商品的过程中供货商可以一次性出手翻倍的订单量，供货商与代卖商之间形成了销售团队关系。于是从原来的工厂把做好的成品发给在二连浩特的供货商（生意人），再由供货商从仓库把所需货物发给蒙古国客户的流程变成了在原有的"工厂—供货商—仓库—蒙古国客户"的链条的基础上衍生为一种经过代卖发往蒙古国客户的形式。这种形式带动了一些不太会使用网络交易，不会说蒙古语，却拥有实体店铺和货源的供货商的生意。没有这些代卖商人的介入，这些人的生意有可能在疫情期间会面临亏本或倒闭。

加入代卖生意人行列的还有其他行业的人。疫情前二连浩特有蒙古国生意人习惯去的宾馆。按照常理疫情后因为没有蒙古国生意人入住，这些宾馆应该是面临关门的危险，但事实上疫情防控时期这些宾馆转变角色变成了代买货物的中间商。蒙古国生意人要从二连浩特外贸市场买点货物时，没有熟悉的供货商或着急补货等情况就会找这些曾经入住的熟悉的宾馆。宾馆经营者就摇身一变成为中间商，帮蒙古国的人买货物并邮寄，从中能获取到差价。代收人 M 说"每天的快件最多达 300 件，代收小件快递的费用为 5 元 / 件，大件为 15 元 / 件。对他来说这门生意跟疫情前开宾馆比，相对来说是比较轻松的，而且收入也比开宾馆大大增加"。

此外，疫情防控让二连浩特外贸市场的生意人学会了使用各类网络社交软件结识新客户，同时也让蒙古国的生意人学会使用"阿里巴巴"网购。2020 年末开始，蒙古国越来越多的生意人开始使用阿里巴巴，但是因为跨国无法邮寄，他们只能把网购的地址写到信任的中国生意人那里，然后中国的生意人再用物流的方式寄给蒙古国客户。疫情期间蒙古国生意人在中国的网购量，让"代收快递"成为了普遍现象。在 2022 年的政府工作报告中将"培育发展'互联网 + 边境贸易'新业态，跨境电商产业园建成运营"[①] 列入了今后口岸经济的发展目标当中。

四、跨界信任与维系

从根本来讲人与人之间的信任对周遭世界的复杂性给予了简化，同时也因此而能够平静地持续工作生活。[②] 疫情期间的二连浩特外贸市场中，中、蒙两方商人之间迅速调整的贸易模式是在彼此之间极大的信任基础上建立起来的。在此信任体系之内，发挥重要作用的有国与国之间的稳定关系、政策制度性的支撑之外，还有贸易服务网络、物流服务、技术支持等软硬件条件的辅助。外贸商人之间的生意信任是基于制度支撑上的共存性、互利的协作形式。生意人与客户之间有良好的关系才会有彼此的信任，有信任才能生财。外贸市场 A 家店有 150 名固定的客户，其中 20 家店主已与他们家有了长达 25 年的合作关系，因此即使在疫情环境下，A 家店仍与老客户保持着商业上的往来，尽力先保障他们订购的货物。

在老二连浩特商人的经验中，20 世纪 90 年代商人之间简单地"用手比划"就完成一大笔订单，互相之间还能包容赊账的形式。在疫情防控期间不能面对面购物，边界两边的人通过对手机、电脑上"比划"完成跨界交易，并克服了延时付过款或货物运输滞后等不确定因素。疫情期间，正当大

---

① http://www.elht.gov.cn/c/2023-01-19/77731.shtml.

② ［德］尼可拉斯·卢曼 . 信任［M］. 瞿铁鹏，李强，译 . 上海：上海世纪出版集团，2005：10—11.

家为二连浩特外贸经济捏一把汗时，界线两旁的生意人却升级改造了生意模式，实现了双赢，也开启了跨界生意人与客户之间以网络为基础的新的信任层次。

第七节　本章小结

发展的视角是对事物过程性的深刻认识。产业链模式的出现是发展进程的一个阶段，是中国式现代化的现下的表现。本章是对产业链下的农牧民经济行为的宏大背景加以梳理，有利于在后面章节中能够更切实地呈现案例，从日常生计琐碎内容中发现"新型农牧民"的具体实践。本章内容在时间跨度上涵盖了 20 世纪 50 年代至 21 世纪以来的 20 年。对于年代较早的时期，本书借助政策性文件资料、已出版的地方志及反映农牧民生活场景的著作中的记录，尽量从宏观和微观的角度描述了当时的农牧业社会。在笔者所收集的文献中对本章内容有重要参考意义的是《内蒙古自治区志·发展和改革志》《中国人口（内蒙古分册）》《内蒙古畜牧业文献资料选编（1947–1987）》《内蒙古草原畜牧业发展问题探索：纪念赵真北先生》等著作，本章内容为更准确地表达当时的社会政策，涉及国家、自治区文件的部分基本保留了原貌，但也因有些篇幅过长进行了删减和简化，难免有疏漏之处。本章内容在年代划分上以民主改革到改革开放、改革开放初年、改革开放后的 20 年及 21 世纪伊始四个阶段作为大致时间节点。

时代性在生活场景中主要表现在代际之间的观念差异上，在社会政治经济迅速发展的环境下，观念变化比较明显，但在代际之间也会保留一定的一致性。本章最后一节加入了以信任为线索的口岸小镇跨境生意人调查的案例。该案例说明了国家和自治区的宏观决策对于个人的发展、经济行为、决策会发挥强烈的影响，同时对于某一行业的规范、支持会产生持久的作用，有助于形成良性循环，得到长久的发展机会。农牧民经济行为不单单是个体行为，也是社会制度、政策、环境、基础设施等各个方面与个体之间长期互动的结果，还是社会对个人综合培育的过程，而个人对社会所提供的综合平台的利用能力体现了人掌握现代化的综合能力，其中经济行为能够更直接表现人的参与、建设现代化的能力层次。

第三章

社会空间视角下的内蒙古
农牧区及农牧民能动性

第一节　社会空间的更新与空间主体的生成

一、空间性与线性时间

在日常生活研究中认为人的生产、生活所维系的关系网络和渠道是社会空间存续的基础。[①]在马克思主义的实践理论视角下，生产活动是社会与自然之间的主要区分依据。[②]社会空间虽与区域自然空间相依相伴但其产生与存续立基于人群的活动，即通过特定的群际关系网络与社会实践来维护、维持区域性的社会空间属性。在群体和个人、主观与客观的维度上社会空间所能够展现的内容或能被看见的内容是各不相同的。社会空间与自然空间之间的区分由空间内的人的活动决定，社会空间的特征是由群体自主的空间表达决定的。同时空间与其固定称谓之间有着深刻的历史因果，某一名称的延续也无意中复刻和记录了对空间理解的习惯。这也是20世纪60年代地理空间研究从"空间"（space）研究转向"空间性"（spacial）研究的原因所在。从纯粹的地理空间研究转向对空间性的研究，使地理空间研究拥有了新的客体，让研究者试着将研究重点集中在特定空间的综合社会关系之上。[③]

"空间性"使地理上的区域、方位拥有了自然属性及社会关系属性。社会关系的差异会对区域社会空间特定且具穿越时间线的空间整合能力产生决定作用。约翰·厄里提出"因果支配力"（the causal powers），并引用马克思的观点，认为事物的实际内容取决于不同力量或过程的相互结合程度，这种结合本身改变了每个实体的构成性，在时空维度上，因果支配关系使可生产的实体结

① 亨利·列斐伏尔.日常生活批判（三卷本）[M].叶齐茂，倪晓晖，译.北京：社会科学文献出版社，2018:434-435+647-652.

② 解丽霞.从"容器""场所"到"社会"：西方哲学空间叙事的现代转向[J].深圳大学学报（人文社会科学版），2023，40（5）：149.

③ Edited by Derek Gregory and John Urry.Social Relations and Spatial Structures [M]. London:The Macmillan Press LTD，1985:9-19+21-29.

构化，并展示出确切的关系模式。①

在区域空间与历史时间之间的关系上，主体性视角的探讨具有启发性"纵向的时间概念与主体性的建立之间有着密切的关系，将区域与纵向的时间相关联，最容易产生的结果是一种人格性的区域概念的产生，即将区域视为一种相对自主的代理人体系。"② 社会空间与纵向时间之间可能产生的因果关系是形成具有明显主体性倾向的社会空间的潜在推力。空间的存续不仅意味着距离或自然景观，一旦将某一区域纳入到空间范畴去考虑，不可避免地通过特定人文、社会情境去建构，使地理空间逐渐蒙上一层层的历史的、文化的复杂关系，从而抹去地理空间的纯粹性。"空间是一种社会建构，同时其所含的社会关系也会反过来作用于建构特定的社会空间，使其变得与众不同。"③

二、社会空间与关系网络的具体化

本书中对"新型农牧民"的构建是在国家话语体系基础上更具体化"新"的内容，既从社会空间内具有特色的社会关系网络可能促成的主体性的角度去探讨该内容。在第一章谈到"新型农牧民"的定义相关理解。"新型农民"一词是 2006 年中央一号文件被广泛应用起来的，文件中将"培养造就有文化、懂技术、会经营"作为农民整体素质提高的主要方向，视为新型农民的主要依据。新型农民是建设社会主义新农村的主要动力。此后各个省、区、市出台"新型农民""新型农牧民"的相关政策。

2012 年中央一号文件中再一次着重提到农村人才培养，要求"以提高科技素质、职业技能、经营能力为核心，大规模开展农村实用人才培训。"对各类农村人才有了更具体的要求，包括村干部、农民专业合作社负责人、到村任职大学生等农村发展带头人的培养，农民植保员、防疫员、水利员、信息员、沼气工等农村技能服务型人才引进，以及种养大户、农机大户、经纪人等农村生产经营型人才的培育。

在内蒙古因农业与牧业并存而从"新型农民"的理解中需要再一次解释新型农牧民。这也是中央政策在地方上的进一步落实的过程。牧区与牧业上

---

① 丹尼斯·史密斯.历史社会学的兴起 [M] 周辉荣，等译.上海：上海人民出版社，2000：142-146.

② 黄兴涛主编.新史学（第三卷）文史研究的再出发 [M].北京：中华书局，2009：248.

③ Edited by Derek Gregory and John Urry. Social Relations and Spatial Structures [M]. London: The Macmillan Press LTD，1985：9-19+21-29.

的特殊性不仅表现在生计模式上，其不同是综合性的。在政策体系中牧区相关政策的早期演进在第二章中已有梳理。近20年期间牧区在政策体系中的特殊性更多地表现在生态环境治理的意义上。生态治理的需求对牧业社区人员、畜群及生产作业模式产生较大改变，如有学者提出人畜合—离式游牧概念，游走在城镇和牧区间的新型农牧民群体是牧区城镇化的新路子（王皓田，2016）。①而此类观点在近十年来在内蒙古牧区案例上较为普遍。内蒙古牧区在成为新型农牧民的道路上有一定的特殊性，城镇与家乡之间的流动是他们新的起点。

对于新与否在特定社会空间关系网络内思考更有助于发现如何实现的路径。城镇与农、牧村落之间的人口流动的新常态使城镇与农牧村之间的自然与社会空间产生了较大的变化。农牧民经济行为中展示出了新形势下的生产生活关系结构，使城镇化下的农牧民群体对家庭生计做出了诸多的调整。

本书绪论第二节中基于以往研究总结了"城牧互动模式"。该模式对城镇与牧区一体化的趋势及人员的生活状态进行了形象的概括。然而将此观察角度置于内蒙古农区、半农半牧区，甚至置于中国不同省份农牧业社会中观察时，城镇与村落之间的资源、人员的互动是频繁的，并遵循着一定的规律。因此将"城牧互动模式"升级"城村互动模式"更具包容性。在这一模式下，原有的城镇与村落的二元边界被削弱，人们不再以单纯的农牧业经济为家计主要方式，普遍表现出了寻求多种经营、销售渠道，利用个人、家庭可支配的所有资源投入到跨城乡空间的经济活动以求家庭、个人高质量的生活状态。

"互动"对于城镇与农、牧村落之间的人口流动及流动的原因均有解释力。城村互动模式对城镇与农牧村空间的整合，构成了新形势下的新的社会空间，其空间性表现在人员往来的生产生活关系之中，促成了群体性的新的主体特征。人与人、人与村落、人与城镇之间的关系网络在流动、互动为内容的社会空间内得以具体化，成为当下的社会现实。

三、城村互动模式的普遍意义

自21世纪以来的城乡双向流动使城镇与牧业村落被绑在一起，形成了城镇—村落之间的积极互动。城镇化并未让农牧业人口同原来的牧业村落完全脱

---

① 王皓田.人畜合—离式游牧与牧区城镇化新探索——以内蒙古四子王旗为个案 [J].贵州民族研究，2016，37（4）：45-48.

离，相反在城镇化过程中，借助现代通信设备和交通工具，城村、村与村之间的时间与地理空间被整合，形成了人员流动基础上融合性、包容性极强的社会空间。

从政策性的鼓励与进城农牧业人口的意愿来讲，政策支持的力度来源于治理之需而农牧业人口对城镇生活的向往、对生计开拓的热情是城村之间的流动性持续下来的主要动力。当前多个社会调查显示农牧民家庭的生计出现了多元化的特征。农牧民家庭不再以单一的第一产业生产为主，家庭分工出现了多元化，家庭内部的人口分流使得家庭中增加了第二、第三产业收入。在本书第三章中的内容以案例形式集中说明这一现象。现阶段的农牧业村落社会中有诸多的由农牧民创造的新的方法、新的模式等。村落内出现了比以往更多的雇佣劳动力的需求。为了季节性的畜群管理需求及割草业务等需求雇佣劳动力短期劳动力变得频繁，这更加驱动了牧业村落的人员流动性。家庭劳动力分工多样，家庭所经营的农作物、畜群结构呈现单一化趋向。

在生活中导致这些变化的原因是多种多样的，但总体上城乡之间的人口流动而家庭内部劳动力分散是主要原因。城村互动模式下农牧业进城人口维系"同嘎查""同村"人的主要方式之一是微信群，进城的农牧民群体自发组织创建的微信群功能强大，是他们进城之后比较信任的信息获取渠道。此外，不同协会、务工机会、季节性的招工信息等也依靠微信熟人圈子。除了微信，抖音平台也在发挥重要作用。现代信息网系统、电话、微信平台的普及跨越了村落之间、村落与城镇之间的实际边界，网络平台给进城的农牧群体提供了工作机会及商业信息。

从以上特征来看，城村互动模式下人的整体观念发生了变化。针对城镇和村落之间的流动，在长期的经营中，进城农牧民表现出了统合两种社会空间的主观意愿，并对城村互动模式的生活表现出了较为能动的一面。生产方式的多元化、社区居民生活信息的迅速化和集中化、社区家庭内部空间的扩展化以及社区生活的便利化和丰富化是中国现代化进程中统筹城镇与农村改革发展的结果，也是现代化进程中文化、教育、医疗等社会诸多方面健全、发展的实际效果的体现。现阶段形成的城村互动模式是内蒙古农牧区现代化的总体趋势。不管是生态治理还是城镇化治理，在农牧村流动人口的社会场域是同一空间内对同一群体的多重治理的过程。

谈新型农牧民群体主体性，主要是在探讨新的空间性结果之下的主体特征的展现。空间性、因果支配力的论述是对整体的认识和定位，主体性的更新是在特定空间关系网络内完成的。那么，主体性实际上是为了更好地概括现实情况，理解人的观念层次的改变。整体的重要构成——空间范围、环境特征和人群的生计网络的具体化是捕捉现阶段农牧民主体性的关键。

第二节　北部边疆文化空间下的农牧民能动性

一、从空间理论谈北部边疆文化构建

从地理空间角度观察"北部边疆"时注视"北"的位置是处于东西南北之中心点，因此在空间结构上"北部边疆"是中心及中心以北方位的关系。"北部边疆文化"的生成逻辑基于历史过程、理论探索及实践模式之中（王海荣和高晓焘，2024），[①]围绕其概念、特点研究结论集中在"北部边疆"的历史与现实之间的连接上，北部边疆内的文化是多元包容的（朱尖，2024；李春林，2024；康建国和翟禹，2023）[②]、连续的（袁剑，2024）[③]，在"中华"认同上有着持续性（李大龙和刘壮壮，2023）[④]。当前北部边疆文化正在经历汇集意识形态、经济建设及社会发展目标在内的宏观规划。

位于中国正北方的内蒙古自治区是承载北部边疆文化的主要区域。内蒙古自治区的发展定位关系北部边疆的发展和稳定。全方位建设模范自治区，重要的方面是抓好文化建设、增进文化认同。在 2023 年的文化传承发展座谈会上，"总书记强调要更好担负起新的文化使命，建设中华民族现代文明。内蒙古历

①　王海荣，高晓焘.北部边疆的生成逻辑探析［J］.内蒙古社会科学，2024，45（3）：27-33.

②　朱尖.试论北部边疆的学理与实践定位［J］.内蒙古社会科学，2024，45（1）：33-39；李春林.内蒙古打造"北部边疆"品牌的时代价值及其路径探析［J］.内蒙古师范大学学报（哲学社会科学版），2024，53（1）：5-10；康建国，翟禹.北部边疆的时代价值［J］.内蒙古社会科学，2023，44（5）：40-46+213.

③　袁剑.中华民族共同体建设中的北部边疆实践：地理、区域与连续性［J］.内蒙古师范大学学报（哲学社会科学版），2024，53（1）：19-23；纳日碧力戈.中华民族现代文明视域下的北部边疆［J］.前沿，2023（5）：43-50.

④　李大龙，刘壮壮.试论北部边疆的范畴、内涵与价值［J］.内蒙古社会科学，2023，44（5）：2+33-39.

史文化厚重，人文资源丰富，辽阔大地上多彩纷呈的文化都是中华文化的重要组成部分。但缺少一个涵盖所有文化、体现内蒙古特征的概念。"所以"北部边疆文化"这一具有内蒙古特质的地域性文化品牌被提出并给予重视，"就是要传承发展中华优秀传统文化，让根植在北部边疆大地的优秀文化在新时代活起来火起来，为提升内蒙古的正面形象提供有力支撑，为推进现代化建设注入强大精神力量"（孙绍骋，2023）。①

在近两年北部边疆文化相关研究中对其意义及重要性作出了多角度论证，肯定北部边疆文化同时梳理历史脉络、确定区域范围及建设路径，构建了宏观理论研究框架。现有相关研究中有几项关注到了相关北部边疆文化区域性实践，研究试着从较为具体的文化表现解释北部边疆文化：从黄河流域自然遗产和文化遗产论证的一篇文章中讲道："充分挖掘并实现黄河文化的时代价值、讲好内蒙古的黄河故事，对于打造北部边疆文化品牌具有重要历史与现实作用"（于宏建和崔思朋，2023）②；另一篇认为"乌兰牧骑精神"与北部边疆文化包含的"蒙古马精神""三北精神"高度契合、一脉相承，植根于北部边疆文化，又进一步丰富发展了北部边疆文化内涵（葛丽英，2024）；③还有一篇从西辽河文明视域探讨北部边疆文化内涵认为西辽河文明秉承中华文明连续性，植根于悠久的中华文脉中，在建设中华民族现代文明历程中体现出了地区精神和时代特征（赵东海，2024）。④

在重新规划社会空间的意义上北部边疆的文化构建不是单一的过程。20世纪50年代社会空间理论研究转向之后，研究不再把空间视为"容器"，而是注重空间内的社会关系。"空间是卷入人与人之间、人与物之间的社会关系的过程"（安杰伊·齐埃利涅茨，2018）⑤。社会关系及关系形成过程逐步生成了特定的区域社会空间，从而使区域有了明显的边界，促成特定空间的自我生

① 孙绍骋.关于《内蒙古自治区党委关于全方位建设模范自治区的决定》的说明［N］.内蒙古日报，2023-07-10.

② 于宏建，崔思朋.北部边疆品牌打造视域下的内蒙古黄河历史文化再挖潜［J］.前沿，2023（5）：24+51-62.

③ 葛丽英.北部边疆建设背景下乌兰牧骑艺术节的当代价值与创新发展［J］.艺术管理（中英文），2024（1）：103-109.

④ 赵东海.西辽河文明视域下的北部边疆内涵挖掘与品牌打造［J］.内蒙古民族大学学报（哲学社会科学版），2024，50（1）：1-6.

⑤ ［英］安杰伊·齐埃利涅茨.空间和社会理论［M］.邢冬梅，译.苏州：苏州大学出版社，2018：75.

产。区域社会的空间规划是复杂的多重社会文化互动的过程。本书以村落生计体系为调查对象，从北方农业与牧业之间的互补性探讨社会空间规划的实践，即北部边疆文化作为新的区域社会空间规划如何在生活领域实现文化整合并"落地"。

空间研究的转型即从空间的具体化开始的，转变使生活其中的不同主体之间的社会关系变得重要。列斐伏尔对转型后的空间研究影响深远。齐埃利涅茨认为，列斐伏尔的多个概念来源于马克思理论，他用唯物辩证法解释了社会的空间生产与政治之间的关联，"空间活动"中"包含生产和再生产及每一种社会形成过程的特定位置和一组空间特性"，[①]空间活动涵盖了人的活动所包含的所有社会关系，完成了空间的人化及空间特征的产生。特定区域空间内的文化表现是由区域个体、群体相互间的关系来维持和呈现的。因此可以肯定的是在"北部边疆文化"之名前，区域性的文化以某种关系的形式已持续了长时段，现今观察者在特定的历史条件下重新发现空间内的关系脉络时，就有必要再一次规划空间并进行梳理。

空间的"规划"能力对于当下的社会是"资格和技术"，同时也被视为"一种表现方式，一种明确的、系统化的技能"，在此意义上"规划"充当了"过滤器"，对空间填充的内容进行筛选，这虽能填补文本的空白，但同时也会"抹去社会要求的危险"。[②]因此作为文本作用对象的空间规划虽然有现实依据，但从"规划"本身来讲文本表达无法穷尽人的生活本身，却有可能抹去社会要求或简化社会生活的实际要求。这也是文化相关研究中容纳不同门类、多角度研究的原因。"北部边疆文化"在新的规划需求下承袭了区域历史和社会生活的空间，在文化体系性的表达上在追寻以往与现今、文本与现实之间的统一性和连接性。

规划中国北方方位的文化空间，从时间序列及方位角度限定了模糊界限，该方位内的政治和文化上的过往表现填充、构成北部边疆文化框架下的内容。北部边疆文化的框架界限体现在围绕此概念形成的高度评价之中"内蒙古自治区党委在完成好习近平总书记交给内蒙古的五大任务和全方位建设模范自治区两件大事、全面建设社会主义现代化国家新征程上书写内蒙古新篇章中做出的

---

① ［英］安杰伊·齐埃利涅茨.空间和社会理论［M］.邢冬梅，译.苏州：苏州大学出版社，2018：81.

② ［法］列斐伏尔.空间与政治（第二版）［M］.李春，译.上海：上海人民出版社，2015：8.

重大文化发展决策，具有重要的战略前瞻性、宏观引领性和现实指导性。"[①]北部边疆的文化概念、重要性、历史性的相关论述遵循框架所注重的部分，同时对该文化生态特征及多民族关系上的意义在更进一步的挖掘，400毫米等降水量线决定了北方农牧交错带的范围，在历史上该区域不仅是中原王朝实际控制疆域的边疆地带，更是各中原王朝疆域拓展及与周边民族碰撞与交融的核心区域，[②]北部边疆的疆域也在多民族关系过程中得以拓展。

北部边疆空间的文化呈现，从框架性的概述最终仍需实践层次的"落地"，文化的底蕴、内涵融于社会生活的"人间烟火"之中。当前北部边疆文化范畴下的社会生活、生产、生计实践脉络的梳理相较于历史过程、政治关联性的论述显得单薄而空泛。从空间的可规划性去认识北部边疆典型气候特征与其所蕴含的农耕与草原生计体系的相互关系，有助于在历时性上探讨北部边疆的充满"烟火气"的属性。作为人的生计方式，农业和牧业交织在北部边疆社会文化整个过程，铸就了生命力旺盛的人间北部边疆。

二、生态与生计模式约束下的北部边疆空间及文化表现

在北部边疆之内农与牧作为两类生计体系，两者一般在不同区域内生产或在同一区域内交错存续。北部边疆之内的农牧交错区域是中国整体生态、生计体系的一部分。"依据现代农业生产条件要求分析，我国东部季风区、西北干旱区与北部高原区内不同的水热组合，导致各区内人类社会生产类型各不相同。北部高原与西北地区的光热组合不利于农业发展，导致当地以牧业为主，而东部及中原地区则是传统农业区，在两地之间的过渡带就是农牧交错带。"[③]北部边疆区域的农牧交错区属于延伸至中国北方的农牧交错带。虽然"农牧交错"是生计特征描述，但它是直接与区域性的生态特征联系在一起的，受年降水量限制，[④]以草原和平原农田的大面积交错出现的生态体样貌为基本特征，[⑤]

---

① 包银山.北部边疆建设的价值指引与路径选择［J］.内蒙古社会科学，2024，45（2）：23-30.

② 崔思朋.北方农牧交错带与北部边疆研究［J］.内蒙古大学学报（哲学社会科学版），2023，55（6）：24-25.

③ 李锐，崔思朋.内蒙古黄河历史文化（上）［M］.北京：国家图书馆出版社，2021：311.

④ 吕翔宇.内蒙古农牧交错带生态可持续发展研究——以乌兰察布市化德县为例［D］.内蒙古大学硕士学位论文，2020.

⑤ 周涌，汪德水.中国农牧交错带现状分析［J］.农业科研经济管理，1999（1）：18-20.

是种植业与畜牧业交错分布相互重叠的地带，[①]因此有学者提出农牧交错带的出现是长期受到人类农耕活动与草地畜牧的影响而形成的，是农业生态系统向草原生态系统转换的过渡带。[②]农牧交错带是农业区与畜牧业区的过渡带，[③]也是湿润区与干旱区，季风与大陆性气候的过渡地带。[④]

中国北方农牧交错带分布在东北、华北农区及天然草地牧区分隔的生态过渡带，[⑤]北起内蒙古呼伦贝尔向西南延展经内蒙古、河北北部、山西北部直至鄂尔多斯、陕西北部地区是农区与牧区的过渡地带。[⑥]中国种植业区划把内蒙古阴山以南至经过长城线的宁夏、陕西、山西、河北、辽宁等共110个县旗市划为半农半牧区，农牧交错区。[⑦]北方农牧交错带是以年降水量为主要指标，沿年降水量等值线两侧分布，位于北方干旱农牧区的过渡地带。[⑧]北方农牧交错带总面积约65.46万平方千米，跨越内蒙古、辽宁、河北、山西、陕西、宁夏等多个省区，降水量在300～450毫米范围内。[⑨]北方农牧交错带位于"胡焕庸线"上，是农牧生活方式交汇区域、更是气候干旱、土壤结构不稳定的生态脆弱带。[⑩]

区域性社会空间的规划有别于国土空间规划，但两者相同之处在于对生态环境和生计模式整体认识基础上实施规划。生态和生计特征在宏观规划层次上

---

① 赵哈林，赵学勇，张铜会，周瑞莲.北方农牧交错带的地理界定及其生态问题 [J].地球科学进展，2002（5）：739-747.

② 袁宏霞，乌兰图雅，郝强.北方农牧交错带界定的研究进展 [J].内蒙古林业科技，2014（2）：38-43.

③ 史德宽.农牧交错带在持续发展战略中的特殊地位 [J].草地学报，1999（1）：17-21

④ 赵威，韦志刚，郑志远等.1964-2013年中国北方农牧交错带温度和降水时空演变特征 [J].高原气象，2016，35（4）：979-988.

⑤ 王静爱，徐霞，刘培方.中国北方农牧交错带土地利用与人口负荷研究 [J].资源科学，1999，21（5）：19-24.

⑥ 刘良梧，周建民，刘多森.农牧交错带不同利用方式下草原土壤的变化 [J].土壤，1998（5）：225-229.

⑦ 中国农业科学院《中国种植业区划》编写组.中国种植业区划 [M].北京：农业出版社，1984：152-160+257-268.

⑧ 何磊.气候变化对北方农牧交错带农业生产脆弱性的影响研究 [D].南京信息工程大学硕士学位论文，2007.

⑨ 赵哈林，周瑞莲，张铜会等.我国北方农牧交错带的草地植被类型、特征及其生态问题 [J].中国草地，2003（3）：2-9.

⑩ 魏玉凯，安萍莉，金玉铃等.北方农牧交错带人口老龄化及其撂荒效应——乌兰察布市为例 [J].干旱区资源与环境，2021（7）：64-70.

限定了北部边疆文化区域空间的特征。北部边疆拥有农、牧两种作业方式并存的生态及人文条件，在生计体系上从事农与牧业的人群在长期的历史进程中对两种技能变得熟悉，在季节性的物资补充、食物补给以及劳动力投入上形成了特色鲜明的循环体系。这一点如今借助现代化之力"农牧交错"的状态进一步深入到了更小的空间——家庭生计空间之内，表现出了家庭生计内的农牧互动特征，以家庭为单位经营农、牧业实现收入多样性变得普遍。

三、家庭生计内的农牧互补性到北部边疆文化脉络中的"烟火气"

种植业和畜牧业是第一产业的两个重要组成部分。"农牧交错带"注重的是两者之间同一区域内的交错存续状态。本书在对农牧交错的认识上进一步对两种生计体系之间的互动进行深入探讨。从表层来看，农牧关系是一个以农牧文明变迁为表现的历史过程，从深层来看则是农牧文明的交互影响、交互渗透的过程。[①] 农牧互补性主要指农耕种植业与畜牧业置于同一空间内，并在生产环节中有机结合的过程。这既是区域生态条件限制下的资源互补利用，更是围绕两种生计体系形成的地方性知识上的有机互补。在以往研究中对农牧互补现象有不同的形容，如"农牧结合"，[②] 也视其为"生计多元性"的表现。[③] 生计多元性研究多以家庭为单位来进行考察，研究重点在于面对外界环境变化家庭所采取的应对策略，通过生计来源的多样性来提高收入、降低风险、保障生计安全，实现家庭生计可持续。

本章提出家庭生计内的农牧互补性，也是对家庭生计多元性的关注。相比兼营经营店铺，北方农牧交错带上的村落内经营兼营农、牧业的家庭占据更多占比，家庭多元收入主要来源于农产品和畜产品交替出售。这一倾向是在多个方面因素的共同作用下生成的。乡村现代化建设、城镇化、生态治理等社会治理过程合力作用于乡村生活。诸因素中较容易被忽略的是村民在不同行业作业技能上的娴熟程度。这一部分内容常在地方性知识及人的能动性话题下讨论。村民能够在特定的区域同时经营两种生计类型与其所处自然、社会环境息息相

---

① 朱宏斌，郭向平.历史上西北地区农牧交互关系探析 [J].内蒙古大学学报（人文社会科学版），2003（1）：44–48.

② 邢廷铣.农牧结合种植模式及其发展战略 [J].农业现代化研究，1999（1）：47–50.

③ 李勇进，杨怀德，陈文江.甘肃省石羊河流域农民家庭生计多样化及其影响因素的实证研究 [J].科学·经济·社会，2014，32（4）：39–44；孙贵艳.基于多层次模型的甘肃秦巴山区农户生计多样化研究 [J].中国农业资源与区划，2018，39（10）：177–183.

关。在农牧交错带农业和牧业的经营群体历史上的交集积累了维持农、牧业生计的地方性知识及该空间内的流通网络，农牧业经营需求的物品、用品等能在区域空间关系网络内的得以交换，保持生计活动的可持续模式。

北方区域的村落生活现状较为客观地展示出了"北方农牧交错带"这一术语下的"交错"状态的深入生活的过程。农、牧业的错综交互借助现代化的力量交织到家庭生计体系之内，让北部边疆所蕴含的文化底蕴有了更多"烟火气息"——农牧之间的关系从邻村或邻区的空间分布走向家庭为单位的生活空间，融于生活上的精打细算、生产上的精明安排及村社之内、家庭成员之间的通力协作之中。

四、区域政策倾向对北部边疆空间的塑造及特定文化脉络的延续

1996 年内蒙古自治区人民政府发布《关于加快发展农区畜牧业的决定》，提出"内蒙古作为中国的畜牧业大省，农区畜牧业是我区畜牧业的重要组成部分，是农村经济中具有广阔发展前景的重要基础产业。为进一步加快畜牧业发展步伐，提高畜牧业整体水平，增加畜产品的有效供给，加快农村经济的全面发展和农民脱贫致富达小康的进程，必须大力发展农区畜牧业。关于本次加快发展农区畜牧业的决定中重点目标是到本世纪末，牧业年度农区牲畜总头数达到 4005 万，稳定猪禽生产、大力发展牛羊育肥"。[1] 在 1999 年内蒙古自治区政府发布内蒙古自治区农区畜牧业发展规划，明确表示以市场为导向，以种养结合的农户为基础，充分利用农区丰富的粮食和秸秆资源，通过加大投入和提高科技含量，实现发展的高速度、高质量、高效益。在通知中强调畜牧业的发展需要紧密跟随市场需求，生产符合市场需要的畜产品，提高市场竞争力。鼓励农户进行种养结合，提高土地和资源的利用效率，增加农民收入。通过合理利用农区的粮食和秸秆资源，为畜牧业提供充足的饲料来源，促进畜牧业的可持续发展。[2]

从内蒙古自治区政府政策引导内容来看，当时（20 世纪 90 年代）对区域内农牧业发展规划鼓励"农区畜牧业""种养结合"。该类政策是区域发展及促进增加基层民众家庭收入的重要举措。政府在政策上的倾向性促进了农业和牧业在家庭生计中的结合或互补。进入 21 世纪之后，为鼓励农民积极参

---

① https://www.nmg.gov.cn/zwgk/zfgb/.

② https://www.nmg.gov.cn/zwgk/zfxxgk/zfxxgkml/ghxx/zxgh/202012/t20201208_312830.html.

与农牧结合，内蒙古自治区政府实行了包括种植补贴、养殖补贴、农机购置补贴等在内的农牧业政策。这些补贴旨在降低农民的生产成本，提高生产效益，进而增加家庭收入。从 2001 年开始，内蒙古自治区政府逐步把发展农区畜牧业看作重要环节，同时牧区重点实行禁牧和围封转移。2002 年内蒙古自治区农区畜牧业专项推进方案的通知中提到了农民来自畜牧业的收入稳定增长，农区、半农半牧区牲畜存栏数量已达到一定规模，并具备了稳定生产肉、鲜奶、禽蛋、毛绒等畜产品的综合生产能力，由以粮为主向种养结合转变，由利用秸秆向青贮养畜转变，由输出原料向输出成品转变。[1] 此后内蒙古自治区经济社会发展规划长期坚持了调整优化农牧业结构，以大力发展农区畜牧业作为了区域发展的主要任务，从空间规划政策层面保证了对区域生产调节的倾向性及持续性，这对北部边疆文化内涵的细化和实践提供了可行的脉络及路径。

五、实践层次上的农牧互补性及空间规划"落地"

农业与牧业之间的关系是两大生计体系之间的结合、协调。从历史进程来讲，北部边疆区域农业为主的生计体系和畜牧业为主的生计体系之间的区隔较为明显，两种体系之间保留相对距离。这在文化、历史渊源上有其深刻的缘由。本书涉及的调查资料显示当前村落社会农、牧生计关系有了许多新的变化。变化点集中在农与牧的分类浓缩到了以户为单位的家庭范围之内。该变化有助于深化认识文化类型在新的社会环境中的特定表现，能够从日常角度解释新的空间规划如何实时"落地"。

生计变化融于生活的细微过程容易被忽略，但从整体来看，如在一个家庭的一年家庭生活循环上，它能够展示某类文化的基本内容和当下特征。为此本书中纳入了较为典型的 N 嘎查案例。该嘎查位于内蒙古通辽市科尔沁左翼中旗。通辽市为内蒙古境内北方农牧交错带包含的盟市之一，该嘎查所在位置靠近北方农牧交错带东段，年降水量在 350 毫米，属于中温带大陆性气候。N 嘎查土地面积为 5 万多亩地，其中耕地面积为 1.3 万亩，林地面积为 0.27 万亩，草场面积为 2.2 万亩。[2] 嘎查民众以往以农为主，近十年来养牛羊的家庭逐渐增多，嘎查现有 182 户（村内常住的有 120 人）中有 76 户是养牛户。养牛户

---

[1]　https://www.nmg.gov.cn/zfbgt/zwgk/zzqwj/202012/t20201208_314049.html.

[2]　资料来自该嘎查村村委会 2023 年 7 月。

占比决定了村民选择种植玉米、青贮的偏好。农、牧生计体系在家庭经济中的互动对民众生计可持续循环中发挥了重要作用，调查显示的家庭生计收支、作业循环过程如下：

（1）家庭在农业上的支出项主要是购买种子、尿素、化肥、除草剂、杀虫剂、灌水费、租地、维修拖拉机、柴油等各项支出；春季需购置的物品较多，村民农业贷款的情况普遍；牛羊所需的玉米类的饲料从自家玉米收成预留，秸秆也可以做成干料的一部分；一般在自家地里留一小部分土地种植青储；牛粪积攒后春季归田用于施肥。

（2）牧业上的支出是干草费（租地、收割装运费），饲料费（玉米料、针对性饲料、青贮），常用品（小苏打粉、牛用添砖盐、牛犊保暖衣等），机械类（铡草机、电动滚筒筛草机等）及医药费、配种费、保险费。

（3）农业收入集中在秋季，出售玉米等农作物获得；牧业上的收入在春秋两季，主要是新增的牛犊带来的收入，公牛犊持续养 7~9 个月后出售，母牛犊会被畜养较长时间替代原先的母牛或出售。

（4）家庭收支循环中的重要一环是政策性贷款。农业贷款利息较低，每年春季 4 月发放，村民用于购买农业春种必需品及牧业所需的饲料等，到年底偿还贷款。经营牧业有助于应付一些现金开支，如子女学费、突发疾病以及年底贷款到期时还未能出售农产品时可以选择出售牛来先行偿还。

家庭农牧业生计经营上的上述表现说明：

（1）家庭农、牧业经营收支周期之间可形成互补。牧业与农业在家庭生计体系内的互补性体现在春季支出多，此时畜牧产品可成为现金来源；秋季农作物已成熟，冬季出售获得现金可用于购买牛草料、饲料。畜牧业与农业在现金循环周期上具有互补性，这对于村民家庭经济的可持续有直接影响。在 1 年为期的循环中从 N 村情况来看基本上是牛与玉米之间的循环。这一循环对家庭为单位的自主经营、家庭收支平衡上发挥了重要作用。

（2）农、牧业作业方式上可形成互补。玉米和青贮在牛的饲养上发挥着重要作用。N 嘎查调查到的 20 户情况显示，每个家庭会划出 5~6 亩地种植青储。农户为了喂牛留下 1 万 ~3 万斤玉米。例如，村民 H 家种植的 75 亩地玉米年产量在 13 万斤，2022 年底他们家按 1.1 元 / 斤的价格出售了 12 万斤玉米，作为牛饲料留出了 1 万斤。冬季养牛户把牛粪集中堆放至一处，春季作为有机肥入田种植玉米，秋季玉米成熟，秸秆会用大型铡草机去粉碎喂牛，玉米磨碎留作牛饲料有助于牛群上膘。

家庭生计内的农牧互动关系在本书涉及的多个调查区域均有所体现，案例分布在科尔沁右翼中旗①、赤峰市阿鲁科尔沁旗②及通辽市的库伦旗③和奈曼旗④。村民对生计多样性的追求在当下的北部边疆（内蒙古东部区域）空间内的主要表现是家庭式的农、牧业混合生计模式，虽然在村落内出去务工也较为普遍，但务工群体多为青年一代，打工所获收入实际上并不完全用于原生家庭的生计循环。

在实践层次上北部边疆文化的连续性扎根于生活生产，使北部边疆生态特征与社会现实条件交织在一起，呈现出现阶段的普遍样态——家庭生计内的农牧互补。北部边疆文化的生成机制是社会空间规划"落地"的过程。从空间规划理论角度，打造"北部边疆文化"是"重新发现"的过程。"新"的内容基于原有的区域空间内的生活日常与生产实践，从当下出发去"回头看"时，以往社会事实在历史长河中呈现的新的脉络也能同现今的社会趋势连接在一起。北方农牧交错带作为区域生态环境的一大特征，从生态到生计规定了区域文化的实践限度。在内蒙古自治区中、东部区域囊括于北方农牧交错带之内，现阶段再回看该区域以农为主的村落，村民借助政策便利、现代科技、交通、技术以及市场渠道等条件，利用自身对农、牧业两种生计体系的熟悉程度，在家庭生计循环中逐步实现了农业与牧业的整合以及家业可持续上的互补。

第三节　人的现代化与基层实践⑤

一、生计体系的升级

生计是人类群体为适应不同的环境所采用的整套的谋生手段。⑥随着国内

---

① 该调查系内蒙古大学民族学与社会学学院刘丽丽本科学位论文前期调查，2023 年 1~2 月、7~8 月。

② 该内容为内蒙古大学民族学与社会学学院硕士研究生娜布其农牧互动主题相关调查，2023 年 7~8 月，2024 年 1~2 月。

③ 该调查系内蒙古大学民族学与社会学学院本科生李德有寒假社会实践中调查的内容，2024 年 1~2 月。

④ 该内容系内蒙古大学民族学与社会学学院本科生包田洪本科学位论文《市场经济条件下的内蒙古东部养牛户的生计决策》，2024 年 5 月。

⑤ 本节内容由娜布其（内蒙古大学民族学与社会学学院民族学专业硕士研究生）撰写。

⑥ 人类学概论编写组.人类学概论［M］.北京：高等教育出版社，2019：162.

社会经济发展，农牧民选择的生计方式也处在不断变化的状态。内蒙古拥有多样、丰富的生态资源，在长时间的历史进程中其多样性体现在时间上的时农时牧和空间上的半农半牧为特征的生计现象，[①] 即带有农牧交错带特征的生态系统过渡带。[②] 在生态特定维度上的农业与牧业的关系被认为相互矛盾，[③] 现阶段农牧互动的生计活动被认为是人类适应特定生态环境区域的生存方式，也是农牧民在现代化进程当中的能动性实践的结果。在农学解释中农牧结合是指将种植业和畜牧业两个独立的生产方式相结合起来，其中一个子系统的产品或废弃物转变为另一个子系统的可用资源，从而实现在有限土地上获得最大的综合收益。[④]"农牧结合"[⑤]"种养结合"[⑥] "农牧耦合"[⑦] 等概念中或多或少体现了这一理念，但不同的概念各有其强调的重点。

党的二十大报告表明，全面建成社会主义现代化强国，总的战略安排是分两步走。其中 2020 年到 2035 年的目标是基本实现社会主义现代化，并强调基本实现农业现代化，农村基本具备现代生活条件，社会保持长期稳定，人的全面发展、全体人民共同富裕取得更为明显的实质性进展。[⑧] 现代化的本质是人的现代化，人的现代化是从传统人向现代人转变的过程，这一点已基本成为学术界共识。中国式现代化，归根结底需要人的发展，现代化的最终目标是实现人的自由而全面的发展。[⑨] 农业与牧业作为两大主要经济类型，意味着

① 赵哈林，赵学勇，张铜会，周瑞莲.北方农牧交错带的地理界定及其生态问题［J］.地球科学进展，2002（5）：739-747.

② 萧凌波，方修琦，叶瑜.清代东蒙农业开发的消长及其气候变化背景［J］.地理研究，2011，30（10）：1775-1782.

③ 刘钟龄，恩和，达林太.内蒙古牧区草原退化与生态安全带的建设［M］.呼和浩特：内蒙古大学出版社，2011：12.

④ 中国农学会耕作制度分会编.中国农作制度研究进展 2010［M］.济南：山东科学技术出版社，2010：604-609.

⑤ 胡耀高，朱文珊，逄焕成.论农牧结合的基本理论［J］.北京农业大学学报，1995（S1）：76-83.

⑥ 曾凡林，曾娟娟.种养结合循环绿色农牧业发展技术模式探讨［J］.农业技术与装备，2023（12）：169-170+173.

⑦ 于萨日娜，丁继，王璟璏.促进农牧系统耦合推进农牧交错区农牧业经济高质量发展研究［J］.现代农业，2023，48（3）：30-34.

⑧ 党的二十大报告辅导读本编写组.党的二十大报告辅导读本［M］.北京：人民出版社，2022：10.

⑨ 赵士发.现代化进程中的马克思主义中国化［M］.北京：人民出版社，2016：1-26.

两种生产业从传统向现代的转变，与此相对应地，两大行业生产主体——农、牧民也将由传统转向现代。现代化代表着人类文明进步的方向和发展的动力（Yinchuan，2024），[①] 中国式现代化的本质在于人的现代化，在生产技术得到一定程度的发展基础上，农牧民的现代化究竟从何体现？对这一问题的关注对边疆民族地区农牧民自身的发展有着重大意义。

二、北部边疆空间内的"农"与"牧"

中国北方方位之下的有两种生计系统交错的区域，被称为"北方农牧交错带"。农牧交错带的形成可追溯到战国时期，早期研究发现，农牧交错带主要由两个王朝或民族之间的势力强弱变化而有所波动产生的地带，[②] 以及秦汉以后各中原王朝与草原民族碰撞与交融的核心地带（崔思朋，2020）。[③] 在这一时期，由于地理因素和生产力发展水平的限制，人们的活动和交往当中农牧业的互动，局限于人口较为集中的中原及其周边地区（李春梅，2024）。[④] 而由于气候因素，所带来的结果是寒冷时期传统游农牧民族南下；相对的温暖时期，则农耕民族纷纷北上的互动结果（韩茂莉，2023）。[⑤] 此时的农牧业以民族或以显著的区域为界限，比如以长城为界线，在其周围进行一定程度的交流。

因传统纯农业与纯牧业在生产效益上的有限性，在现代化进程中农牧结合的模式显得日益重要。李文龙等（2021）在内蒙古包头市达茂旗的研究中发现，多年来该旗乡村形成了"南农、北牧、中间农牧交错"的乡村空间格局，农牧户为适应环境变化形成了多种生计类型。[⑥] 苏湘淋（2021）以内

---

① Yinchuan Y. Modernization: Common Properties and Chinese Characteristics［J］.International Critical Thought, 2024, 14 (1) : 18-33.

② 崔思朋.北方农牧交错带与北部边疆研究［J］.内蒙古大学学报（哲学社会科学版），2023，55（6）：24-25.

③ 崔思朋.气候与人口：历史学视域下"农牧交错带"研究基本线索考察及反思［J］.重庆大学学报（社会科学版），2020，26（5）：279-292.

④ 李春梅.先秦时期北方地区民族交错地带的变迁及特点［J］.内蒙古社会科学，2024，45（1）：130-136.

⑤ 韩茂莉.农牧交错带的人地关系与地区关联［J］.内蒙古大学学报（哲学社会科学版），2023，55（6）：6-7.

⑥ 李文龙，匡文慧，吕君，赵中华.北方农牧交错区人地系统演化特征与影响机理——以内蒙古达茂旗为例［J］.地理学报，2021，76（2）：487-502.

蒙古兴安盟扎赉特旗为例的研究当中，该地农牧民生计主要的特点是耕地种植和草场牧业在土地空间上的转换与利用，实现交替互补。[①] 蒋志远和聂爱文（2014）关于新疆玛瑙斯县的调查当中，农牧民会下山到牧区寻找贩卖秸秆的农户，两者之间形成了一种交易链条，继而推动农牧业的互动。[②] 随着两种产业互动规模不断地扩大，农牧结合的生计模式获得了一定的肯定。杨宁等（2022）的研究中把吉林省农牧结合的"小农户"模式分为两种：一种是种植户内部从事养殖业生产或是养殖户内部从事种植业生产；另一种是养殖户与种植户各自为经营主体，通过合作的方式实现农牧结合。[③] 尚艳春（2022）以内蒙古自治区公和成村为个案的文章中写到，内蒙古自治区农牧交错带的家庭往往兼顾农业和牧业两种生产方式。[④] 畜牧业经营方式的重构也出现了家庭牧场这一概念，以牧户家庭为组织单位，并进行自主经营草场和合理种植植物与饲料的形式来养殖牲畜的经营模式（香杰和苏金星，2023）。[⑤]

农牧互动的演变历程从各学科视角都有系统研究。从上述文献可以看到在历史的长河中农业与牧业两种生产模式的互动范围从游牧民族或农耕民之间、内地与边疆地区之间的互动渐转变为更小的区域内的互动，并且群体身份和文化上的差异明显在减少。在气候变化与政策实施驱动下，在旗县区域内种植业与畜牧业的相结合也逐步盛行，以家户为单位的生计方式以"家庭牧场""小农户""兼业模式"等形式显现并持续发展。特定的生产方式正是由于在特定的情境中生成并得到发展出的。因此农牧业从两种生产业区域边缘的互动到家庭为单位的农牧生计的互补是农牧民适应其所处的特定的环境而形成的生计决策。

---

① 苏湘淋.内蒙古自治区农牧区农牧民生计方式及变迁——以兴安盟扎赉特旗农牧区为例 [J].农村经济与科技，2021，32（8）：1–4.

② 蒋志远，聂爱文.农牧业经济互补可行性研究及相关思考——以新疆玛纳斯县为例 [J].农业考古，2014（4）：260–263.

③ 杨宁，刘文明，冯艳春，舒坤良.基于农业社会化服务的吉林省农牧结合模式构建研究 [J]农业科技管理，2022，41（2）：23–26.

④ 尚艳春.美丽乡村建设视角下农村垃圾分类与人居环境优化——基于内蒙古自治区农牧业交错带公合成村的调查 [J].内蒙古农业大学学报（社会科学版），2022，24（5）：50–54.

⑤ 香杰，苏金星.乡村振兴背景下畜牧业经营方式的重构——基于内蒙古兴安盟实地研究 [J]现代畜牧科技，2023（8）：134–136.

三、以家庭为单位的农牧民生计模式变化

笔者在调查过程中发现，内蒙古东部地区农牧民家庭生计中呈现出农业与牧业相互补充的现象，即农业与畜牧业收入的周期性对于家庭经济收支上产生了互补关系以及在两种产业作业的相互补充。除此之外，也有农户采取多样化的生计策略，例如，当牛羊贩子（老客儿）、跑出租车、羊倌儿、泥瓦匠、月嫂、出售奶制品、制作蒙古服饰等多种辅助家庭生计方式日益盛行。但在 20 世纪四五十年代，农作物收成与牲畜数量都不及现在，更没有多元化生计模式的情形。生计的多样化是现代农牧民随着时代的变迁采取的普遍策略。

生计的多样性也就意味着收入结构的多样化。马志雄等（2016）在关于农户生计策略研究的文章中提到经营性收入和工资性收入以及转移性收入和财产性收入是可以主动调整生计活动情况的，且更能够体现农户的生计多样化策略。[①] 马晓丽等（2022）在关于农户耕地利用变化的研究的论题中提到不同的生计策略会产生不同的生计结果，为了获得更多的生计资本，农户需要选择多种生计策略来进行多种的生计活动，农户们这种多样化的生计现象被称为农户生计多样化。[②] 阎建忠等（2009）在有关青藏高原农牧民生计的研究中认为青藏高原东部地区的农牧民生计多样化水平有明显的区域差异；海拔的升高会影响农牧民的生计多样化水平、会导致农牧民从事的生计活动类型越少，由于环境的变化当地居民依旧摸索着采取多种生计的策略。[③] 显而易见，现代农民、农牧民从事单一生计的情况有了很大变动，他们有多种经营的便利与意愿。

四、现代化进程中行动主体的偏好

在内蒙古东部地区家庭生计的多样性主要体现在村民同时经营农牧业上。农牧业是家庭必不可少的收入来源，是农牧民通过同时展开农作物生产

---

① 马志雄，张银银，丁士军.失地农户生计策略多样化研究 [J].华南农业大学学报（社会科学版），2016，15（3）：54-62.

② 马晓丽，彭海英，刘新有.农户生计多样化视角下耕地利用变化的研究综述 [J].农村经济与科技，2022，33（15）：7-11.

③ 阎建忠，吴莹莹，张镱锂，周绍宾，石玉林.青藏高原东部样带农牧民生计的多样化 [J].地理学报，2009，64（2）：221-233.

种植以及禽畜养殖实现两者之间形成资源整合、循环利用实现优势互补的生计模式。上一节中的 N 嘎查案例显示从空间利用、劳作时间安排、作业资源相互利用及家庭现金支出上形成了农、牧业生产上的互补性，展现了个体农牧民作为行动主体的决策能力。为此笔者认为，家庭生计决策上农牧民对农牧互补性有更深刻的认识，农牧民通过实践实现了又一层次的人的现代化。

内蒙古自治区赤峰市农牧区以家庭为单位同时经营着农牧业的情况比较普遍。笔者在赤峰市阿鲁科尔沁旗巴拉其如德苏木下毛盖图（M）嘎查进行了调查。M 嘎查当中持有当地户口的人口总数为 332 人，总共有 160 户，其中常驻有 88 户。该小组以其居住方向分为东（准）、中（顿达）、西（巴润）三个艾里，笔者的主要田野地是顿达艾里的 28 户。该村有人口地和饲料地两种划分地，人口地是 9 亩地/每人，饲料地是 20 亩地/人以内，也有其他方式分耕的田地。M 嘎查农（牧）户大多数为蒙古族，这些家庭对农业和牧业的作业方式均熟悉。一般是村里养牛户占比决定了村民种植农作物上的偏好，村里多数家庭种植玉米、青贮。

农业的现代化在基层主要体现可以从农业机械化带来的人的生计变化了解，机械化使农牧业劳动力投入减少，人们有了利用剩余时间去创造更多的财富。村落内农牧民作为自由从事经济活动的行动主体，他们开始注重自己劳动力转换的效率，积极寻求季节性的好的兼职渠道。

农业机械化是指运用机械设备来代替人力、畜力或手工劳动，实现农业生产的现代化。现今在内蒙古农村拖拉机、玉米收割机、播种机、旋耕机、喷雾器等各种机械都是较为普遍的。当前全国农业机械化程度大幅度提升，农业机械化的迅猛发展改变着农村社会和农业生产方式。机械化的运用能有效改善农业生产经营条件，不断提高农业的生产技术水平和经济效益、生态效益的过程。自改革开放以来，对农业基础设施的改善，使农业生产条件以及产量都有相应的积极影响。

现阶段农业机械主要用于耕种、收割以及灌溉三个方面。最早进入 M 嘎查的播种机是在 1999 年，虽然数量不多，但人们了解了更为便捷的方式之后，纷纷选择排队使用播种机耕种。播种机之后又出现了四轮车 + 旋耕机，使村民能在更短时间内耕地。在灌溉方面出现了水泵灌溉法，即用电力抽水灌溉。最近几年盛行滴灌带，通过铺好的滴灌传送管就能将水直接输送到农作物根部，灌溉的时间与水流的方向完全可以根据需要安排。这些新技术、设备、材料的应用提高了农牧业的生产效率，减轻了农牧民的劳动强度。

农业机械的普及使人们在种植活动当中实现了对劳动力投入的减少，空闲时间越来越多，而村里与之相应带来的变化是家庭养牛的情况越来越普遍，牛群数量开始增加。不同季节村民的日常作业时间安排大致为：春冬季度人们多把时间花在养殖牛羊等劳动；夏秋季节则是农忙时期，将更多的时间花在种植农作物的劳动上，从而形成了一种融洽的，互不冲突的时间表。

现阶段村民除了养殖牛之外还会辅以其他的生计方式。笔者的采访者当中收入显著的两位被访者：一位是有专业的产后护理证书的月嫂，工作期间月收入万元以上，结束月子护理工作后回到村里继续农活；另一位是牛贩子，他在牛市上看到骨架大、没有疾病的公牛会低价买来养一段时间再高价卖掉。此外，M村里也有很多村民跑车，在通辽市、呼伦贝尔市、长春市、白城市等地来回跑，一个月也能获得3000元左右的收入。随着电商的兴起，村民的生计范围也有所拓宽，通过电商平台他们销售自己的农、牧产品，创造更高的利润空间。

五、村民在牧业生产上的技术优化

（一）圈养与放养结合

在M嘎查，主要畜养的牲畜有牛和羊，只有少数几户养马，大多数农户牛羊兼养。羊圈一般都挨着居民住所而建，牛圈紧挨羊圈周围，分为露天圈和暖棚。暖棚主要用于冬季保暖与繁衍期接生。暖季的露天圈安置了水池、青贮窖、凉棚，牛一天的基本活动都能在这一块区域上进行。家畜的饮水方面用机井代替人工挑水，在屠宰方面用机械代替人工，在医疗方面用机械喷头代替人工注射，或在棚圈里导入取暖系统调整棚圈的温度，打草机代替了人工打草。

秋末以及冬季，牧地或夏营地的牧草处于青黄不接状态下，M嘎查的人们会将牛羊放到农田安置一段时间。此时田里处于没有农作物但又有一些杂草和收割遗留的农作物。此时农牧民白天会将牛羊群放置田里，既能清理地里的杂草为来年的种植作物做准备，又能给牛羊增加饲草与活动场地。这种模式在内蒙古东部的农牧交错带比较普遍。

（二）饲草的多样需求

能实现圈养离不开饲草的供应。现阶段 M 嘎查主要的饲草来源是用玉米秸秆制作的青贮。史蒂文·瓦格在他的关于社会变迁的研究中提到以伊尔约伦人因钢斧的引入，一个不那么复杂的技术，而对整个社会系统产生了深远而不可预见的影响与变化。青贮技术的发展对于养殖户来说，是推动更大的经济模式变化的"不那么复杂的技术"。成熟的玉米一般有两种类型的收获，谷物和秸秆。玉米粒可制成玉米面粉给牲畜增加营养，玉米的秸秆有直接风干保存和打碎做成青贮两种形式，这便是圈养的牛一年中尤其是春冬季的主要食物。农户通常选择谷物长得较差的作物用作青贮，在准备好的青贮槽里铺两三层塑料，将加工的青贮装进之后用塑料包裹起来，用土盖上，经过封闭的环境下发酵，制成即不失养分又能充饥的饲料。青贮饲料是整个圈养过程中重要的一环。从图 3-1、图 3-2 可以看到 M 嘎查 20 户按自家牲畜的头数来自由衡量制青贮的量。这一现象与刘贺贺和祁晓慧（2022）对内蒙古农牧交错带的研究中认为具有一定规模的种植业的家庭农场是实现农牧结合的唯一可行载体的结果相同。[①]

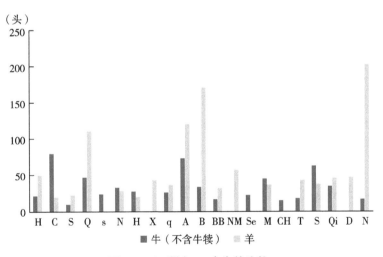

图 3-1　M 嘎查 20 户牛羊头数

---

① 刘贺贺，祁晓慧．内蒙古农牧交错带畜牧业高质量发展研究［J］．北方经济，2022（5）：63-65.

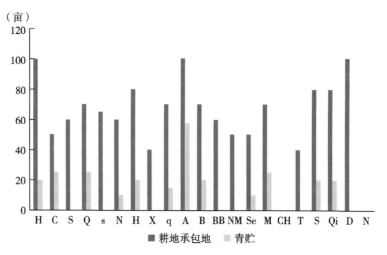

图 3-2　M 嘎查 20 户青贮田亩数

除干草和青贮之外，饲料也是养牛必需品，只有给牛吃大量的饲料牛才会快速膘肥。在科尔沁地区养牛户都会买饲料，有的养牛户买得多有的买得少。因为饲料价格昂贵，且种类多。养殖户经常消费的饲料种类是母牛浓缩饲料和犊牛精料补充料。从表 3-1 中可以看到一年用的饲料种类及效用。

表 3-1　M 嘎查浩斯巴雅尔家养牛需饲料种类及费用

牛	下牛犊数	青贮	苜蓿草	干草	牛犊饲料	玉米面粉	玉米秸秆
24 头	10 头	20 亩 （自家种）	2 万元	1.3 万元	0.6 万元	1.5 万元	1.9 万元

资料来源：来自娜布其的田野调查。

六、人的现代化与农牧民能动性

人的现代化是指人的观念、素质、能力、行为、生活等由传统向现代的转变，是社会现代化的重要内容和主导力量。人的现代化是现代化的本质，因为它是整个现代化的前提，也是整个现代化的目的。人的现代化还包括人类社会整体由传统向现代的转变，这种转变涵盖生产方式的现代化之外还包含生活方式的现代化、价值观念的转变等。农业机械化与畜牧、养殖技术的优化表明两种产业在技术上获得了一定程度的发展，而为家庭生计同时经营两种产业是农牧民在观念上的一大变化，体现了人的现代化在基层的实践形式。

近年来农牧民生活方式的改变是显著的社会现象，这些变化主要得益于科技进步、经济发展以及政策推动。其生活方式改变的主要方面除有生产方式的现代化之外还有生活条件的改善以及文化生活的丰富。随着经济的发展和政策的推动，农牧民的生活条件得到了显著改善。许多农牧区的基础设施得到了完善，如交通、电力、通信等，使农牧民的生活更加便捷。同时，政府还加大了对农牧区养殖业的资助、兽医治疗等公共服务的投入，提高了农牧民的生活质量。现代生活方式的传播和农牧民文化水平的提高，也让他们的文化生活也逐渐丰富起来。许多农牧区建立了文化活动中心、歌厅、台球厅等设施，为农牧民提供了娱乐的场所。同时，农牧民还保留和传承了村落固有文化、习俗，如节日庆典、民族歌舞等，这些活动不仅丰富了农牧民的文化生活，也增强了他们对生活的乐趣。农牧民生活方式的改变是一个复杂而多元的过程，涉及生产、生活、文化等多个方面。这些人的现代化也包含思想观念的现代化，即随着科学技术和社会生产力的发展，人们的思想观念也发生着改变。

人的思想观念的转变是一个复杂而长期的过程，它受到多种因素的影响，包括社会、经济、文化、教育等。随着市场经济的发展，农牧民逐渐意识到现代化生产和市场经济的重要性。他们开始接受新的农业生产技术和经营管理方式，学习市场营销知识，提高农产品的质量和附加值，以适应市场需求，树立了现代化与市场经济观念。农业与牧业的机械化与社会化表明两种产业在技术上达到了一定程度的发展，而将两种产业在家庭生计内实现互补性是农牧民在长期的能动性实践过程中探索出的适应本土的生计模式，也是观念上的现代化的重要表现。面对市场环境的瞬息万变，农牧民不是怨天尤人，而是认真分析涨价降价的规律，科学地控制种养数量，并根据社会大背景或国家政策来调整家庭生产的实践活动。在国家政策面前行动者不是机械的执行工具，而是有自身能动性与习性的实践者。在此过程中农牧民会依靠自身对环境的了解，运用地方性的知识不断地尝试，最终在模糊的实践感的指导下进行生产活动。

总体来看，在现代农业与牧业向专业化、社会化方向发展的趋势下，农业与牧业之间的互动、互补没有走向终结，而是以新的方式、新的形式融合于一体。农牧互补性是将农耕种植业与畜牧业置于同一空间内并在生产环节中有机结合，这一过程既是区域生态条件限制下的资源互补利用，更是围绕两种生计体系形成的地方性知识上的互补。在家庭中，这种互补性体现在通过合理的资源配置和劳动力分配，使家庭生计在畜牧业和种植业领域中达到最佳的经济效益。这种互补性有助于提升家庭成员的收入来源，农牧业与自由性的收入使农牧民的家庭生计多元化提升生活水平和降低生计风险。农牧民在生计策略上的能动性表现在对熟悉技能的有效利用上，家庭生计内的技术融合是区域性的农牧民主体性的主要表现。

在中国式现代化的背景之下，农业与牧业的结合体现为农业的机械化让劳动力投入量减少，伴随的是养殖户牛羊数量的增加并有了更加优化的养殖技术，且有剩余劳动力去发展多元化的小型自由生产业，实现了收入结构多样化。人们在长期的实践探索过程中找到了农牧互补的可能性并运用到家庭生计模式当中是农牧民观念上的现代化的主要体现。在国家政策面前农牧民既不是完全自主的主体，也不是结构决定下的摆设。他们在长期的农业与牧业的互动环境当中遵循地方性知识来运用一种模糊的"实践感"制定的生计策略。中国式现代化的进程正是以农牧互补性方式在家庭生计内的实现投射到农牧民的行为和意识当中并显现出了人的现代化。

第四节　生产工具升级与村落社会生计结构变化 [1]

一、生产界限的突破

继上一节内容之后，本节内容中再列入一段案例来说明在微观生活领域中促成农牧民主动的经济行为的"生活机制"。半农半牧区农牧民对种植与养牛羊的热情是在政策鼓励、产业链条的延长而产生的，同时他们在生计决策上的现有条件和主观能动性也发挥了重要的作用。

内蒙古自治区的农、牧业在分布区域上有着一定的界线，从农牧交错带的研究已在上文中交代，如今随着时代的发展和现代化的推进该界线发生了一定的改变。气候变化、资源紧张、市场需求等因素变化使农牧民家庭生计产生了许多调整，农业和牧业的结合获得了更多的发挥功效的空

---

　　① 本节内容由武林（内蒙古大学民族学与社会学学院民族学专业本科生）；刘丽丽（内蒙古大学民族学与社会学学院民族学专业本科生）撰写。

间。在内蒙古东部区农与牧之间的互补、结合的形成与此区域历史文化、环境特点及生产技术长期积累下的结果。农牧互补模式是将传统农耕种植业与畜牧业有机结合利用，通过地区资源互补利用实现协调发展。这样不仅可以发挥农耕种植业与畜牧业的资源互补优势，还能提高农牧生产综合效益。

农牧交错带是农业种植区与草原畜牧区相连接的生态过渡地带，也可以说是生态脆弱带。半农半牧区与农牧交错带在学术领域的概念是一样的。《地理学词典》中把半农半牧区另称为农牧交错带、农牧交错区等。学者从降雨量、气候、土壤结构来分析农牧交错带的概念。农牧交错带分布斜贯中国东北到西南的区域，是中国生态环境和地域经济的一条重要分界线。现有研究中农、牧结合的生计模式也被视为多种经营。生计多样化是在面对外界环境变化时，农户所采取的多渠道生计策略，有助于提高农户收入、降低生计风险、保障农户生计安全。

中国北方农牧交错带的东西延伸约 1000 平方千米包括内蒙古境内的 8 个盟市。本节所调查的区域属于北方农牧交错带东段的内蒙古通辽市科左中旗区域的后乜吐硕嘎查村，这里是典型的半农半牧区。后乜吐硕嘎查村冬季寒冷，夏季炎热，年降水量在 350 毫米左右，是属于中温带大陆性气候。后乜吐硕嘎查位于通辽市科左中旗西侧 45 千米处，宝龙山镇政府东侧 15 千米处，东与架玛吐镇相邻，西与东苏林场交界，南接白兴吐苏木，北靠海力锦苏木，通让线贯穿南北。全村土地面积为 5 万多亩，耕地面积为 1.3 万亩，有林面积为 2700 亩，草场面积为 2.2 万亩地，[①] 后乜吐硕嘎查村林地在北面火车轨道西北处。

据村里老一辈人所讲自 20 世纪中期这里一直是以农业为主的，家畜主要是耕畜及猪、禽，到近些年村有了畜牧业上的发展，大多数农户都在养牛或羊，畜牧业成为了主要业务之一。21 世纪初村里只有十几户养牛户而如今增加到了 70 余户。近年来国家扶贫政策重点放到了对农牧户技术、设施方面的投资上，2017 年后乜吐硕嘎查一带有国家扶持的盖牛棚的项目，村里盖起来的牛棚按平方米数获得补贴。当地政府扶贫工作中也有鼓励村里的贫困户养黄牛，黄牛由政府出资购买，贫困户养，养够一年牛属于该贫困户。后乜吐硕嘎查村村民生计模式上的转变不仅是因为国家政策，也是农牧民自身在生计转变上的意愿以及转变条件上的便利。

---

① 资料来源于后乜吐硕嘎查村村委会。

二、农村劳动力和时间上的"剩余"

笔者通过这一节来解释为什么现阶段能实现家庭为单位的农牧互动，及农牧民是为何从单一的种植业转变到经营养殖业的。简单来讲其深层原因是生产过程中的逐步变化，主要体现在机械化的普及和农药的使用，这两点使家庭在农业劳动的投入减少，有了剩余劳动力与时间。政府大力支持农区畜牧业发展，以及生产改革的过程使农牧民有条件去实现农牧互动来提高家庭生计。如果没有生产改革实现机械化使农牧民家庭有剩余劳动力或剩余劳动时间的话他们是没有条件去养牛。正因为农业机械化以及农药的使用省去了投入一大部分劳动力与时间才有可能去经营其他，对于家庭而言生计多样是最重要的，就像马晓丽等（2022）在关于农户耕地利用变化的研究的论题中提到为了获得更多的生计资本，农户需要选择多种生计策略来进行多种的生计活动。[①]农牧民生计策略的改革是他们提高收入的主要手段。

（一）农业机械化

农业机械化的迅猛发展改变着农村社会和农业生产方式。农村机械化的是运用先进适用的农业机械装备农业，改善农业生产经营条件，不断提高农业的生产技术水平和经济效益、生态效益的过程。在农业机械化过程中，机械化代替手工工具，提高劳动生产力。目前后乜吐硕嘎查村发展农业的农民都再用农业机械设备。据笔者访谈调查，现在后乜吐硕嘎查村农民每个户具备了基本的机械设备，如拖拉机、玉米收割机、播种机、喷雾器等机械。拖拉机是耕地的基本设备之一，它可以连接耕种机具如犁具、旋耕机等，完成耕地的翻耕、整地和播种等工作。这有助于改善土壤结构，提高农作物的产量和质量。农民有了拖拉机之后在耕地播种等工作中不仅提高了效益还降低了劳动投入。

玉米收割机是一种专业的农业机械设备，主要用于收割玉米作物。它能快速、高效地将成熟的玉米穗割下。在割下玉米穗之后，玉米收割机还可以通过不同的设备去除玉米皮，这为玉米的后续加工省去许多劳动。在十五（2010）年前后乜吐硕嘎查村还没有引进玉米收割机，当时农民都是去田里徒手掰开玉米装进拖拉机车厢里，有的农民是先用镰刀把玉米秸秆一大片割下来然后坐在地上掰开玉米。当时的劳动投入是极大的。一到秋收一个家庭全员出动去收

---

① 马晓丽，彭海英，刘新有．农户生计多样化视角下耕地利用变化的研究综述［J］．农村经济与科技，2022，33（15）：7–11.

割玉米且一上午才能收割一车。当时农民收割玉米又费时又需要极大的劳动投入。现在有了玉米收割机之后劳动投入变少了，省下来大把时间可以去做其他事情。播种机是农牧民在农业生产中非常重要的农业机械设备，是拖拉机上附带的可以快速地将种子撒到土壤上的设备。播种机把种子均匀地分布到土壤中来保证农作物的分密度，实现高效运作。农牧民通过播种机不仅减少人力的投入，提高效率，还能节约大量的时间和人力成本。农业喷雾器是连接在拖拉机上的另一种附带设备。它能够有效地将除草剂、杀虫剂等农药喷洒到农作物上，从而保护农作物不受杂草以及各种昆虫的侵害。农业喷雾器对于农牧民来说大大地提高了农业效率从而降低了劳动投入。

（二）使用农药

农药是现代农业必须的物品。农药用于预防、消除农作物病害。对于昆虫、草和其他有害生物，农药的使用可以确保农作物的产量和质量的同时减少病虫害。经过笔者了解目前后乜吐硕嘎查村农民在农田中使用的农药只有几种，而且所用农药品类有区域一致性。笔者走访后乜吐硕嘎查海宝峰家后得知目前该嘎查村民大部分人用的农药主要两类：除草剂和杀虫剂。

除草剂是用于防治农田杂草或杀灭非农耕地杂草或灌木的化学药剂。当地的农民使用除草剂可以快速地把杂草或灌木灭杀以保证农作物的产量及质量。据海宝峰所述他们家每年会买草甘膦、莠去津、硝磺草酮这三种除草剂来清除杂草，在十几年前后（21世纪初年）乜吐硕嘎查村大部分农民种地除杂草时还是用的锄头，那时候家里的青年、中年、老人都会一起到农田除草，除草投入的时间是现在的好几倍。现在农民在拖拉机上安装喷雾器只需一个人，几天就可以完成以前一个月的工作量。在劳动投入以及时间上大大提高了效率。

杀虫剂的主要作用是控制和消灭各种有害昆虫，从而减轻它们对人类和农业生产的威胁。这些有害昆虫可能直接危害农作物，导致产量下降和质量受损。当前后乜吐硕嘎查农民有一部分人在使用杀虫剂。因为这里虫害不严重，所以有一部分农民为了减少支出不使用杀虫剂。在还没有引进杀虫剂之前村民对虫害没有彻底防范的方法。适量使用杀虫剂可以防止一些虫害来提高产量及质量。在笔者访谈几家农户后得知当地农民会使用吡虫啉、氯虫苯甲酰胺、毒辛等几种杀虫剂来防范虫害，主要防范玉米螟、黏虫、地老虎、玉米蚜虫、蓟马等昆虫。

三、对劳动效率的渴求

农村机械化及农药的使用大大提高了农村农业劳动的效率，农业上需要的成年劳动力每家基本集中在一位成员身上。即使在农作物种植、生长期内村民也有了许多闲暇时间，农活不再是每天日出而作日落而息的繁重重复劳作，而是常常出现阶段性的农闲期，如春季播种阶段种完地再灌完一次之后接着半个月基本不需要再去劳作。在这种状态下村民的劳动投入获得了转移到其他方面的闲暇时间。于是大致从十多年前，村里开始盛行家庭养殖，以养牛为主。当时的牛价与羊价相当可观，对于养牛羊的农牧户来说一年的收入提高不少。从那时开始农户慢慢开始买牛羊来一边种植农业一边发展畜牧业。但由于养羊比养牛在时间以及劳动上的投入大所以养牛户居多。养牛不仅可以让家庭中剩余劳动力劳动起来还可以有一笔不小的收入来用于家庭生计。自此农与牧在村内大多数家庭生计中获得了一席之地两者之间有效衔接，成为了家庭生计的两大支柱。即使在家庭内有农牧两种经营，但村民还会有时间和精力去做其他的事，例如，有的人用三轮电动车在村子和镇之间来回拉人提高家庭收入；有的去附近村里应聘日结工作；也有的用自家的机械化设备来挣一点季度性的收入等。在机械化的现代社会中农民跟上社会的步伐不断地在发展自己的生计渠道，利用信息网络和便利的交通网络，对自己的休闲时段安排了多种"任务"。

通过生产改革农牧民的劳动时间以及劳动力会越来越少，这在现实中进一步促进了半农半牧区农、牧在家庭生计内的结合。对于农牧民来说农牧互动可以把多余的劳动力以及劳动时间投入到多个生计渠道内充实生活内容，提高家庭收益。通过两者之间的资源共享、循环利用实现了优势互补。在家庭生计中畜牧业与种植业不只是在经济上互补，在资源上种植业为畜牧业提供饲料来源，而畜牧业的废弃物则可作为种植业的肥料，形成良性循环。在家庭中，这种互补性还体现在通过合理的资源配置和劳动力分配，使家庭生计在畜牧业和种植业领域中达到最佳的经济效益。这种互补性有助于提升家庭成员的收入来源，农牧业与自由性的收入有助于农牧民的家庭生计多元化，提升生活水平，降低生计风险。

近年来内蒙古自治区政府一直在探索发展农区畜牧业发展方案和规划，明确了进一步强化农区畜牧业的基础地位，提高农区畜牧业的整体水平，继续大力推进农区畜牧业的发展方向。这项规划方案对于东部半农半牧区的农牧民家庭生计互补来说是有重大意义的。现在村民既有农业上的收入又有畜牧业上的收入以及自由性的收入。经过家庭生计互补大部分农民的生活质量提高了，他们的消费也在不断地提升。虽然家庭生计的农牧互补对农牧户的生活水平提高有很大的帮助但不是所有家庭都能实现。因为市场条件的变化牛价在近两年一直在低谷期，一部分家庭在农牧业中投入的成本过高且牛价市场大跌导致他们进入了亏损状态。

调查显示，村民通过家庭生计农牧互补获得了一定收入，但是农牧民日常生活以及在农牧业投入成本中的支出也在不断增高。每年物价都在上涨无论是生活中必需品还是农牧业所需的东西（化肥、尿素、饲料、草料），每年的价格都在上涨这对农民的压力是很大的，大部分农民每年春季使用农业贷款来购买农业所需的物品以及支付孩子上学费用。基本上春季的农业贷款是农民前半年来的支出。到了夏季秋季农牧民就开始买牛羊来维持生计，等到冬天农民把种植收割的玉米卖掉还农业贷款以及填补日常所需。笔者认为，虽然农民通过家庭生计农牧互补模式提高资源利用和优势互补，有效地增加了家庭收入，但是农牧民还是需要合理观察市场经济来实现资源利用。因为市场有诸多因素充满了不确定性农牧民需在农业与牧业市场中来回转变投入，根据市场需求和季节变化灵活调整农牧业的生产规模和结构。

四、另一个村落的场景[①]

兴安盟科右中旗布敦化嘎查坐落在大兴安岭南麓、科尔沁沙地北端，地形为前丘陵洪积台地，北部为浅山丘陵地带，气候为中温带大陆性气候，年平均气温 7.2℃，最高气温 39.9℃，平均年降水量在 300 毫米左右。从布敦化牧场八一二队农户的生产经营状况分析，畜牧养殖业有着举足轻重的地位。根据村主任介绍这里主要种植的农作物是玉米，每户平均年产量在 10 万斤上下，每 10 万斤玉米有 90% 会进入市场，会留下将近 1 万斤的玉米作为畜牧养殖所需饲料，以一家一户的小规模的方式进行养殖。该村年存栏（2023 年）黄牛有600 头，羊存栏 1600 只，生猪 270 头，家禽 300 只，年出栏肉牛 20 头，肉羊600 只，肉猪 100 头。

布敦化嘎查区位条件优良且自然资源较为丰富，作为玉米产量较高的地方，每年产出的玉米秸秆可为该农业发展模式下的畜牧饲养提供丰富的秸秆饲料。此地农用土地宽阔，种植农作物所产秸秆量相当丰富，畜牧业发展与农业

---

① 该段内容由内蒙古大学民族学与社会学学院民族学专业本科生刘丽丽撰写。

发展趋于一致，为发展种养结合生态循环农业提供了强大的优势。布敦化嘎查现种养结合的主要体现在：

（一）秋冬玉米地放牧牛羊

该地区农民因禁牧政策在每年的秋天收成之后进行农田放牧，上午放牧时间为 4 个小时，下午 3 个小时，在此期间牛羊以农田上遗留的玉米籽粒和玉米秸秆为食，而在此期间牛羊粪污会成为玉米地的肥料，玉米地为牛羊提供了非常宽敞的活动空间以及较为充足的食物，这种模式在一定程度上方便了农民，每年开春在种植之前，农户最先要做的工作是清理农田，但是经过牛羊几个月的放牧之后，清理工作就会变得简易方便，也避免了为清理农田而焚烧农业遗留物的难题；对于牛羊而言也解决了冬天没有充足的食物而减膘的问题。在这种模式下，牛羊的活动空间不再是仅限于圈舍，牲畜活动量大，肉质会更好，也能节省冬季一部分的饲料钱，降低圈舍清扫的频率。综上所述，该模式不仅提高了农田的利用率，减少了冬季的一部分饲料的投入、人工投入，降低了成本，并且提高了牛羊的品质。

（二）春夏玉米地放养鸡鸭

该地农户在院舍周围放养鸡鸭，在院舍内搭建鸡舍鸭舍。白天时鸡鸭会自行觅食，到晚上鸡鸭回到圈舍，农户会提供一定的饲料在圈舍中，但是对于鸡鸭最重要的食物是野草。在玉米地里放养鸡鸭，鸡鸭在玉米地吃杂草、虫子等，而鸡粪也会成为玉米地肥料，玉米地为鸡鸭提供了充足的活动空间。该模式以玉米地为主，养鸡鸭为辅，适量的鸡鸭能够遏制玉米地的一些杂草，也可以有效地减轻虫害。

在调查中发现，该村养殖规模均是小规模养殖，该村的养殖户主要集中在 30~55 岁的年龄段，其中 40 岁以上的养殖户占高达 70% 的比例。该嘎查的情况表明，现阶段半农半牧区村落内人们在利用现代技术同时，每家除了经营农业以外，还会经营另一项"业务"，不一定是牛羊，也许会养家禽和猪，而且从规模上比，不像 20 世纪八九十年代以家庭自给为目标的，是以小规模养殖为出售而养殖的。总的来讲，现在的农牧村里村民变得更加忙碌，而不是因为机械化程度高而闲下来，人们通过"身兼数职"增加了家庭收入。

第五节　城村互动模式下的
农牧民观念转变 ①

一、边境小城镇建设与农牧民职业观念变化

此次调查点位于内蒙古巴彦淖尔市乌拉特中旗，主要调查口岸城镇与周边嘎查农牧民生活之间的经济联系，即口岸城镇对农牧民经济活动所带来的机遇。该段内容中骆驼协会是一条较为有趣的线索，嘎查老书记带头建立的红驼协会为农牧民积极参与经济、文化活动创造了良好的条件。

（一）口岸小镇的崛起

甘其毛都镇 2012 年成立，全镇总面积 4317 平方千米，中蒙边境线长 92 千米。镇区面积 2.2 平方千米。全镇户籍人口 959 户 2162 人，现镇区居住人口约为 6700 人，从事商业活动蒙古国人员 16 户 34 人，个体工商户有 641 户 1990 人，公司 196 家 2146 人，蒙古国务工人员 100 余人，从事煤炭运输司机 2430 余人。② 镇人民政府驻地设在甘其毛都口岸。

虽然小镇成立于 2012 年，但在"一带一路"倡议的支持下，已经被列入国家级边境口岸型城镇。甘其毛都镇是巴彦淖尔市著名的驼乡，是戈壁红驼的主产区，有大畜 8780 多头，羊 4 万多只。甘其毛都镇是巴彦淖尔市北部边疆重要的工业集中区，依托众多资源优势具有发展边境草原旅游的潜力巨大。

甘其毛都口岸具体位置位于中蒙两国边境线 703 号界碑处，界标对面就是蒙古国南戈壁省汉博格德县嘎舒苏海图口岸。甘其毛都口岸距南戈壁省达兰扎德盖德市 290 千米，距蒙古国首都乌兰巴托市直线距离 610 千米，是距离乌兰巴托市最近的中国口岸。甘其毛都为蒙语，汉语译为"一棵树"。甘其毛都口岸是从临时过货点发展到了边境交易重镇的。1989 年 12 月 20 日，甘其毛都口岸经内蒙古自治区人民政府批准，成为对蒙边境贸易临时过货点；1992 年 6

---

①　本节内容中的第二至五部分由苏日古嘎（兰州大学历史文化学院民族学专业硕士研究生）撰写。

②　资料来源：2024 年 1 月调查期间由口岸办公人员提供。

月 4 日，正式成为国家一类季节性双边口岸，同年 7 月开通口岸，成为巴彦淖尔市向北对外开放的唯一国际大通道；2004 年，实现煤炭进口在非开放期间临时开放点，5 月 28 日，蒙古国原煤正式通关；2007 年 9 月 12 日，经国务院以国函（2007）85 号文件批复甘其毛都口岸扩大规模成为中蒙双边常年开放的边境公路口岸，12 月 27 日，海关总署发文批复同意设立乌拉特海关；2009 年 6 月 3 日通过国家常年开放正式验收，8 月 17 日，国务院正式批准甘其毛都口岸常年开放，8 月 28 日，乌拉特海关正式挂牌成立，9 月开始正式常年开放；2012 年经内蒙古自治区人民政府批复设立甘其毛都镇。

甘其毛都口岸是巴彦淖尔市对外开放的前沿阵地，内蒙古西部重要的对蒙开放贸易通道和连接欧亚大陆的重要纽带，"中国脊背"上的国际边贸城。甘其毛都口岸对应蒙古国南戈壁省嘎顺苏海图口岸，对外甘其毛都口岸将辐射蒙古国南戈壁矿产资源富集的省份，对内辐射内蒙古以及中国内地。甘其毛都口岸大量进口蒙古国原煤，主要出口农副产品、服装和日用品。甘其毛都口岸将会是中国与蒙古国、俄罗斯之间的交易重镇。甘其毛都口岸作为国家一级陆路口岸，常年通关，口岸功能日益完善，是连接蒙古国、俄罗斯对外贸易的重要通道。蒙古国南戈壁省矿产资源富集，其中塔本陶勒盖煤矿（TT 矿）、奥云陶勒盖铜矿（OT 矿）是世界级的大型优质煤矿和铜金矿床。甘其毛都口岸被视为中蒙合作开发矿产的最佳通道。口岸基础设施建设累计投入资金近 120 亿元，是一座宜居的初具现代化的国际性口岸，是自治区第三大口岸之一。

甘其毛都镇的建设是加快发展口岸经济发展规划的结果，口岸小镇的发展方向与重点上重视构建打造内外联动、开放型产业体系，口岸经济"核心—外围—腹地"圈层结构的思路[①]下，"一带一路""中蒙俄经济走廊"建设对边境少数民族地区带来发展经济的新机遇，通过优化口岸贸易结构及产业结构、完善双边基础设施建设，能够促进综合经济开发带动腹地发展。[②]

（二）图古日格嘎查的五十年

图古日格嘎查是紧邻口岸小镇的纯牧业村落，行政规划上下辖甘其毛都镇。1963 年 7 月，巴音杭盖苏木成立后次年图古日格嘎查成立，位于乌拉特

---

① 李燕，徐北静."岸—城融合"视角下的沿边口岸城镇产业规划思考与实践——以内蒙古自治区甘其毛都镇为例［J］.小城镇建设，2018,36（10）：92–98.

② 苏日娜.乌拉特中旗甘其毛都口岸经济发展的调查研究［D］.内蒙古师范大学硕士学位论文，2019.

中旗北部边境区域，距离中蒙边境 105 千米处。该嘎查所在的巴音杭盖大草原曾是适合游牧业的富饶草原，是乌拉特中旗北部重要牧业区域。

根据笔者调查了解，图古日格嘎查草场承包是从 1984 年开始的，首先是分包牲畜，1988 年草场划分到户，但当时只有每户草场的面积、位置的登记图册。1998 年时嘎查还留有一定面积的共有草场，当时嘎查草场面积为 181.6 万亩，承包到户的面积为 177.27 万亩，全嘎查人口共 387 人，106 户。图古日格嘎查户均草场面积在 1.6 万亩左右。其次再从每户分到的草场面积划分，图古日格嘎查现阶段的草场承包面积存在一些不均衡现象，这主要是最初划分草场的时候是根据每户人均 3000 亩的标准去划分的。因此，1998~1999 年的嘎查户口数对应的人口数量决定了现今的每户草场使用面积。仅从图古日格嘎查目前十户农牧民[①]的情况来看，1998 年后，十户农牧民的每户草场需求情况发生以下四个重大改变：①1998 年分包到户的草场现在养活的实际上是 1998 年时的每户家庭的孩子，他们现如今都成家立业有了自己的子女，而这些孙辈一代的子女均处于义务教育阶段；②在十户人家中，有 1/3 的家庭的子女实际上已不在嘎查或乌拉特中旗，大部分到了其他地方工作生活，但户口还留在嘎查内的人仍继续保留着对草场的使用权以及补助款项；③十户人家中也有不到 1/3 的人家，由于划分草场时户口上仅有两人或三人，到了后期因婚姻、生育添加了人口，但未能再分得更多的草场，如今草场面积人均无法达到 3000 亩的情况；④十户中有 1/3 以上的家庭草场上因矿产开发或道路修建占去了一部分草场，从而突破了单纯的草畜矛盾，而升级到了企业、牧户之间的种种不和谐状态，矛盾呈现出了多样性。

图古日格嘎查 2012 年时的人口、户数（264 户，769 人）与 1998 年时的人口、户数（106 户，387 人）相比较，很明显，在面积有些缩小的草场上（1998 年 181.6 万亩；2012 年 178.6 万亩）需要承载更多的人口。从 21 世纪初的围封转移为主的牧区生态保护政策的倡导下，图古日格嘎查农牧民在 21 世纪开始的十年里，近半数以上的人户迁移到了附近城镇。

牧业政策实践处于"非均衡"[②]状态，如同他们所拥有的草场环境的非均

---

① 图古日格嘎查这十户人家分别是农牧民 NU（59 岁，男）、SD（57 岁，男）、EB（59 岁，男）、B（55 岁，男）、EH（55 岁，男）、BY（58 岁，男）、L（72 岁，女）、UN（75 岁，女）、ACH（57 岁，女）、ZS（52 岁，女）家庭。他们是本项调查中采访资料较全面的牧户。采访时间段集中在 2012 年 8 月。主要采访人和记录人为那顺巴依尔、温都日娜、陈红、红岩等。

② 王晓毅，张倩，荀丽丽等.非平衡、共有和地方性：草原管理的新思考［M］.北京：中国社会科学出版社，2010：3-17。

质性。在农牧民的生活日常中，虽然需要将政策实践作为一种必要的常量来计算，但这只是多项必要常量中的一类。草场承包责任制之后，农牧民群体中对于以家庭为单位的草场使用方式有着不同的态度，但对于家庭为单位的草场使用模式的利与弊，可以说在每个能够自主经营畜牧业的农牧民心里，都有着一把算盘。

为治理草原退化、沙化，乌拉特中旗旗委、政府按照"分区禁牧、分期休牧、划区轮牧"的发展思路，加强天然草原的保护和建设。2002~2014 年，先后实施了 12 期退牧还草工程。该嘎查从 2002 年开始划片禁牧，逐步从北向南的方向（边境线往南）实施全面禁牧，2012 年后实施了根据草场面积可放牧少量牲畜的禁牧模式。乌拉特中旗执行的禁牧相关政策中出现的每户牲畜数量限定在"100 只羊单位"内的规定，在上述十户图古日格嘎查农牧民采访中的回应是"100 只羊太少，只够吃"，"如果能增加到 200 只左右是最好的，除了吃以外还能维持家计。再多的我们现在的人力也不够使"。于是这些家庭中不能外出务工，政府补助又不够付清支出的家庭，均想办法租用了草场，坚持让畜群规模维持在 200 只以上的数量。

（三）戈壁红驼和协会

图古日格嘎查一带的草场中荒漠、半荒漠、沙丘陵地占总面积的 45% 以上。草场主要以灌木为主，牧草主要由梭梭、柠条、珍珠草、虎尾草、白沙蒿、绵蓬、白刺等。这些牧草的最大特点是耐旱，而且营养丰富，适合戈壁上生长，从而形成了骆驼赖以生存的独特自然环境。骆驼是乌拉特地区重要的牲畜，也是该地区荒漠草原生态链的重要组成部分，素有"沙漠之舟""草原精灵"的美誉，因毛色被称为戈壁红驼。骆驼兼有毛、肉、皮、乳、役等多种用途。驼绒是上等的纺织原料，驼肉是低脂高蛋白的天然绿色食品，并且肉量可达 400 千克。驼乳富含维生素 C，有着重要的营养价值。驼皮和驼骨分别是制革原料和骨雕、化工原料。此外，驼掌、驼脂、驼峰等具有较高的经济价值。

国家"退牧转移"战略下，保护红驼与保护生态之间的矛盾开始凸显。2002 年之后，图古日格嘎查农牧民因所在区域旱灾及矿产开发而出现的环境不利因素，在禁牧、生态保护号召下，开始迁入周边城镇，开启了城村互动的生活。城镇内的生活虽有政府补助，但开发新的生计渠道的问题仍是迫在眉睫的问题，因此，嘎查领导带领农牧民另寻经济收入来源。他们根据独特的地方自然环境以及地方特色的家畜结构，图古日格嘎查党支 EH 带领部分养驼牧户创建了"图古日格戈壁骆驼协会"，开辟了以乌拉特蒙古族驼文化为主的文化产业化的道路。2008年，他提出"支部＋合作经济组织"，由嘎查党支部牵头，把党员和牧户组织起来，创办各类专业合作社（协会）。该协会坚持"民办、民管、民受益"的原则，党组织领导，发动农牧民群众，同协会在技术、信息、市场、资金上的优势有机结合，使党支部与协会、协会与牧户相互结合，良性互动。

图古日格戈壁骆驼协会创建以来得到当地政府的大力支持。当地政府以直接财政拨款的形式支持协会，拨付活动费、技术费、资料费和参观考察费各类活动费用等。另外，协会利用收集社会资助和收取一定会费来拓展协会各项运作。2016年，红驼协会拥有1000多峰骆驼，开展一系列传播驼文化的活动来带动农牧民增加收入。其中，以协会为平台，牧户开始发展草原红驼文化旅游业，为游客提供民俗饮食、民俗文化等特色服务。协会以家庭式旅游业为主，带动文化旅游业促进农牧民收入。协会成立后，参加过乌拉特后旗骆驼比赛、乌拉特中旗那达慕、甘其毛都镇民族风情节等各地开展的骆驼比赛、骆驼表演活动。协会还带领农牧民，重新认识红驼的经济价值。该协会还为养驼户提供信息、技术、营销和培训等方面的服务。协会带领农牧民发展专业化的养殖经营道路。充分利用戈壁红驼的经济价值，建立加工、生产、销售一条龙的产业链，发挥"支部＋协会"的模式，使农牧民得到实惠，增加了收入。

2024年2月在甘其毛都镇进行了那达慕名为《"一镇一品"丝路红驼草原文化旅游节暨"富饶杭盖"那达慕》。此次那达慕就是由"戈壁之宝骆驼事业协会"承办的。"一镇"表示鼓励和支持乡村资源型产业发展与基础设施建设的有效对接；"一品"是指在本地经济优势的基础上培养一些知名度高并有一定美誉度的农产品知名品牌。戈壁红驼文化则是提高知名度的主要内容。戈壁红驼文化作为乌拉特非物质文化遗产，除了图古日格嘎查以外，还有多个嘎查参与其中，它们举办的那达慕基本上都是有两个旗（乌拉特中旗和乌拉特后旗）轮流承办。农牧民通过"戈壁之宝骆驼事业协会"参与品牌建设的同时获得更多的经济收入。[①]

（四）新的机会和牧民的"算盘"

本段列入了几段农牧民的生活规划，他们的规划中显示，在农牧民身份有

---

① 资料来源：内蒙古大学民族学与社会学学院本科生苏伦嘎2024年1月在甘其毛都镇的调查。

所改变的情况下，大家在城镇环境下更多考虑的是如何让生活可持续，大家想到的方法是持续保持农牧民身份基础上寻找更多的挣钱机会。牧业被牧民视为"家底"，对其他行业的选择上也尽量保住这份"家底"基础上尝试新的职业身份。经过十几年在城镇市场环境下完全转变身份，完全进入城镇的农牧民是少数的。城村互动模式下农牧民的规划仍在保持保留一定"家底"的理念，但对市场提供的挣钱与新的职业机会人们更加关注，"算盘"里对身份和职业的理解上更加多元与包容。

牧民 NU（59 岁，男）的计算方式：我现在在城里（海流图镇）开出租车，这辆车 18000 多元买的，已经开四年了。嘎查里我家有 4000 亩草场，禁牧后每年补助是 4.95 元 / 亩。我是在 2008 年以均价 130 元 / 只的价格把 320 只羊全部卖了，很心疼，现在一只羊都没有。吃肉都得买。如果以后禁牧结束了我再重新修正棚舍、买一些羊怎么也得有 20 万元才能起步。禁牧政策变化多。2006 年之前搬迁到镇里的牧户有房屋可以分，之后的人什么也没有。我现在住的砖房是 2008 年禁牧进城以 10 万元的价格自己购置的。

牧民 SD（57 岁，男）的计算方式：在划分草场时，我们有八口人分到了 2 万亩左右的草场。我是 2006 年禁牧时把所有牲畜全部卖出去进城的。申请到了我们现在住的农牧民村的房子。当时说的是禁牧五年，现在五年已经过了，所以我的儿子回嘎查里放牧骆驼了。当时的禁牧补助是按 4.95 元 / 亩算的。我们有三家人共同使用草场，按照现在的政策我们可以放牧 300 只羊，我们有 80 峰骆驼，数量超了一点，但是完全按照政策去限制的话，我们的生活很难保持现有水平。

牧民 EB（59 岁，男）：我们有两块草场，接近边境线的 9000 亩和另一块靠里一点的放牧骆驼的草场，两处加起来 15000 亩。禁牧之前我们有 600 多只羊，禁牧后把羊群包给了其他嘎查的人。去年（2011 年）我们把羊群接回来了。包出去之后，出的羊羔都归那家人。他们那边前年才禁牧的。现在我们只有不到 100 峰骆驼。马和牛都不养了。2006 年禁牧后给我们在镇里安排了房子。禁牧的五年雨水也好，草场的确有恢复。现在我的这片草场上，这样的草势 200 只羊应该没有问题。现在禁牧区域的草场界限不像边境线那么严控，但是我被罚过两次，罚一峰骆驼 50~60 元。禁牧的五年我们有 4.95 元 / 亩的补助，我们就到甘其毛都口岸生活区开了一家餐馆。有一处蒙古包，旁边有一住房。餐馆收入不是很稳定，主要是跟公司签订协议给蒙古国的司机做饭。一般都是饭票制，由公司统一结算饭钱，后来改革成把饭钱发给司机。我们大概经营了半年的餐馆，主要是我的爱人做饭。半年挣了 20 万元左右。我偶尔也会跑一跑三轮车，一天也能挣 200~300 元，坚持了一年多。今年我们以 1200 元/月的价格把口岸里的餐馆租出去了。这些年也就那一年的收入高一些，加上餐馆、三轮车收入，净利润十几万元。在支出方面大的主要是房产，当时搬迁时说会把镇里的搬迁安置房屋以 5 万~6 万元的价格过户给我们，但一直没有实现，我们不需要交房租。现在的政策是如果在嘎查里盖房子会补助 2 万元，我就盖了这套房子，一共花了 4 万元。在甘其毛都经营餐馆时，需要买水，一大桶 20 元。我们现在除了自己的草场外还需要租旁边邻居家的草场，不然没有办法放 200 只羊，0.6 元/亩/年的价格租了 5000 亩草场。其他的开支都是生活必需品和孩子身上的开支。

牧民 ACH（57 岁，女）：我家有 1.1 万多亩草场。两个孩子都上了大学，姑娘还没有工作，和丈夫（公务员）一起在镇里（海流图镇）生活。儿子在北京上大学，毕业后就留在北京工作。我家草场是从 2007 年开始禁牧的。我把羊都卖了，大羊和小羊分开买的，最贵的 310 元。去年（2011 年）开始，说是能养 100 只羊，我就又开始养羊，但是羊的数量太少，放牧不好管理，到处跑。所以我处理了羊，去乌拉盖花 16 万元买回来 20 头牛（西门塔尔牛），其中包括一头种牛。我 9 岁念了半年的学，一辈子放牧，别的也不会，这里虽然适合放牧骆驼，但我 19 岁时放过一段时间的骆驼，不太会养。我家以前羊群到过 1000 只，太多了，孩子都出去上学了，就我们两个人看管，就卖了一部分。去年，我们买了 1 万元的草料，大的开支除了买牛的 16 万元，还花了不少运费，把牛运到家里。我家旁边的金矿矿主换了一个又一个，他们占用了我家草场，我去找了旗长，也去找金矿领导，反反复复地找，今年最后说要给我们补偿 30 万元，但是连 5 万元到现在还没有给呢。金矿上的人太杂，那些人，连双宿双飞的鹤都不放过，打一只吃掉的人。自金矿来我们草场开始我家丢过 11 头驴、丢过 14 只山羊，周围牧户也三五只羊地丢过。草场上的车辆碾压痕迹更不用说了。

在调查中，和受访对象聊到收入与支出相关内容时，很少有人把日常支出一一列举出来，而是试着告诉采访人关于他们如何保住畜群的方式以及劳动投入应该在哪些方面。保畜方法中包含了租草场的价格、买干草的支出、包畜群的乡规民约以及如何才能再次成功回归放牧生活的想法等内容；劳动投入重点上一般都会考虑周边城镇，尽量家里空出来一人在城镇经营一些生意，也可以是临时的打工。与年轻人不同，在 50 岁左右的牧人经验里，最能靠得住的生活常态应当是自己熟悉的畜牧业挂上钩才可以。EB 家的生活在禁牧之前和之后都相对安稳、富足。他们家在禁牧后甚至利用牧业"闲暇"，到甘起毛都口岸经营起了餐馆，生意还很不错。但在他看来这仅是打发"闲暇"的权宜之计。他说："我和老伴儿就在我的Nutug（指牧区的家乡）上养老，还是这里好，比镇里舒适，以后孩子想在这里继续放牧过日子，房子、电、水都准备好了，他们接着生活就方便了。"ACH女士的"算盘"里，想得更多的是如让"从小没有好好学习、只会放牧的自己"和丈夫继续与家旁边的金矿相处，又能在禁牧持续的情况下让畜群变得好管理一些。

从采访到的大部分家庭的收入与支出情况来讲，进城之后虽然现金收入会提高但支出也会增多。同时，把畜群全部处理的农牧民心里会产生"没有家底"的不安，因为城里找的工作常常是临时的。当有一天自己衰老时，就会失去挣钱的能力，"变成子女和国家的负担。"转包或租草场的形式保住畜群的大部分牧户，实际上是拿着禁牧补助和城镇务工所得收入，在等待着国家牧业政策的再一次调整，时刻准备着回到自己真正的牧业生活上。

图古日格嘎查所处的草原区域较适合驼群生存，但同时图古日格嘎查邻近中蒙边境线，驼群放牧习惯又很容易使其走出国界，因此国际之间的实体物理界限越发明确的当下，放牧驼群的草场一直设定在驼群几天的脚程之外。同时，根据图古日格嘎查牧户的解释，骆驼的饲养技术不同于羊群和牛群，能够放牧、饲养驼群的人家几乎都是代际传递而形成，是技术、经验传承的过程。也因管理驼群的难度，上述十户人家中只有三户人家曾经或现在拥有驼群。

草场禁牧之后，牧民认为4.95元/亩的完全禁牧方式不可取，那样很容易使牧民失去家底。为了克服可能会"失去家底"的困难，牧民采取了各种措施。但在整个措施中，多数牧民家庭保住的往往是羊群。等到禁牧政策变化之后，重新恢复放牧的家庭开始经营的也几乎都是羊群。其中也不乏有着敏锐的市场意识的人，根据市场需求与自家畜群之间的关系，试着将羊群转换成了牛群。牧民ACH认为，除数量太少的羊群不好管理之外，她把畜群转换成牛群，考虑到市场需求与竞争，嘎查里养羊的人多，羊毛收购价格也不高，但奶制品在镇子里的需求却很大，养牛可以持续出售奶制品挣钱。

在畜群规模上的改变，实际上不仅仅是禁牧政策的限制。图古日格嘎查牧民家庭人口情况表明，每个家庭能够投入到牧业上的劳动力都有限。每一家庭能够从事牧业劳动的人，超不过三个人。再加上雇佣劳动力（放牧畜群的人）的薪金和租用草场的租金每年在递增的趋势下，畜群数量很难会有突破性的增长。牧业政策转变、牧业技术和经验的传承以及牧民对市场需求的敏锐洞察，使得他们在现有的条件之内，对所经营畜群数量、种类有了取舍，对于"五畜"（牛、马、绵羊、山羊、骆驼）理想型的结构不得不做出调整和取舍。每个家庭畜群结构所呈现出的单一性，进而也促进了城镇市场的必要性。城镇成为了牧业社区所必须的交换、获得生活必需品的场所。城镇从而成为了牧民家庭不可或缺的场地之一。

随着口岸市场的发展，牧民的生活规划中加入了更多的利用该便利条件的规划。在苏伦嘎2024年1月从甘其毛都镇调查了解到的情况包含了牧民在口岸获得经营性收入的情况，除一位加工出售奶食品较成功的案例外，有一位"养车人"的事迹。阿拉腾图拉嘎尔是口岸独有的"养车人"，即他出资购买了大型货车，雇佣他人开车在中蒙边境之间运煤。从访谈中得知了他在2017年的时候就已经开始做此类生意，由于疫情一度陷入困境，回家经营牧业，疫情后又开始了养车行当。他认为煤炭作为重要的能源资源，在口岸地区有着广阔的市场前景，如今他已经创立了中蒙国际运输公司，专门经营口岸运煤行业。

二、社会流动性与农牧民代际观念差异

人的经济行为与观念转变之间的相互性并不是显而易见的，首先是观念的变化需要经过较长时段的积累之后从代际之间的对比中才能觉察；其次是观念的更新是保留与扬弃交替的过程，因此对社会生计活动的考察，在一定的时间跨度之内最终的结论是要回归到能够反映社会整体变化的观念转变之上。

随着乡村振兴战略的深入，城镇和乡村之间的二元模式有所改变，逐步走向相互依存、相互促进的关系。党的二十大报告中强调坚持城乡融合发展，畅通城乡要素流动。政策性的支持转而进一步促进了城乡之间的流动。第七次人口普查结果显示在乡村居住的人口为50979万人，[①]乡村人口仍然是国内人口的重要组成部分。在本节内容的二至五部分利用内蒙古自治区通辽市奈曼旗固日班花苏木苏布日干塔拉嘎查艾吉佰村的调查从婚育观阐释城村互动模式下的农牧民生产、生活观念的深刻变化。艾吉佰村是一个较为典型的半农半牧区乡村社区。伴随城镇化人口流动增加，内蒙古东部区村落社会生计结构及社会观念产生了极大的改变。如果说生产生计调整是显性表现的话，以村落代际之间的

---

① 第七次全国人口普查公报（第七号）——城乡人口和流动人口情况［J］.中国统计，2021（5）：13.

观念差异是更为隐性的内容。村落社会年轻一代人与上一代人相比，代际之间的观念产生了明显的差异。

婚姻作为一种社会现象，婚姻家庭观变化能够直接体现社会整体观念的变化。本段将研究时间段集中于 20 世纪 50~90 年代，以 40 年间乡村社区内代际之间婚姻相关的社会观念变化为题，在调查基础上深入阐释多民族边疆地区村落社会在城村互动模式下的深刻变化。婚姻观念是人们对婚姻和家庭所持的看法和态度，[①] 是一定的生产方式所决定的伦理观念在人们头脑中的反映[②]，也是特定的社会关系在人的意识上的反映。[③]通过婚姻选择能够反映出人们对择偶要求，维系夫妻关系的态度和观念。[④] 婚姻观念是指人们关于恋爱、择偶、家庭、生育、离婚等婚姻过程的认识和态度，是世界观、人生观、价值观在婚姻过程方面的反映，[⑤] 能够体现社会一定时期内的经济、政治、文化变化的主要因素。[⑥] 人们对婚前恋爱、婚姻生活以及婚恋过程中性爱取向的基本看法，是人们对待婚姻和恋爱的内在标准和主观看法并且婚姻观念是个体对配偶的选择和个体对未来婚姻、家庭的责任和义务的承担都有很大的影响。[⑦]婚姻观念作为一种社会意识，是支配人们处理婚姻关系的准则。[⑧]针对现阶段婚姻观念的变迁所带来的影响，研究认为当前各民族之间通婚地域范围扩大，择偶标准由家庭本位向个人本位转变[⑨]，婚姻观念正从封闭走向开放，为各民族在城市化进程中的共同发展奠定了良好局面[⑩]，也出现了婚姻道德义务感弱化、婚姻家庭的稳定性降低，婚姻成本增加的情况。[⑪]内蒙古地区婚姻观

---

① 慈曾妮.中国现代婚姻观念现状及思考 [J].青年时代，2017（2）：2.

② 单光鼐.中国青年婚恋观的变化趋势 [J].青年研究，1986（7）：1-6.

③ 杨善华.城市青年的婚姻观念 [J].青年研究，1988（4）：29-36.

④ 董印红.傣族女性婚姻观念的田野思考 [J].楚雄师范学院学报，2006（2）：60-65.

⑤ 王妤.甘肃农村婚姻观念的现状及变迁原因分析——基于对甘肃省武威凉州区的调查 [J].和田师范专科学校学报，2012，31（1）：6-9.

⑥ 张坤.玛纳斯县回族婚姻观念变迁研究 [D].石河子大学硕士学位论文，2014.

⑦ 苏红，任永进.国内外大学生婚恋观研究综述 [J].河南职业技术师范学院学报（职业教育版），2008（2）：81-83+107.

⑧ 徐云鹏.浅析婚姻观念的转变 [J].人口学刊，1988（2）：26-29.

⑨ 龙翠芳.少数民族流动人口婚姻观念与状况调查——以贵州两个农村社区为例 [J].黑河学刊，2011（3）：147-149.

⑩ 德力米拉.发展中的选择 [D].兰州大学硕士学位论文，2018.

⑪ 桂玉，俞宁.一个乡村中的婚姻观念变迁——基于安徽省潜山县 C 村的调查 [J].云南农业大学学报（社会科学版），2015，9（4）：11-17+113.

念变迁的研究提供了多个详细案例，如烟台营子村案例①、巧报村案例②、阿鲁科尔沁旗扎嘎斯台镇案例③、呼伦贝尔市案例④、达斡尔族婚姻观念变迁案例⑤，等等。

随着城市化进程的加速，城市和乡村之间的距离变得越来越近。学者也注意到这一点，有关城乡流动背景下婚恋观念的变迁研究便迅速发展起来。随着城乡流动引发的民工潮和城市生活观念影响的加深，给农村年轻人的婚恋模式带来了碰撞和调整，在陌生婚恋场域下的选择与熟人场域下的选择有着较大差异。⑥城乡流动背景下青年农民工的婚恋产生了一定的困难，在城镇化过程中农村婚姻观念便会面临更多的调整。⑦城乡一体化背景下农村中、青年农民的婚姻家庭观有着极大的变化，这与他们所面临的生计、就业机会相关。⑧在流动视角下客家农村婚姻家庭研究中呈现出了年轻人在婚姻选择上的自主性。⑨在牧区城镇化视角下的研究中藏族婚姻家庭也同样表现出了适应社会制度和经济发展的转变意愿。⑩在流动性的背景下农牧村婚姻家庭也面临着诸多问题，例如，城乡流动背景下的婚姻挤压对农村婚姻暴力的助长⑪，城乡之间的流动导致农村婚姻家庭观念出现情感功能淡化、婚姻高风险增加⑫，在都市化发展

---

① 王志清.农区蒙古族村落中的族际通婚及其演变——以烟台营子村为个案［J］.湖北民族学院学报（哲学社会科学版），2009，27（5）：26-30.

② 其布日哈斯.都市化进程中的乡村婚姻家庭生活变迁探析［D］.内蒙古师范大学硕士学位论文，2011.

③ 额尔敦吉日格.阿鲁科尔沁旗族际通婚变迁研究［D］.内蒙古师范大学硕士学位论文，2022.

④ 王淑梅.当前呼盟的婚姻观念正在悄然转变［J］.内蒙古统计，1998（3）：48.

⑤ 娜仁其木格.简论达斡尔族婚姻观念变迁［J］.呼伦贝尔学院学报，2019，27（5）：1-3+11.

⑥ 周献德.城乡流动背景下农村青年婚恋模式的变迁——农村新婚恋"场域"的形成与影响分析［J］.河北农业科学，2009，13（10）：141-143.

⑦ 赵维伟.城乡流动背景下青年农民工的婚恋困境及原因浅析：基于布迪厄场域理论的视角［EB/OL］.https://www.lishiyushehui.cn/article/item/294,2010.

⑧ 杜智佳.城乡一体化背景下农村中青年农民的婚姻家庭：基于对东北地区吉林省X村的实证调查［D］.华中农业大学硕士学位论文，2012.

⑨ 郭迅羽，周大鸣.流动视角下客家农村婚姻家庭变迁：以梅州市大埔县百侯镇为例［J］.学术研究，2023（3）：68-72.

⑩ 卢桢.牧区城镇化视角下马蹄藏族婚姻家庭变迁研究［D］.兰州大学硕士学位论文，2020.

⑪ 李成华.城乡流动背景下婚姻挤压对中国农村婚姻暴力的影响研究［D］.西安交通大学博士学位论文，2017.

⑫ 邓寒竹.城乡生活方式对撞下农民婚姻家庭问题的思考［J］.重庆邮电大学学报（社会科学版），2008（S1）：140-143.

下土默特蒙古族家庭价值变化而生育意愿产生变化[①]，等等。以上以城乡流动为背景对婚姻研究表明，随着城市和乡村之间的交流和互动的增加，对个人生活、生计及观念产生的影响是多方面的，社会性的关于婚姻观念的新的改变都是伴随生计模式的转变而产生的更深刻的变化。

（一）在艾吉佰村的调查

本节调查地点在内蒙古自治区通辽市奈曼旗固日班花苏木苏布日干塔拉嘎查艾吉佰村，之所以选择奈曼旗艾吉佰村，是因为笔者在本村长大，熟悉该村的历史及现状。笔者以艾吉佰村为调查地点，通过直接观察、参与生活、访谈交流等方式进行了为期一个多月的集中调查。艾吉佰村是位于内蒙古通辽市奈曼旗固日班花苏木苏布日干塔拉嘎查。该嘎查辖两个自然村，艾吉佰村是其中之一。该村所在区域曾遭受过洪涝自然灾害。因此村内人口流动也相对多，灾后搬入过新的住户。

艾吉佰村与塔甸子、赛罕塔拉及满都呼村相邻。艾吉佰村共有 40 户，并且这 40 户人家分布非常密集。同时 40 户大多数为主干家庭，还有部分为核心家庭。艾吉佰村有汉族和蒙古族村民，蒙汉两族在村落中交错居住，和睦相处，在经济生产和社会生活中有着密切联系。艾吉佰村总土地面积 22900 亩，其中耕地约 8000 亩。该村主要收入来源为种植业和养殖业，种植业以玉米为主，因此大多数人家户都是农牧交错的经济生活方式。在该村东南建有阿吉奈怪柳旅游区，占地面积 2000 亩。

笔者分别在 2022 年 1 月 11 日至 2 月 13 日、2022 年 6 月 20 至 7 月 13 日、2023 年 7 月 30 日至 8 月 20 日阶段性进行访谈。在访谈的过程中收集了 11 户人家、大概 26 人的深度访谈资料。被采访人员信息如表 3-2 所示：

表 3-2　艾吉佰村被访人员信息

序号	姓名	性别	年龄	文化程度
1	BLTGS	男	50 岁	小学
2	BJH	女	53 岁	小学
3	JRMT	男	47 岁	小学
4	ALMS	男	34 岁	初中

---

① 麻国庆.都市、都市化与土默特蒙古族的文化变迁——内蒙古土默特地区的考察［J］.阴山学刊，1990（2）：45+98-106.

序号	姓名	性别	年龄	文化程度
5	TM	男	46 岁	小学
6	JL	女	51 岁	高中
7	YHP	男	41 岁	初中
8	WYC	男	35 岁	高中
9	BYZ	女	37 岁	初中
10	ML	女	29 岁	大学
11	XMD	女	55 岁	初中

随着社会发展，城市和乡村之间的交流变得越来越频繁。同时，随着各种国家政策以及国家的帮扶下城市和乡村都在飞快发展，城市和乡村之间的距离变得越来越近。乡村成为了城市的支撑力，同时城市里的资源也能与农村的生活互动，这对村民的观念认知带来了巨大的变化。近年来更是随着脱贫攻坚战、乡村振兴战略等政策得到相应的成就，更加反映出城市和乡村的交流有利于新时代经济社会文化的高速发展。就如婚姻观念来说，婚姻观念是一种文化现象，随着社会经济的不断发展而变化，也会给婚姻家庭现状和婚姻观念带来显著的变化。

（二）乡村家庭结构的转变与个人经济自主权

1. 婚姻自主性的提升

从家庭主权到个人主权的转变过程中，婚姻自主性会得到显著提升。这一转变不仅能体现个体权利和自由得到的保障，也反映乡村家庭结构的转变、乡村社区家庭社会分工以个人意识的觉醒和提升等方面的深刻变革。

家庭是人们生活的基本单位，也是社会"细胞"（张万群，1991）。[1] 结合家庭的含义可以将家庭结构定义为家庭中成员的构成、成员间相互作用和相互影响的状态及其形成的相对稳定的联系模式（胡琪，2012）。[2] 然而不同的家庭结构将对婚姻观念和婚姻形式产生深刻的影响。20 世纪 90 年代末，中国乡村家庭结构经历了显著的转变，这种转变在很大程度上反映了个人独立性的增

---

① 张万群.农村婚姻家庭结构和功能变化［J］.桂海论丛，1991（6）：50+101-103.

② 胡琪.社区人口概论［M］.上海：上海社会科学院出版社，2012：88.

强。因此艾吉佰村村民的婚姻观念产生变迁也不例外，与个人在家庭结构的角色和地位的转变有着紧密联系。

20 世纪 50 年代，在艾吉佰村家庭结构主要表现为传统的大家庭模式，家庭成员众多。在这种家庭结构中，个人往往被视为家庭整体的一部分，其独立性相对较弱。同时婚姻观念较为传统，重视家族的延续。并且家庭中有什么决定都是由家庭中长辈来主导，因此年青一代的个人意愿和选择往往受到较大限制。例如，对于艾吉佰村的席先生一家而言最开始他们是三世同堂，偶尔其他亲戚也回来长时间居住，因此几乎十几口人在一个家里生活，同时家里的大小事都是由席老爷子来定，哪个孩子可以上学，哪些孩子在家种地干活等，在当时年轻一辈是没有自主权的，他们的命运都是由家庭来决定。

到了 20 世纪八九十年代，乡村家庭结构则逐步向核心家庭转变，即由父母和子女组成的小家庭成为主流。在这种家庭结构中，个人独立性得到了更充分的体现。年青一代开始拥有更多的自主权和决策权，他们能够根据自己的意愿和需求来选择生活方式。采访一位村民 [1] 的记录：

问："你们何时是与大家庭分开居住的？"

答："结婚后两年还是一年吧，确实开始的时候是和我母亲我哥哥他们一大家子人住在一起，就是住在苏布日干塔拉嘎查，我跟你说，那时家里很多人，炕上就那么一屋子住着。起来一起做饭一起干活什么的。当时我父亲在的时候都是他来教育我们，然后让我们干什么我们就干什么，村里有什么活动，也都是父亲作为一家的代表去，现在不同搬出来以后自己有了单独的房子，在村里有活动也是每个家都有代表去，现在我们家是我去了……"

从上面村民所说的我们便能看出，最开始艾吉佰村村民都是传统的大家庭模式来生活着，但是到了 20 世纪 80 年代以后家里孩子结婚便可以搬出来单独居住。这一转变不仅体现在家庭结构上的变化，还体现在主权的转变上。传统的家庭集体生活、家庭主权等逐渐弱化，而个人成长、个人主权等的提升逐渐凸显。这反映了婚姻观念中对个人发展的重视和支持，也体现了社会对个人独立性的尊重和认可。从 20 世纪 50 年代到 90 年代末，艾吉佰村家庭结构的转变体现了个人独立性的增强。核心家庭成为主流形式，年轻人在婚姻中拥有了更多的自主权和决策权。这种转变是时代进步和社会发展的必然结果，也为乡村婚姻观念的变迁提供了有力支撑。

---

[1] JRMT，男，蒙古族，2023 年 8 月 4 日，采访于艾吉佰村。

在城乡流动的大背景下，个体不仅面临着地理位置的转变，更在深层次上经历着婚姻观念的变革。这种变革不仅体现在对传统婚姻观念的重新审视，更在于个人意识的觉醒和提升。结合家庭结构的转变我们也不难发现个人意识在随着婚姻家庭的转变而不断增强，产生更具有独立自主性的婚姻关系。

艾吉佰村在20世纪50年代末到70年代初，婚姻观念仍然深受传统思想的影响。当时，婚姻往往被视为家庭责任和社会生活的一部分，而非个人情感的结合。例如，艾吉佰村谢家夫妇结婚已经有三十年，他们的婚姻是基于父母的安排和媒人的介绍，双方在结婚前没有见过面。他们的婚姻观念是"嫁鸡随鸡，嫁狗随狗"，同时他们的观念里爱情婚姻只不过是组建家庭的理由，并无其他的自我想法。

然而，随着社会的变革和思想的解放，个人意识开始逐渐觉醒。虽然对于当时而言，社会政治环境复杂，但一些年轻人开始尝试追求自己的婚姻幸福。例如，上文采访到的那位村民（JRMT）他与他的妻子是自己相识并相爱，但是由于家里经济条件差，女方的父母极力反对。但是他们勇敢地反抗了家庭的反对和社会的压力，慢慢说服家里人坚持走到了一起。从此我们可以看出，他们的婚姻观念开始注重个人的感情和选择，而不是一直跟随父母的安排，违背自己的意愿。再到20世纪90年代以后，个人意识的提升更加明显。随着城市的发展以及城乡之间的流动，年轻人开始追求更加自由和平等的婚姻关系。他们开始注重个人的成长和发展，追求与伴侣在精神上的契合和共同成长。例如，席先生的儿子在2023年10月下旬结婚，笔者也参加了他们的婚礼。在采访过程中了解到他们是在学生时代相识相爱，并有着相同的兴趣爱好和价值观。他们的婚姻建立在平等和尊重的基础上，共同追求着事业和家庭的幸福。在采访过程中，能真切感受到他们对自己选择的坚信及个人意识的觉醒。

由此可见，对于乡村婚姻观念的变迁来说，个人开始更加重视自身的权利和情感的需求，而非仅仅服从于家庭和社会传统思想观念影响。这也正是婚姻观念产生变迁最重要的核心之处，人们在意识上觉醒和主权上提升之后观念意识才能从心理上产生改变。

2. 经济独立与个人选择

经济独立是个体作为独立主体的基础，而个体作为独立主体崛起是婚姻观念的核心基点。因此在某种程度上来说，经济独立的提升可以重塑人们的婚姻观念。对于乡村社区的群体来说，城市和乡村之间的流动加剧，是影响乡村个体经济的重要因素之一。在艾吉佰村，城乡流动的背景下，随着社会的发展个体家庭的经济变得越来越独立，从而提升了个人在生活以及婚姻上的选择并改变了传统的婚姻观念。

（1）自我发展的自由性。

20 世纪 50~70 年代，在艾吉佰村大多是干农活或者是从事牧业，因此村内不乏几代人都是农民的家庭。也有一些村民获得了由国家或者集体安排的工作，总体上对个体的发展具有局限性。然而，随着城市和乡村流动的发展，到 20 世纪 90 年代以后，越来越多的人开始拥有更多的自我发展的选择权利。如采访到的一位"90 后"村民，他现在工作在新疆，是一位人民教师。他不再像之前那样听从家里人的安排，而是根据自己的意愿选择了自我发展方向。而父母的态度也是愿意支持子女的发展，他们会说："这是他们自己的选择，为自己的选择负责任就行，更何况现在也不向我们要钱了。所以自己愿意就行了。"[1] 这种工作选择的自主性不仅提高了人们的收入水平，也为婚姻带来了更多的可能性。这位"90 后"村民便根据自我的发展选择了结婚对象，两人之间也有着更多的平等和尊重。随着城乡流动个人经济能力得到提升，越来越多的人开始追求自我的发展。在这个过程中人们的婚姻观念也在得到改变，他们更加注重婚姻中的平等以及自由性。这种变化使得婚姻变得更加纯粹和美好，也提高了婚姻的质量。

（2）家庭中个人财务的转变与自主性。

在经济独立的过程中，除个人自我的发展变得自主以外越来越多的人开始实现财务自主。20 世纪 50 年代，大部分中国家庭都处在计划经济体制下，个人的经济独立性相对较低。在艾吉佰村，大多是大家庭的模式生活，因此家里的财务都是由长辈来掌管。有位村民 [2] 在采访的过程中曾说道：

"我们家是兄弟姐妹六个人再加上父母，一大家子人生活在一起，家里的钱都是我父亲管，春季种田都是父亲带我们去买种子，家里用的、吃的都是父亲给钱我们才能买到。倒是给我们一些零花钱，但是那时候哪个孩子最大就给哪个孩子，然后买来吃的再分给我们这种小的，就是集体生活嘛。一般最小的就是拿不到的。"

可见当时在婚姻家庭中，他们的财务主要由家庭共同管理，个人几乎没有太多的财务自主权。到了 20 世纪 80 年代，随着经济的发展和城乡之间的流动，个人的经济独立性开始逐渐增强。同时人们也不在家庭的管控下生活，因此出

---

① BYMH，男，蒙古族，2023 年 8 月 21 日，采访于艾吉佰村。

② XBLTGS，男，蒙古族，2023 年 7 月 30 日，采访于艾吉佰村。

现了分家另立门户。到了 90 年代，随着市场经济的进一步发展和全球化的影响，人们的经济独立性和个人选择权得到了更大的提升。艾吉佰村的村民也是如此，如今孩子和父母居住在一起的很少见，除非父母年长或一直与父母生活以外几乎都是分家另立门户。如艾吉佰村的梁老爷子一家，他们家一开始与自己的孩子和孙子六口人住在一起。对于当时而言，的确家里的经济情况也不能为他们提供有利的条件。所以等到儿子结婚十多年以后才分家，在旧房子的前 50 米处建了新房子才分开住。正因如此，家庭中的个人财务也按两家分开管理。据观察发现在村里办喜事开家宴时，他们不像以前只随一份礼，而是两家分别为办喜事的家随礼。由此我们可以清晰地看出，随着社会的发展和个人经济的独立，家庭中个人财务的管理出现了转变，不再是由家庭共同管理，而是个人财务的掌控变得更有自由性。除此之外，对于以前，如果生活在一起，孩子挣钱了必定交给父母，但是现在的年轻一辈都是自己掌握自己的财务，因此在婚姻观念上变得更加独立自由。

这种变化不仅反映了乡村个体经济的独立性同时也展现了个人财务管理的转变，也为婚姻观念的发展提供了更好的基础。婚姻家庭变得更加自由独立，更能实现个人和婚姻家庭的共同成长和发展。

（3）个体社交圈的独立性。

经济独立对个体社交圈的建构和扩展起到了关键的推动作用，而经济独立来源于城镇和乡村之间的流动发展。因此在这一背景下，乡村群体在个人社交方面出现了转变。20 世纪五六十年代，过年时几乎拜访所有家庭，婚丧嫁娶几乎全村人出动，如今许多人开始选择与七大姑八大姨式的社交圈保持一定的距离，以追求更加独立和自主的社交生活。例如，艾吉佰村的年轻一辈的人有些因为工作、求学或价值观的不同，选择与传统的亲戚圈保持一定的疏离，而更倾向于与志同道合的朋友或同事建立紧密的社交关系，其中通婚地域范围出现变迁是一个主要原因。

当然，这种个体社交圈的独立性并不意味着完全割裂与传统社交圈的联系。在重要的时刻村里的人仍然会选择与家人和亲戚保持联系和互动。例如，村里谁家的孩子结婚等，都会以自己的方式表达心意。但总体而言，个体在婚姻观念中更加注重自己的社交需求和独立性，愿意根据自己的意愿和兴趣去选择社交对象和婚恋对象。同时，经济独立带来的自由选择与独立性是婚姻观念变迁中的重要趋势，它有助于推动婚姻观念发展和社会文明的进步。

婚姻观念变迁的核心推力便是个人独立性的崛起。随着城乡之间的流动，个体成为独立主体在婚姻观念的变迁中扮演着重要的角色。随着个人自主权的提升以及经济独立带来的自由性，艾吉佰村村民在婚姻观念上出现了本质性的转变。个人独立性的崛起是婚姻观念变迁的主要推动力量。同时婚姻观念在变迁的过程中也促进了个人独立性的提升，例如，体现在通婚范围的扩大、择偶方式的选择以及生育价值观的选择上。

（三）社交距离与婚恋范围

婚姻是组建家庭的基本单位，同时婚姻也是社会的微缩（白蓉，2011）。[1]个体在互通婚姻的情况下才能组建家庭，婚姻是组建家庭的主要纽带。因此婚姻家庭的和睦发展，将揭示着社会的稳定发展。我国是一个多民族国家，良好的民族关系是国家实现共同发展的前提，是各民族共同繁荣的基础。艾吉佰村有将近 40 户人家，现如今大部分分为核心家庭和主干家庭。同时，艾吉佰村村民中分别有汉族和蒙古族的村民，因此本村有多个族际通婚的案例。再根据采访了解本村的村民几十年前通婚范围在族别上显得较为保守，当前的跨族通婚是近些年的现象。村民表示这一变化同城市和乡村之间人口流动有较大的关联。

根据笔者收集的地方志书籍中记载，艾吉佰本是一个人的名字。据说这个人是第一个来到这片土地居住生活的，所以就由他的名字命名了此地。1936年开始陆续有家户搬迁至本村，组建了本乡村社区。1962 年遭受过洪涝的自然灾害，迎来了本乡村人口的大流动。搬迁至本村的人大多是因国家的搬迁政策，少数为个人原因和占据土地等。正因如此，艾吉佰村居住人口的结构也得到了改变，变成了蒙汉民族杂居的乡村社区。随着不同村落以及不同民族的人聚集到艾吉佰村，艾吉佰村人的人际交往圈也得到扩展。由于村内有了蒙古族和汉族两个民族的村民，通婚范围也得到了改变。根据调查发现本村有多户族际通婚的家庭，他们有的是因人口流动所相识，有的是因媒人介绍而相识，在这里特别要点到的是媒人大多数都是本乡村的人。例如，笔者采访到的一位村民，[2] 他本是蒙古族人，1990 年搬迁至本村。来到本村后他的叔叔（是艾吉佰村人）便给他介绍了媳妇。媳妇是汉族，在相互接触的过程中他觉得双方很合得来就登记结婚了。采访记录如下：

问："两位是怎样认识的？"

---

① 白蓉.回族婚姻价值观研究［D］.西南大学博士学位论文，2011.

② BTR，男，蒙古族，2023 年 8 月 19 日，采访于艾吉佰村。

答："是本村的叔叔介绍的，叔叔是认识她的小姨从而介绍来的。"

问："相识几年后登记结婚的呢？你们的父母同意吗？"

答："不到两年的时间就结婚了，当时的话只要两个人没什么大的意见就可以结婚了。也不会想太多。父母只想有个媳妇，好抱孙子。我父母反正没什么意见，也相信叔叔能给我介绍一个不错的人。"

除此之外，也有很多这样族际通婚的家庭，族际通婚扩张了艾吉佰村村民的通婚范围，同时也扩大当地人的人际交往圈。如上所述，1949年之前本村居住的人口大多数为蒙古族，从而由于封闭的状态本村人都选择族内进行通婚。而随着人口的流动、各种政策的实施和自然原因的出现，艾吉佰村居住人口不断增多这也为通婚范围的变迁打下了最根本的基础。同时各民族村民杂居，便带来了族际间的通婚。通婚范围明显得到了改变，从而婚姻家庭文化也得到了相应的变迁。

首先，通婚范围是了解社会发展、两性关系和民族融合的重要指标（高杨等，2018）。[①] 通婚范围的扩大表示民族之间的交融以及各族际通婚子圈相互交融。艾吉佰村有多户族际通婚的家庭，现如今每个家庭都洋溢着和谐的气氛。在当地通婚的家庭中，两个不同民族的家庭成员之间相处得也十分融洽。

其次，通过采访了解到在艾吉佰村刚形成之际几乎都是蒙古族，其他邻近村也都是蒙古族人较多的乡村社区。随着人口的流动以及各种国家城乡一体化政策的实行，乡村居住人口增加，通婚范围的变化也随之产生，同时也影响到了人与人之间的交流和交往。这也更加促进了民族团结和交融，有助于不同民族间的文化欣赏共同性的增加。

（四）影响村民通婚范围的因素

20世纪70年代前，乡村与城镇之间的流动性不大，加上户口限制乡村人口与城镇人口基本固定在各自的区域内。当时人们在选择婚姻时往往多考虑相同或者相近的村落。在通婚时，男女双方会根据居住地的距离考虑彼此。这不仅影响了信息的交换，也阻碍了不同区域文化的交流，限制了乡村地区的发展。随着社会的变迁，经济的发展，通婚范围的确在地理范围上得

---

① 高杨，刘永功，冯海英.我国少数民族通婚圈变迁及其动力机制研究——以云南省陆村拉祜族为例［J］.青海社会科学，2018（1）：153–160.

到了一定的扩大（安丽巧，2018）。[1]影响乡村社区通婚地域范围变化的主要原因是城镇和乡村之间人口以及各因素的相互流动。具体来说，有以下几个方面：

1. 交通便利是通婚地域范围扩大的根本条件

乡村社区是一个熟人社会，相互熟悉的婚姻更加注重稳定和长久，于是在村内也就形成了相对稳定的通婚范围。过去的乡村，村民的活动范围有限，交通十分不便。通婚范围不会超过邻近的几个乡村的边界，多在本乡范围内。对于艾吉佰村村民而言，村民之间大多有亲属关系存在，一个姓氏家族的更多。经过采访了解到在本村席氏家族和谢氏家族的人最多，并且都享有亲属关系。采访一个席氏村民[2]记录如下：

"在本村还有其他与你们一个姓氏的家族吗？"

"当然有，我太爷爷的子孙几乎都在一个村，所以堂兄、堂弟都是本村的。然后一开始我们村姓席的是最多的，主要当时也没有其他人来到我们村居住。"

20世纪70年代，中国交通道路非常落后。公路等级低，通达里程短，深度十分有限。那时只有为数不多的大城市道路建设状况良好（李梦奇，2021）。[3]在艾吉佰村，村民出行的方式主要是步行。由于道路建设状况较差、各种交通工具的运用在我国还没有大力发展起来。同时改革开放初期，奈曼旗境内的交通主干线为国道111线，国道111线东西贯穿奈曼旗境内146千米，全都是土路。所以因道路不便他们大多在村内或者邻近的乡村之间进行通婚，范围十分局限。

20世纪80年代，虽然城市中出现了自行车、摩托车等交通方式，但是很少有村民走出乡村区城镇，所以很难接触到这些交通工具。村民的出行方式还是以步行、马车、驴车为主。但是马和驴需要用于农业生活，所以大多地方村民还是以步行为主。20世纪80年代后期，随着改革开放的步伐，奈曼旗交通事业进入了前所未有的发展期，公路通，百业兴，快速发展的公路交通给奈曼旗经济社会发展注入了新鲜血液，交通发展迈上新台阶，实现了历史性突破。从而艾吉佰村的村民也走出了这个熟悉的乡村社区，迎接了新的世界。从而通婚范围从同乡到了同苏木、同旗，地域范围在不断地向外扩张。

---

① 安丽巧.我国农村大龄"剩男"现象成因与对策研究 [D].河北师范大学硕士学位论文，2018.

② XBLTGS，男，蒙古族，2023年8月12日，采访于艾吉佰村。

③ 李梦奇.入住新型农村社区后村民出行变化研究 [D].山东建筑大学硕士学位论文，2021.

个案 1（包铁明，男，46 岁，2023 年 8 月 5 日，艾吉佰村）

"我年轻时我们家庭经济情况不如现在，但是 1985 年之前我们村这边道路相对很难走，就是没怎么修路，所以也不能出去干活，我就一直在村子里跟着爸妈一起干活。之后道路开始修建了，我就到其他苏木给别人做牛倌，给他们放牛之类的，然后就跟我现在的妻子认识了。她是生活在那个我干活的苏木的，然后我每天骑马到他们村，偶尔也会跟她见见面，就这样认识了，最后再请人介绍的，之后就结婚了。"

从 20 世纪 90 年代至今来看，高速公路从无到有，2005 年开工建设通赤高速公路，2007 年底建成通车。大多数村民走向外面的世界，通婚范围更加扩大到从同旗到同市、同区。根据采访了解本村一个村民的女儿现如今嫁到了内蒙古自治区的二连浩特市，将近 1000 多千米的距离，如今交通便利一天时间就可以到达。由此必能清晰地了解到，如果交通不发达，村民未走出本村，本村的通婚范围就不会得到扩张。因此交通道路的发展是通婚地域范围扩大的根本条件。交通道路的便利，从根本上延伸了通婚范围的距离。同时也为个人独立性的发展提供了物质性的基础，人们在自我的选择上有了自主权。

2. 受教育程度的提高是通婚地域范围扩大的重要动力

受教育程度的提高，会影响一个人对结婚对象的审美和价值取向的选择，这在一定程度上限定了可以选择的对象范围，即通婚的范围。受教育程度高的人可能有更广泛的人际关系，他们可以接触到更多的高素质人群，包括高学历、高薪资等，这使他们对择偶对象的标准更高。

20 世纪 80 年代以前，艾吉佰村村民的受教育程度大多为初中和小学，大多村民都是在本村或者本苏木上的学。也因当时每个家庭需要养育七八个孩子，所以在一个家庭中只有一两个人是以学习出人头地或者几乎没有一个是以学业为主要投奔方面的。大部分到了年纪就结婚生子。但是 20 世纪 90 年代以后，大多数父母为了让孩子出人头地都送去读书。并且由于城市和乡村之间道路的修建，乡村人了解到城镇里的学校相比本村学校教学资源多，所以大多都送到城镇去。由此一部分人的受教育程度不断提高，对通婚范围的选择上变得更加自由和独立。

个案 2（南迪那，男，30 岁，2023 年 8 月 19 日，艾吉佰村）

"我和我的妻子是高中同学，她是库伦旗的，我是奈曼旗的。我们是在通辽市一起念的高中。然后一起考进呼伦贝尔市的大学，上了四年的大学。现在相识已经 10 年了，5 月领的证呢。"

受教育程度不同，从根本上决定的是一个人思维方式的不同。他们会寻找与自己相互匹配，观念相合的人。同时因接受教育，婚姻观念变得更加开放性，不再被父母的传统思想封闭。从而更加能接触到不同地区、不同民族的人。根据采访了解到有位村民的姑娘现在在成都上大学，并和一位藏族的男孩谈恋爱。虽然父母持有不赞同的态度，但还是会尊重孩子的意愿。从而我们可以看出子女走出家乡，到各大城市求学的过程中已经对通婚范围有了直接的影响。因此受教育程度的提高是通婚地域范围扩大的重要动力，它能提高人们的择偶标准方式也能影响个人独立性的发展。

3. 追求更高的经济收入是通婚地域范围扩大的重要因素

经济因素是影响通婚的重要因素之一（刘晨晨，2016）。[①] 在现代社会中，经济状况对于人们的婚姻选择扮演着至关重要的角色。经济独立能够给人们带来更多的选择和机会，而经济依赖则限制了人们的选择范围。在乡村地区，由于种植业和牧业发展缓慢，家庭收入较低。为了改善经济状况，一些人会选择走出乡村外出打工的方式获得更好的经济条件，从而实现个体的独立性。

2000 年以后，随着改革开放我国社会进入转型期，社会人口结构出现变化，城乡之间人口流动加速。随着农村社会经济的发展和城乡流动的加速，乡村的生计模式发生了很大的转变。农民的经济收入来源变得多元化，由农牧业向农工业发展。亦农亦牧、亦工亦耕成为艾吉佰村村民的主要生活方式。由于农民在城市和乡村之间流动，农民的社交活动不再局限于原来的乡村社区，这使大部分家庭在婚姻选择上从对家人的依赖到了更广泛的选择范围。

个案 3（于永红，男，57 岁，2023 年 8 月 13 日，艾吉佰村）

"我儿子今年30岁了，他跟儿媳妇就是因为工作相互认识的，他也没有考上大学。20 多岁除了干的家里的农活，也没啥活可干的，他就跟我说想出去干点活挣点钱。然后就去了长春打工，打工之后除了过年什么的也不太回家，工作忙嘛，之后不久就认识了儿媳妇，两人认识很久后在 2020 年办的婚礼，我们也挺满足的，儿媳妇人也不错。两人现在长时间在长春待着干活呢，过年过节就会带孙子回家，一起过，挺好的。出去打工还找到了媳妇……"

对艾吉佰村来说，随着社会的不断发展，生活中的消费不断上涨。就如去城市打工的人来说，从衣食到住行，各方面都变得越来越跟城市或城镇的人相同。所以有观念上变化是自然的，其中婚姻观念是最重要的体现，乡村人产生

---

① 刘晨晨. 石河子市族际通婚的成因与影响分析［D］. 兰州大学硕士学位论文，2016.

了在城市里深入发展的想法，希望在城市里遇到择偶的对象，因此也在一方面体现了通婚范围的变化。除此之外，也有的人为了生活到其他城市，其他区域进行工作，这也足以说明追求更高的经济收入的提升是通婚地域范围扩大的重要因素之一。婚恋范围扩大有利于人际关系的发展，虽然在一定程度上降低了婚配率，但总体上对人的观念的深刻变化起到了促进作用。

三、生计模式与观念转变

本段内容中继续基于艾吉佰村调查从婚育观念层次深入分析生计模式改变对人的整体性的观念转变的影响。

（一）社会经济体制与婚姻选择

1. 20 世纪 50~70 年代末：以包办婚姻为主导的择偶方式

集体经济时代的婚姻观念往往更加注重家庭和社会的整体利益，而非个人的自由选择。这是因为在那个时代，家庭和集体是紧密联系在一起的，个人的婚姻决策往往受到家庭和社会的制约。所以个人的发展以及个体思想都受到了一定的限制。当时在艾吉佰村，父母包办是择偶的主要方式。择偶是开展婚姻生活的重要步骤，会影响彼此的家庭和未来生活。两个人的婚姻意味着两个大家庭甚至家族的结合，关乎家族传承、家族事业和两个家族的利益。为了大家庭的利益，父母或者家族权威人士会在媒人的帮助下为年轻儿女定下婚约，即"父母之命、媒妁之言"的包办婚姻。为了防止年轻人自由恋爱，青年男女有严格的社交界限，如当时有社会风俗要求"男女授受不亲"，甚至有些青年在婚礼前从没见过未来的结婚对象等。

直到 20 世纪 70 年代，本村择偶的途径依然比较单一，还是以包办婚姻为主。其中也出现了一种比较典型的他人介绍的包办婚姻，即换婚。从概念上来讲，换婚就是两个氏族或家庭之间的互换姐妹为妻或互换女儿为媳的婚姻形式。对于换婚而言，主要着眼于经济，是因为双方皆负担不起大量聘礼，交换婚可相互节省一些钱财。在当时有一种社会现象，即由于一个家庭中孩子较多而出现哥哥娶不起，妹妹嫁不出的现象。因此，如果有两家都有这种情况，就可用交换办法娶得媳妇。这样一来两家就可以少付或不付聘金聘礼。

个案 4（宝金花，女，53 岁，2023 年 8 月 3 日，艾吉佰村）

"当时我们家兄弟姐妹加起来有 10 个，当时家里也没钱，养育这么多孩子不容易，所以只要到了能嫁人的年纪时父母就会给安排婚事，当时是后村的一个人到我们家跟我父母说；他们村有个不错的人，人老实。他还有一个妹妹也没有嫁人呢。正好给你们女儿找个结婚对象，再给你们儿子找个结婚对象。当时我父母便觉得一举两得是一件好事情。也未曾问过我的意见就同意了这门婚事，当时我确实不太愿意，但是父母说对哥哥也好，所以只能妥协答应了。"

当时婚姻观念受到了集体主义思想的影响。在集体经济体制下，个人利益和集体利益是紧密相连的。因此，婚姻中的双方往往被期望能够共同为家庭和社会做出贡献，而不是仅仅追求个人的幸福和满足。直到20世纪70年代末，对于艾吉佰村村民来说择偶没有太多选择机会，并且儿女的婚姻大事都是以父母的意愿为主，并大多是由父母安排，而将要结婚的男女双方也对自身的婚姻幸福没有太多话语权和操控权，从而个人独立性和自由性也受到强大的阻力。

2.20世纪70~90年代：以介绍型婚姻为主导的择偶方式

改革开放后，人们逐渐将婚姻视为私人生活的重要组成部分，强调婚姻是个人实现自我价值的重要生活体现。所以从20世纪70年代末开始，包办婚姻逐渐消失而经亲友介绍认识成为了本村最主要的择偶方式。众所周知，媒人是中国社会传统婚姻媒介，它在婚姻中起到了一个"信息传达"的作用。通过介绍认识，特别是亲友介绍认识，不仅方便了解双方的家庭背景、经济状况，还便于对双方的父母人品、邻里关系进行深入的打听。在双方正式见面之前，会对对方的基本情况有一个全面的了解。在这种情况下，双方在见面时，就已经把对方相关的信息都打听清楚了。

在艾吉佰村，大多数也是亲戚扮演媒人的角色介绍婚姻。其中介绍性婚姻分为两种现象：

第一，男女双方互不认识，媒人找上门或者请求媒人进行相亲介绍的方式。

个案5（席长明，男，47岁，2023年8月2日，艾吉佰村）

"我当时也到了娶媳妇的年纪，然后有一天她的亲姑姑，也是我亲戚的亲戚。听说是打听到我家事、家里的经济条件、性格。可能当时觉得我人还很不错就来我们家跟我父母说了这个事儿。父母认为也说如此一来更是亲上加亲，两家人的关系也由此近了一步。就这样在一起的……"

第二，男女双方先认识然后寻找合适的人充当媒人进行介绍。

个案 6（青春，男，39 岁，2023 年 8 月 8 日，艾吉佰村）

"我和我的媳妇是偶然间认识的。她的父亲每年都会在邻近的村承包地种绿豆，然后她就会跟着父亲来帮忙。正好那年在我们村承包的地和我家的田地邻近，然后我就注意到她了，夏天在田里干活一来二去搭话然后就认识了。认识了以后我俩接触了半年挺合得来的，我就跟家里人说有这样的情况，然后家里人先是打听了她们家的家庭情况，就找了本村的金老爷当了介绍人，给我们两家当中间人办这件事。"

以上两种方式找到择偶对象结婚，都透露着依靠媒人这一传统的特征。但是 20 世纪 70~90 年代的这个时期介绍型婚姻虽然保留了传统思想，但是也能看出在一定程度上择偶方式有了改变，给了青年人一定的自由。在艾吉佰村起初第一种介绍方式是十分多见的，双方互不认识也未曾见过。但在媒人的介绍下见一次或者两次面就可以步入婚姻殿堂，这也与当时的社会环境以及人们的观念有关。第二种婚姻介绍方式也在一定程度上呈现了择偶方式的变迁情况。即使都是介绍型婚姻，但在意义和概念上有一定的差异和变化。总体而言，个人作为独立主体慢慢地在婚姻家庭中出现了角色的变化。

3. 20 世纪 90 年代后：自主性的自由恋爱兴起

百年来，中国婚姻制度经历了翻天覆地的变化。从旧时的媒妁之言，父母包办的婚姻，到改革开放以后的婚姻自由，再到近年来自由恋爱的盛行，婚姻观念和制度一直在发生深刻的演变。在艾吉佰村 20 世纪 90 年代开始自由恋爱成为了主流的择偶方式。村民随着城乡之间的频繁流动，接纳了城市中先进的观念，而且老一辈村民在遵循传统观念的同时也接受孩子的意见和观念，所以择偶方面有了更大的自主性。

在这里自由恋爱是指从相见到相识，产生好感并发展到恋爱关系，谈婚论嫁的过程中，不会受到其他人的干涉或者安排，整个过程中男女双方当事人的意愿成为首要因素。同时在婚姻相关事情上男女双方家长首要征求孩子的意见，因为结婚后生活都是儿女自己来维持，应当先考虑孩子的感受，所以父母做主和安排就慢慢地变少了。如表 3-3 所示，艾吉佰村村民自由恋爱的人数在不断提高。

表 3-3　村民择偶类型的变化

时期	包办婚姻	介绍型婚姻	自由恋爱
1970~1978 年	2	12	6
1979~1989 年	0	6	8
1990~1999 年	0	6	10

综上所述，从包办婚姻、介绍性婚姻到婚姻逐渐走向自主，再到婚姻自由，体现了婚姻观念的较大变化。婚姻，不再仅仅是两个家庭的联姻，更是个体选择和婚姻观念的结合。因此面对婚姻和择偶时观念认知便能体现最好的价值取向。如艾吉佰村村民择偶方式的这种演变，既是传统文化的传承，也是现代社会的进步。择偶方式的演变，见证了时代的变革，也让我们更清晰地认识到，择偶方式的多元化和自主化将是未来乡村社区婚姻观念的主流。

（二）社会经济水平与择偶标准

1.择偶标准的变化

择偶标准是男性女性在恋爱和婚姻生活中选择对方的评价标准。其中包括财富、才华、品德修养、社会尊重、社会权力、社会地位、社会角色、健康、相貌（包括身材与行为举止）、个性、兴趣爱好、年龄、时代潮流等。[①] 对于选择择偶对象而言，人们都有不同的要求以及标准。随着社会的发展，人们对于择偶对象的选择也有了不同的要求。

对于择偶的范围要求而言，20 世纪 70 年代的父母都希望自己的儿女可以离自己近一点，因此若选择不远嫁或者定居到邻近的城市是最好的。现如今随着社会的发展，交通便利条件使父母对于儿女择偶范围的标准不再有强烈的就近要求。

个案 7（香椿，女，26 岁，2023 年 8 月 15 日，艾吉佰村）

"我在本旗中工作，到家也就 40 分钟左右，但是由于在旗里工作，所以在旗买了个房子。不太忙时父母也偶尔去我那儿住。房子也是我父亲出了一些钱帮我买的呢。"

20 世纪 70 年代，村民的择偶标准主要关注对方家户地位或者是否有什么疾病等，除此之外没有其他太多的要求。现如今，艾吉佰村村民对儿女的择偶标准主要集中在年龄、收入、人品以及文化程度等方面（见表 3-4）。对于年龄上的要求而言，大多数的人都希望他们可以找到与自己年龄相仿的人最好，因为年龄相仿的话彼此之间的吸引力更多一点。同时他们这一代的父母更加看重儿女结婚对象的人品是否好，认为人品好才能成大事、有前途。所以父母大多希望儿女能找一个人品好、懂事的结婚对象。由于父母生活的时代，经济条件差，也受尽了苦。所以对于收入也有了一定的标准，希望儿女能够找一个工

---

① 赵明月.当代我国女性婚恋观的变化研究［D］.河北科技大学硕士学位论文，2016.

作稳定，收入稳定的人，这样才能过好生活，建立幸福的家庭条件。对于文化程度的标准而言，父母希望自己的儿女可以找一个有文化的人。主要原因在于文化程度跟三观以及人品都有一定的直接联系。所以文化程度的高低是艾吉佰村村民择偶标准的重要观察点。

表3-4　择偶标准的节点层与材料信息

核心属类	树状节点	子节点	参考案例数	参考案例
择偶地域倾向	是否希望远嫁	不希望	3	近的话可以了解情况，也能常常去看望
		无所谓	9	看情况，假如工作等都在别的城市，也没办法
择偶标准	年龄标准	有年龄限制	13	年龄相仿的好一点，他们自己也喜欢
		无年龄限制	5	按孩子的意愿没什么要求
	收入标准	对收入有标准	12	得有一定的收入，要有稳定的工作。这样生活才能好
		对收入没标准	6	主要看是否上进，收入两人自己有数就行
	人品标准	对人品有标准	18	人品必须得好，三观正才行
		对人品没标准	0	
	文化程度	文化程度要高	11	现在的孩子都念书，所以得有一定的文化水平才行
		无所谓	5	自家孩子也没有念完书，所以懂事就行

　　基于以上内容，父母择偶标准随着子女想法的变化而改变，现如今子女的想法在婚姻选择中起主导作用。但是大多数子女在择偶时也会尽量尊重父母的要求，结合父母的择偶标准去选择。由此可见，年轻人随着社会时代的变化，择偶标准也出现了新的变化。父母的旧观念影响着孩子的新观念，同时孩子的新观念也影响着父母的旧观念。从而促成了新旧观念的相融，这也是婚姻观念变迁的重要表现之一。

　　2. 择偶目的变化

　　结婚是男女双方建立稳定的婚姻关系，共同创造美好生活的重要途径，也是传承人类文明和文化的方式之一。因此对于人类而言，人们从择偶再到结婚是一种质变的过程。而择偶的最终目的也是结婚，结婚便享有了不同的目的和意义。然而每个人的结婚目的都是不同的，有的出于相互依靠的心理需求，有的则出于建立家庭等生活需求。然而婚姻目的不同，就是对婚姻基础的认识不同（李超尘，2010）。[①] 享有不同的婚姻目的是认识婚姻的精神基础。

就如艾吉佰村村民的调查而言，20 世纪 70~90 年代主要分为两个方向：①为了生活而结婚。人类的生活是延续性的，因此以建立生活为目的，建立深厚的情感联系成为了他们结婚的重要目的之一。通过结婚，人们能够在法律和社会层面上确认他们与伴侣的关系，并在法律的监督下开展新的生活，即延续人类的生活。婚姻提供了一种稳定的平台，让夫妻可以共同面对生活中的挑战，并在困难时互相支持。通过建立稳定的生活环境，人们能够获得共同的物质财富和精神财富。②为了繁衍后代。婚姻为夫妻双方提供了一个合法的框架，使他们能够共同建立家庭和培养下一代。家庭是社会的基本单位，它提供了一个稳定的环境，而婚姻也是两性结合的自然基础，所以通过婚姻人们可以养育孩子、抚养孩子从而繁衍后代。通过结婚，夫妻能够共同承担起养育孩子的责任，传承价值观念和文化传统，能为孩子的成长和发展提供支持和指导。

20 世纪 90 年代以后艾吉佰村已婚的青年群体关于婚姻的主要目的分为两种：第一种是为了建立美好的家庭；第二种是通过相恋的过程实现婚姻幸福。青年群体开展婚姻的目的不再是那么传统，观念上出现了开放性的思维。不再一味地寻求延续后代等原因。

3. 城乡流动浪潮对择偶观念的影响

随着社会的变革，在艾吉佰村择偶方式、标准和目的等方面得到了变迁。除此之外，通过采访了解到越来越多的乡村青年选择进入城市工作、学习和生活，这种流动不仅改变了他们的生活方式，也深刻地影响了他们的择偶观念。

首先，城乡流动拓宽了人们的交友圈，使他们有机会结识更多来自不同背景的人。这种社交圈子的扩大，使人们在择偶标准上有了更多的选择空间。他们可以通过工作、学习、社交活动等多种途径结识异性，从而有更多的机会接触到不同文化、不同观念的人。这种多元化的社交环境，使乡村青年的择偶观念逐渐变得更加自由性，同时父母对于子女选择的标准上变得更加开放性。

其次，城乡流动带来了人口在空间上的重新分布，使城乡之间的交流和互动更加频繁。这种交流不仅促进了经济和社会的发展，也拓宽了人们的视野和认知范围。在这个过程中，传统的择偶观念受到了冲击和挑战，人们开始更加注重个人的情感需求和自由选择。

---

① 李超尘. 婚姻的意志——《论离婚法草案》读后有感［J］. 法制与社会，2010（33）：261–262.

因此对于艾吉佰村的村民来说，乡村社区的择偶观念在城乡流动的浪潮下逐步向自由以及开放性转变，这也是个人独立性发展的重要表现之一。然而个人独立性不断提高的过程中，婚姻观念便自然而然出现变迁。这不仅促进了乡村社区整体的稳定发展，还促进了人们对自我价值的体现。

（三）经济能力和生育观念

生育观念主要表现为对生育目的的认识，对生育孩子性别偏好的看法，对生育孩子数量的期望，对生育成本投入等方面的价值取向。[①]

1. 生育价值观的转变

20 世纪 50 年代，由于国民经济处于恢复时期，同时农民因土改分得土地，农业生产积极性提高，这也在一定程度上限制了农村人口向城市的流动。这一时期的乡村人口政策主要以引导和调控城乡人口流动为主，以适应经济恢复和发展的需要。正因如此，在当时艾吉佰村村民很少走进城市，一直聚集在乡村里。到 70 年代，国内人口飞速增长，乡村人口更是增长飞快。20 世纪六七十年代，艾吉佰村每户家庭最多的有七八个孩子，最少的也有四五个。随着时代的进步和社会的发展，乡村家庭结构开始发生转变。计划生育政策的实施使得家庭规模逐渐缩小，独生子女家庭逐渐增多。这一变化使得家庭成员之间的关系更加平等和民主，个人在家庭中的地位得到提升。同时，经济和社会的发展也为个人提供了更多的发展机会和空间，人们开始追求个人独立和自主。

笔者根据奈曼旗志记载了解到，1984 年，奈曼旗计划生育办公室改称计划生育委员会，下设计划生育宣传技术服务站。各乡镇苏木设计划生育办公室，村成立计划生育领导小组，并指定计划生育村长具体负责。各基层单位的计划生育工作都由本单位承担，旗计划生育委员会进行技术指导。也因这种政策从城市流动到乡村，导致艾吉佰村养育孩子数量方面也有明显的变化，大多数都是两个孩子，少数为独生子。

生育意向则是指个人在生产数量，时间和性别组合等方面的愿望和期求（卢桢，2020）。[②]通过采访了解大多数人表示，他们养育孩子的理想数目都是两个，原因是他们觉得两个孩子相互会有依靠。但是由于生活的各种原因，既无法实现便只选择生育一个孩子。总结以上，20 世纪 60 年代至

---

① 齐晓安. 我国社会转型中生育文化发展面临的问题及对策［J］. 人口学刊，2003（1）：43–47.
② 卢桢. 牧区城镇化视角下马蹄藏族婚姻家庭变迁研究［D］. 兰州大学硕士学位论文，2020.

今，艾吉佰村人在选择生育孩子数量方面出现了变化，其中有受政策影响以及生活社会的影响。但最重要的还是受到经济社会的发展所带来的经济投入压力。

生育是社会可持续发展的必要前提（陈岱云，2010）。[①]女性怀孕生育不仅关乎个人和家庭，也关乎人类的可持续发展。因此人类对于生育有了不同的认识，从而产生了不同的生育目的。在过去，生育往往被视为家庭和社会的责任，与传承血脉、延续家族等观念紧密相连。根据调查了解到，在艾吉佰村村民中主要的集中生育目的有"天经地义的事，没有想过原因""传宗接代"等两个方面，而选择"有孩子将来就有依靠""养老送终"的人比起前者选择的更少一点。

对于生育目的的选择，人人都有不同的观点。从选择"天经地义的事儿，没有想过原因""传宗接代"等目的来看，说明了农村群体对生育孩子上存在一定的盲目性，艾吉佰村的大多数人都仅仅因为自己多年的生活环境以及长辈的观念告诉他；人出生长大后就要抓紧组建家庭，因此生育孩子是天经地义的事。所以大多数"70 后"都没有考虑过他们为什么要生育孩子。20 世纪90 年代以后有些青年群体表示喜欢小孩子所以想要生育的也有，但是选择人数相对少一点。除此之外，当生育与个人发展追求发生冲突时，许多人可能会选择延迟生育、减少生育数量，甚至选择不生育等现象也出现在艾吉佰村村民。

2. 生育成本投入的变化

1950~1970 年，农村生育率高，养育孩子的成本投入却低。对于当时的村民而言，首先是当时缺乏关于生育孩子规划和性教育的相关知识，导致家庭人口不停增加，如一位村民[②]所说："我们父母常年待在村里，成家以后更是除了在家干活就是干活。对城市里那些能控制生育的东西根本不知道，所以我们父母只能怀了就生，怀了就生……"

对于当时而言，还有原因是国家是按人数分土地的，所以生育孩子越多获得的土地就越多。孩子越多随之产生的劳动力就多，所以因劳动力的需求人们也会多生孩子。当时人们普遍认为生育多个孩子可以增加家庭的劳动力，帮助家庭更好地维持生计。在艾吉佰村，当时每户家庭经济条件相对较差，他们需要依靠自己的劳动力来维持生活。因此，生育七八个孩子可以增加家里的劳动

---

① 陈岱云. 中国人口政策与社会可持续发展 [J]. 齐鲁学刊，2010（1）：103–107.

② YL，女，蒙古族，2023 年 8 月 16 日，采访于艾吉佰村。

力，干活的人多收获的也会多，也能缓解家里生活带来的压力。

虽然当时因上述原因乡村生育率迅速增长，但是那时的社会没有现在发达，大部分人生活得并不富足，但是他们没有太多的消费也很少走出自己的乡村。生活相对简单，所以那时候的教育和生孩子投入的成本比现在低多了。加上条件有限，孩子很早就要干活了，多子女家庭可以相互照应，一般大的会帮忙照顾小的，父母只需负担基本生活开支。并且即使孩子多，但也都不用供上大学，能每天吃饱就行了。所以城市乡村之间封闭的状态，导致了艾吉佰村生育率的提升，同时降低了投入成本。

1990年以后，出现生育率低而经济投入高的现象。这一时期人们逐渐把时间和精力投入到自我提升和生活品质的提高上，而不是注重孩子的数量。同时，随着政策的变化，生育观念也开始出现转变。由于农村劳动力外流的增加，多数农村家庭会选择生育一个或者两个孩子，以便更好地抚养和教育孩子。

所以，随着物质和生活水平的提高，养育子女的成本也随之提高。现今社会竞争激烈，父母需要投入大量时间和金钱用于孩子教育、养育方面。正因物价、经济的发展，乡村也出现养不起孩子的现象。

如此一来，城市和乡村之间资源以及人口的流动，带给乡村人不只是物质生活的丰富化。更具体而言，各种城市和乡村之间这种各元素的流动在很大程度上会潜移默化中改变一个人的观念，从根本上影响一个人的生育观念。人们在婚姻中对生育的看法和态度是婚姻观念的重要表现之一，所以生育观念的改变在一定程度上体现了乡村婚姻观念的变迁。分析艾吉佰村人在生育目的和生育孩子数量的变化我们可以看出，养育成本的上升也是一个很大的变迁因素。高昂的生育成本使人们在选择婚姻时更加注重对方的经济实力和未来发展潜力，这在一定程度上改变了传统的婚姻观念。另外，随着生育观念的变化，人们在选择婚姻时更加注重对方的职业、家庭背景和教育程度等因素，这也对婚姻观念产生了深远的影响。

四、城村互动下乡村社会观念的进一步升级

（一）女性地位提升

在城村互动背景下，经济的发展和教育的普及不断冲击着传统的观念与现代的价值观的融合。在这一过程中，女性地位的提升成为了一个显著的特点。

随着生育观念的转变，女性不仅仅扮演生育和照顾子女的角色。首先随着城市乡村之间加速流动，教育不断普及，乡村女性有更多的机会接触和接受现代教育，教育是提高现代女性地位的重要途径，它不仅拓宽了女性的知识视野，还增强了她们的自我认知感。根据调查了解到，艾吉佰村的家庭中以前都是男性作为家里的主人，也就是当家主，大多数时候都是由男性来决定家里的大小事。但是现如今，艾吉佰村女性在家庭和社会中的决策参与机会也在增加，例如，家庭事务的决定上、子女的教育上、家庭财务的掌管上等。在一次婚宴中两位男性的讨论中说道：

村民 A："你们家随多少礼啊？"

村民 B："我家那位说随 200 元，就给了我 200 元。我就是来吃顿饭，这些都是我们家那位管着不是……"

此外，生育政策的调整也为女性地位的提升创造了有利条件。奈曼旗计划生育工作始于 1958 年，之后陆续开展生育政策的调整。[①]这使当地家庭人口规模受到控制，减少了家庭负担，为女性提供了更多的时间和精力来参与社会活动和发展自己的事业。同时城乡流动也给乡村女性提供了更多的就业机会和补贴家用的经济收入。女性不再仅仅依赖于男性或农业生产来维持生活，她们可以通过自己的劳动获得经济独立。这种经济能力的提升使得女性在婚姻中有了更多的底气和选择权，不再是被动的依靠者。在艾吉佰村有些女性自己在苏木打工或者有的自己在村里开展一些事业。例如，包女士和金女士就是很好的两个案例。包女士家除了牧业和农业以外还养鸡，她开始养鸡也是因为到市里与自己同学交流的过程中得到了这么个启发。现在每年都会产出 1000 只鸡，但是关于养鸡、喂鸡等方面男主人公的参与度几乎为零。也就是偶尔女主人不在家的时候，他才会按女主人的安排去完成喂鸡。由此可见，女性的地位在不断地提高。随着网络的发达，以及城乡之间货物的流通，艾吉佰村人也流行了网上购物。但是开始时快递只能送到苏木或者旗镇，因这个因素局限了乡村居民物质需求。金女士恰巧注意到这点，她利用城市和乡村之间的快速发展，与苏木的快递站合作开起了本村的第一个快递收货站。由此我们可以看出城乡流动给女性提供了新的经济收入平台的同时提高了女性的地位。

在艾吉佰村，生育观念的转变还体现在对女性健康的关注上。因此，当地苏木每年都会给乡村女性提供一次免费体检的机会，这不但体现了人们对女性

---

① 奈曼旗志编纂委员会.奈曼旗志［M］.北京：方志出版社，2002：36.

健康的高度重视，还提高了乡村女性的健康意识。有位女性村民[①]说道：

"每年苏木会给嘎查发通知，嘎查再给我们每家每户发通知，例如，几月到几月组织当地村民去奈曼旗进行身体检查以及女性疾病检查等。若有想法的可以报名等信息，听到这些我们也会去检查自己的身体，现在也有很多女性的疾病不是吗……"

从这位村民讲述中我们可以看出，她们开始关注自己的身体健康，更加愿意定期进行身体检查。除了检查身体之外，村里还会关注女性健康运动这一方面。例如，在艾吉佰村每年的三八妇女节的时候村支部都会组织村里的女性开展一些娱乐活动，如打牌、跳广场舞或者抽奖等，这不仅是对女性的尊重和关爱的表现，更是进一步推动了女性的地位。随着生育观念的转变和社会对女性价值的重新认识，女性的地位得到了显著提升。同时，在城市和乡村的流动中女性接受到了更高水平的教育、更多的经济收入平台、参与活动平台以及更高层次的健康知识科普。而这些变化不仅提高了女性的地位和尊严，也促进了乡村社会的和谐与发展。

（二）城乡之间生育文化的相互影响

随着城乡之间流动性的日益频繁和深入，城乡之间的生育文化也在不断交融。这种交融不仅带来了乡村生育观念的转变，也促进了城乡之间生育文化互鉴与共同发展。一方面，乡村地区的生育文化在保持传统特色的同时，开始吸收和借鉴城市地区的先进理念。乡村群体通过进城接触到城市中的生育知识和理念，开始逐渐摒弃传统落后的生育观念，更加注重孩子的成长环境和教育质量。同时，他们也开始关注生育的自主性，不再简单地追求生育数量，而是更加注重生育质量和家庭幸福。另一方面，城市地区的生育文化也在与乡村文化的交融中得到了丰富和拓展。城市中的现代生育理念、优生优育观念等开始传播到乡村地区，为乡村生育观念的转变提供了重要支撑。城乡之间生育文化的交融，不仅有助于推动乡村生育观念的转变，也有助于缩小城乡差距，促进城乡协调发展。通过加强城乡之间的文化交流和互动，可以进一步推动城乡一体化进程，实现城乡共同繁荣。

城乡之间生育文化的交融是现代化进程的必然趋势，也是促进城乡协调发展的重要途径。通过加强文化交流和互动，实现城乡生育文化的相互融合与共同发展，有助于推动社会文明进步和人的全面发展。

---

① WRN，女，蒙古族，2023 年 8 月 11 日，采访于艾吉佰村。

生育观念的变迁对婚姻观念产生了深远的影响。从生育目的、生育子女数量、生育成本投入等方面来看，婚姻观念正逐渐从传统的束缚中解脱出来，更加注重个人的幸福感和成长、经济基础和共同承担家庭责任以及平等和尊重。这些变化都为现代社会中的婚姻关系注入了新的活力和内涵。除此之外，城乡之间生育观念的交融更加促进了乡村社区的和谐发展，有助于丰富个人的观念意识。

五、经济行为与社会观念之间的关联性

城乡互动对农牧民生计决策、职业观念、婚姻及生育观念变迁起到了最为关键的作用。城乡之间的加速流动推动了整体社会观念的转变。关于城乡流动与生计决策、职业观念之间关系在本章其他小节中已说明，这里不再赘述。在婚姻和生育方面城乡之间的人口流动性不仅改变了人们的通婚范围和择偶观念及生育价值观，还影响了婚姻观念中个人作为独立个体的发展进程。

首先，个体作为独立主体的崛起和发展是婚姻观念的变迁核心基点。随着个人主权的提升和城乡流动带来的经济独立，个体在婚姻中的自由选择权日益增强。通婚范围逐渐扩大，不再受地域、民族等限制，择偶观念也从传统的物质条件转向更加注重精神契合和个人品质。同时，生育价值观也发生转变，个体更倾向于将生育视为一种选择而非必然。这些变化都体现了个体在婚姻中的独立性和自主权，也反映出社会对个体选择的尊重。因此，婚姻观念与个体发展的关系是相互促进的，个体的崛起和发展推动了婚姻观念的变革，而婚姻观念的变革，即通婚范围的扩大，择偶观念的转变以及生育观念的变迁又进一步促进了个体的独立和幸福。具体来说，第一，通婚范围的变迁为婚姻观念变迁奠定了坚实基础。通过回溯艾吉佰村婚姻观念的变迁，城乡流动促进了乡村与城市之间的交流，使得乡村人群有机会接触到更广阔的社会圈层和文化圈层。随着交通道路的便利，文化程度的提升以及经济收入的需求，乡村群体有了更多的机会接触到城市的生活以及城市的文化，使跨地域式的婚姻形式也成为了常态。同时，这种基础也为现代社会中的婚姻关系增添了崭新的内容，使婚姻不仅是传统的延续和传承，更是两个个体相互扶持和共同追求幸福的过程。第二，择偶观念的变化对婚姻观念的变迁起到了重要的推动作用。在艾吉佰村，在城乡流动的背景下，乡村青年的择偶观念开始发生转变。改革开放开始艾吉佰村人的择偶方式由过去的父母包办逐渐转变为介绍型婚姻以及自由恋爱。这种转变表明，艾吉佰村的居民在择偶时更加注重个人的独立性和自由性。随着

城乡流动的增强，择偶标准开始多元化，更加注重个人的品质、能力、学历等因素。择偶的目的也从单纯的建立家庭转变为共同发展的层面。多元化的择偶观念、对情感基础的重视、个人自由与选择的强调以及平等与尊重的价值观念，都为现代婚姻观念的转变奠定了坚实的基础。第三，生育观念的变迁为婚姻观念变迁创造了良好的条件。在艾吉佰村，人们在生育孩子方面不再盲目，同时对生育数量的需求逐渐减少，更加注重生育的质量和教育。这些变化使得人们更加注重婚姻的质量和稳定性，促进了婚姻观念的转变和社会的发展。另外，生育价值观的转变在城乡流动的背景下促进了女性地位的提升，并促进了城乡之间文化的交融。由此可见，婚姻观念的变化促进了乡村社会个体的发展。

2015 年党的十八届五中全会决定实施二孩政策，推行 35 年的"独生子女政策"宣告结束。2021 年 8 月 20 日，第十三届全国人民代表大会常务委员会第三十次会议通过了《关于修改〈中华人民共和国人口与计划生育法〉的决定》，国内的生育政策经调整，进入积极应对人口老龄化，提倡"三孩"的新阶段。但在城乡流动背景下经济水平的发展、人口的流动以及文化思想的交流等因素的共同作用下，从艾吉佰村的婚姻及生育观念中出现的巨大变化表明，个人作为独立主体而崛起的时代农村人口把婚姻幸福与生育质量联系在一起，比起子女的数量更注重教养的质量。乡村婚姻观念的变迁是以人的经济行为能力的提升为基础的个体化发展的过程。这种自由独立性的婚姻生活将更是未来乡村婚姻观念发展的重要趋势，人们会将家庭经济能力作为生育孩子数量一个主要依据。然而，这种变迁也带来了一系列新的挑战和问题，如亲情的淡化、生育率增长缓慢等，需要在未来的研究中进一步探讨和解决。

第六节　本章小结

本章内容从时间跨度来讲反映的是 21 世纪以来的内蒙古农牧村的变化。然而，这一阶段农牧村变化是内蒙古生态建设当中的重要一环，建设生态文明的紧迫性与内蒙古北部边疆、资源大省/区结合在一起成为了当下内蒙古自治区创建北部边疆生态文化的重点和难点。着重提出北部边疆生态、北部边疆文化说明从社会空间的角度去探讨当前的农牧区社会生活可能更容易理解农牧民生计决策中的一些坚持。本章一开始为了更好地利用社会空间的理论去组织本章内容，对空间性、社会关系及空间主体等名词进行了一些解释。本章内容中包含了较多的案例，案例来源已在各个小节中加以解释。这些案例的特点是都来自调查者长期对自己家乡了解和针对性的调查，案例是新而详细的。这些案例对围绕空间规划、文化构建、人的现代化等形成的宏大的理论体系如何落地起到了重要的作用。

北部边疆文化是历史的、多元的统一性的文化体系，而农牧交错带在生态上的特征也赋予了该区域的农牧民更容易跨过行业界限去促成农牧结合、农牧互补或种养结合等模式。从历史上来看，内蒙古区域从农牧并存的状态，经过长期的互动及生产能力的提高，一部分区域过渡到了家庭生计内的农牧结合，而该模式也是自治区政府长久以来的规划与鼓励的目的。在此环境下，生计体系的转变也意味着中国式现代化在边疆、农牧区、多民族区域的一次成功实践。对于农牧结合的分析从另一个角度，也可以认为它是生产工具升级之后的村落社会生计结构转变的过程，因农牧业机械设备和农药的普及农村劳动力有了更多的时间上的"剩余"，人们对劳动效率提高的渴求改变了原有的生活理念。农牧村三代人的婚姻观念、职业意愿变化的调查明显地反映了几十年来北部边疆农牧村深刻的变化。

第四章

产业链链条的延伸与
农牧民经济行为

第一节　产业链链条及其"落地"

在绪论部分谈到产业链理论源于生产过程中的分工理论，后经过多位学者的理论构建形成了产业分工、专业化的系统认识，到 20 世纪 90 年代国内引入产业分工相关经济理论的同时出现"产业链"一词，并广泛应用于农业产业。自 21 世纪初多名学者以农业产业链为题进行了研究，对农业产业链形成了一定的共识，明确了农业产业链包含企业、农户等多个参与主体，链条覆盖农业生产前、中、后涉及的生产领域，完成价值传递和增值的过程，农业产业链是一条涉及第一、第二、第三产业的产业链（戴孝悌，2015）。[①] 畜牧业产业链基于农业产业链的认识，突出了畜牧业的特点，四大牧区分布在边疆民族地区，在产业链的利益联结机制中存在牧户利益受损的情况，产业链运行对草原畜牧业产业链各利益主体均有影响，鼓励采用企业＋专业合作社＋牧户产业链组织形式（吕萍，2017）。[②]

产业链的解释明确了作为产业无论是农业、牧业还是工业，一经生产销售随着人的经济活动事物将走向复杂，生产连接的是源头到末端的整个过程，即生产前的原料来源及成为商品后的消费。产业链思维的产生与整体性的思考相关。从宏观的角度，产业链更多考虑的是企业之间的纵向的关系，视产业链治理是以整体视角将产业链看作一个纵向一体化"大企业"。在整合过程中对产业链不同环节和关键性要素进行分析，合理设计其治理结构和治理机制，采用针对性的治理手段对产业链上下游企业进行有效衔接，打造产业链整体竞争优势。根据具体产业的属性特点，可将产业链大体分为资源驱动型、市场主导型和技术主导型三种基本类型。资源驱动型产业主要是指能源矿产类产业，资源要素在产业链条中占主导地位，技术的重要性相对较低，产业链统筹和整合也相对容易；市场主导型则主要强调终端市场对产业链条的拉动作用，如日用品产业；技术主导型产业链条中技术优势成为核心企业整合产业链的手段，如华为凭借 5G 技术构造的通信产业链，比亚迪凭借电池技术构建的新能源汽车产

---

① 戴孝悌.产业链视域中的中国农业产业发展研究［M］.北京：中国社会科学出版社,2015：9.

② 吕萍.草原畜牧业产业链建设与运行机制创新研究：基于牧民增收视角［M］.北京：中国社会科学出版社，2017.

业链等（司咏梅等，2024）。①

在企业发展为导向的产业链思路下培育产业注重市场和政府行为的有效结合，认为突出特色优势是产业化发展的关键。能够形成产业链的是那些工艺流程比较长、适合多次加工增值的产业门类，产业布局应当因业因地制宜。而对于农牧业产品则认为，并不适合过度加工，很难形成产业链。因为农畜产品中的果蔬类和禽蛋类产品现实中往往以鲜食为主，加工品反倒价值不高或市场有限，技术上的加工链条就不够长或不必要，自然就很难形成产业链条。加上农牧业生产有很强的自然属性，哪个地区适合种养什么品种是长期自然选择的结果，具有天然合理性，人为调整的空间不是很大，理论上可以培育形成农畜产品产业带，但很难通过促进企业集聚形成规模较大的产业链条（司咏梅等，2024）。②

虽然农牧业在形成产业链条上面临困难，但在现实中尤其在内蒙古农牧民的基数仍然占据绝对数目的情况下，农牧业相关的产业链有着更为现实的意义。内蒙古的城镇化特色在上面章节中已详细论述，城乡流动模式的活跃度表明城镇中仍然无法提供完全的就业岗位让进城农牧业人口定居在城镇这一端。因此农牧业的产业链在内蒙古的经济、社会环境下是较有必要探讨和鼓励的一个层级。

从微观的角度来看，产业链注重的整体性最终会走向"零散"的以家庭为单位个体，尤其在内蒙古农牧业产业链，链条的一端是众多的农牧户。农牧民经过市场体系将自家生产的农牧产品出售时，自然牵扯到如何定价、哪种形式出售、与谁合作等一系列问题。在市场环境内农牧民是以经济主体的形式出现的，他们出售的农牧产品会以不同形式连接到企业，进入到商品循环。因此产业链下农牧民提供产品的服务也是将一件商品置于千万条社会关系网络中考察的过程。这也意味着，在某一产业的链条上连接着无数个人的生计活动。产业链的两端始终要"落地"，不然该产业链也很难持续循环。

在中国式现代化背景下边疆民族地区基层社会如何整合及被整合到国内外市场体系之内？此问题导向的内容可视为本书的研究重点。基层社会日常生活主要围绕农牧民经济行为而展开，在市场参与者的层次上他们是个体经济主体，生活、生计决策易受市场规则的影响，而从反方向推导宏观理念实现的层次实际上也会由基层社会每个个体实践的深度、普遍程度决定，因此

---

①② 司咏梅，赵云平，乔光华，赵海东，长青."链"入"双循环"：内蒙古特色优势产业全链条发展策略研究［M］.呼和浩特：内蒙古人民出版社，2024：59-60.

基层社会实际上是流变性较强的模块，经济社会的宏大叙事需要通过长期调查研究来防止理论与实际的脱离，需要在特定形式的经济生产周期内探讨产业链下农牧民家庭利用现有条件实现生计可持续的可能、原因及模式。家庭生计调查一般都会涉及收支内容，这在调查中需要更多的时间和精力的投入。内蒙古农牧民经济行为的起始端是边疆民族聚居区的农牧民及其家庭的日常经济行为，末端是由各类经济主体之间的关系和行为促成的社会空间整体状态，而庞杂的中间部分是产业链中的各个层级（集市、"二道贩子"、厂商、加工商等）和不同的约束主体（监管部门、技术支持、通信平台、交通运输等）组成的社会场域。产业链下的农牧民经济行为是复杂的，而研究其"落地"形式为的是找到生活日常中呈现的相对稳定的阶段性的产业供应端的运作结构。

第二节　牛产业链下的农牧民经济行为[①]

一、牛产业链

内蒙古地域和气候条件有利于发展畜牧业，尤其肉、乳用牛一直是重要的农畜产业。牛相关的产业链一般会被分为肉和奶两大类。本段论述包含了牛肉产业链及牛奶产业链的概括。本章第三节内容与牛奶产业相关，但又与社会健康观念的提升相关，因此牛乳产业链相关内容就在此段内一并概括介绍。

在现代产业体系内肉和乳用的牛种类大有区别。产业链可分为供应链、生产加工链、销售链及循环与回收利用链四部分。农牧民能够参与的部分集中在供应链。肉牛供应链主要以牲畜养殖及配套产业为主，涉及养殖主体、牲畜品种和生产资料供应组织下的种畜繁育和养殖等业态。内蒙古优质肉牛品种包括科尔沁牛、草原红牛、草原黄牛、三河牛以及引进的国外品种西门塔尔牛、海福特牛、安格斯牛和沃金黑牛等。奶用牛的品种以荷斯坦牛为主。世界主要奶牛育种公司分布在美国、加拿大、法国及德国。自治区建成了乳用牛国家级核

---

① 本节内容由包田洪（内蒙古大学民族学与社会学学院民族学专业硕士研究生）撰写。

心育种场 2 个，奶牛良种繁育场 24 个，具备年生产 1000 万支优质牛冻精供种能力。

现阶段内蒙古是肉牛养殖最大省份。内蒙古的牲畜数量逐渐增长。牛存栏、出栏量均实现稳步增长，主要畜禽监测调查显示，全区牛存栏从 2015 年末的 652.9 万头增加到 2020 年末的 671.1 万头，增长 2.8%，年均增速 0.6%；牛出栏从 2015 年的 326.4 万头增加到 2020 年的 397.0 万头，增长 21.6%，年均增速 4.0%。内蒙古羊存栏数量和羊肉产量均位居全国第一。"十三五"时期全区羊存栏规模一直稳定在 6000 万只以上，2020 年末，全区羊存栏为 6074.2 万只，保持稳定发展（司咏梅等，2024）。①

乳业是内蒙古第一绿色品牌，内蒙古自治区具备每年稳定向外调出 500 万吨牛奶的能力，全国消费市场 1/5 的牛奶制品来自内蒙古。近年来，随着国家和内蒙古自治区对乳业扶持力度的加大，内蒙古自治区乳业规模、产业素质和市场竞争力保持了强劲增长势头，奶牛繁育数量和乳品市场占有率位居全国前列。乳业已成为丰富城乡市场、改善群众饮食、优化农牧业结构、增加农牧民收入、促进地区经济发展的战略性主导产业。2020 年，内蒙古自治区奶牛存栏 129.3 万头、牛奶产量 611.5 万吨，均居全国首位，乳制品产量 346.9 万吨，居全国第二位，奶业生产连续三年实现恢复性增长，产业链整体价值超过 2000 亿元。自治区形成了以嫩江、西辽河、黄河三大流域和呼伦贝尔、锡林郭勒两大草原为主的五大奶业优势区域，80% 的奶牛养殖集中在 31 个旗县（市、区）。内蒙古自治区牛奶加工产业规模居全国第一，全区规模以上加工企业 37 家，主要位于呼和浩特、巴彦淖尔、包头和赤峰等地，年加工鲜奶 577.2 万吨，加工产值 1654.6 亿元，实现销售收入 934.7 亿元，占全区农畜产品加工业总销售收入的 48.1%。其中，伊利、蒙牛跃居全球乳业第五位和第八位，伊利、蒙牛、圣牧高科成为中国奶业 20 强企业，优然牧业跃升全球最大的原料奶提供商。此外，传统乳制品特色优势逐步得到消费者的青睐，其制品占全区乳品产量近 10%，全区销售收入 500 万元以上乳品加工企业达到 89 个，传统特色乳制品生产企业 16 家、加工坊 700 多户，日均加工鲜奶量 393.3 吨。传统奶食业成为千亿级奶产业重要补充，显示出了良好的发展态势（司咏梅等，2024）。②

---

① ② 司咏梅，赵云平，乔光华，赵海东，长青."链"入"双循环"：内蒙古特色优势产业全链条发展策略研究［M］.呼和浩特：内蒙古人民出版社，2024：310–311+332.

二、作为生计的养牛业和牛市场

通辽市素有"中国草原肉牛之都"的美称。通辽市牛羊资源丰富,是内蒙古自治区重要的畜牧业基地之一。通辽市牛羊交易市场在提供集中交易平台,方便多方买卖交易,吸引了养殖户、经销商、全国各地批发商前来收购。此举对通辽市畜牧业发展起到了积极作用,促进了当地农民增收,同时也繁荣了农村经济。近两年来牛价下跌且不稳定,导致养牛户面临诸多挑战。村民不得不根据市场行情做出相应决策,根据生计环境与需求,决定今后的牛群数量及养殖模式。永续生计分析理论注重农户个体、社会和环境的可持续发展。农民在进行生产决策时,需要做出有利于人和环境可持续发展的决策,人的决策过程受可持续生计资本的影响(喻立凡等,2024)。[1] 农村养牛户在充分考虑自己的生计资本基础上决策,实际上是在做更有利于今后发展的决定。

王娟和吴海涛(2014)在《山区少数民族农户参与市场与生计策略关系研究——以滇西南为例》[2] 中提到农户参与市场活动的形式包括购买自己不能生产的消费品和生产资料、出卖自己劳动力和生产的农产品获得工资和收入。农户是理性的,他们在调整生计模式的时候时刻保证利益最大化。农户应当无时无刻都要跟市场保持联系,这样才能紧跟市场调节,做出有利于自身的生计决策。王婧(2012)在《国家、市场与农牧民生计转变:草原生态问题的阐释——内蒙古巴图旗的案例研究》[3] 中提到国家的决策和市场对农牧民生计影响很大,农牧民的生计活动紧紧地跟市场缠绕在一起,打上了市场的烙印。市场机制进入牧区以来,牧区的生产方式、生产组织发生了改变,机械化逐渐取代了牧区原有的生态知识能力。农牧民的生活遇到新一轮的挑战,生计方式在不断地变化。

在内蒙古东部地区农户生计方式变迁的研究中敖桂兰(2023)在《市场主导下的内蒙古半农半牧区生计模式变迁研究——以扎赉特旗养牛产业的兴起为

---

① 喻立凡,曹大宇,廖冰.生计资本、生态认知对农户绿色生产技术采纳意愿的影响研究[J/OL].中国农业资源与区划:2014:1-15[2024-04-09].

② 王娟,吴海涛.山区少数民族农户参与市场与生计策略关系研究——以滇西南为例[J].贵州民族研究,2014,35(7):126-129.

③ 王婧.国家、市场与农牧民生计转变:草原生态问题的阐释——内蒙古巴图旗的案例研究[J].天府新论,2012(5):96-99+118.

例》①中提到养牛业的发展对当地农牧民的生活产生了重大的变化，从生计模式上来看，最初当地居民主要从事农业和畜牧业，主要以"农"为主，并伴随以"牧"为辅的生产方式。然而，随着养牛产业的兴起，人们致力于养殖业的生产上，现如今逐渐转变为以畜牧业为主，种植农业为辅的生计模式。苏湘淋（2021）在《内蒙古自治区农牧区农牧民生计方式及变迁——以兴安盟扎赉特旗农牧区为例》②中写道当地的生计方式虽然在人文和自然的双重影响下发生变化但还是紧紧地跟土地联系在一起。当地的自然环境虽然有助于农牧结合增加经济收入但是相反也制约着农牧民的生计选择，只能仅仅依靠土地来生存。由于扎赉特旗地区原有的经济基础较为薄弱，生产技术较为落后，因而对环境的依赖程度较深，他们在改造环境的生计活动中所表现出来的主动性也依然十分有限。因此可以得出当地的农牧民需要找到新的生计方式，其中外出打工越来越受到欢迎。包杜拉玛（2023）在《民族地区村落传统生计的现代转型研究——以兴安盟巴彦敖包嘎查为例》③中写到该嘎查的传统生计的转型是该地区社会发展的结果，也是人们理性选择后使然。村落以农耕为主、畜牧业与家庭副业为补充的"以粮为主"的传统的生计方式只能勉强养家糊口，而转型后的现代多元生计方式不仅能养家糊口，同时人们还能脱贫致富。因此可以得出单一的生计方式已经不能满足人们的需求，需要更加多元化的生计方式才能满足人们的生活需求。

三、基层牛集市

"集市"是集中起来进行交易的地方。抛开经济功能看集市，集市是一个买卖双方相互博弈的场所。集市内多人聚集，不同民族、不同文化、不同诉求的人聚集在一起，相互博弈的同时相互交流。集市是复杂的经济、文化现象。笔者所调查的集市为牛羊交易市场位于内蒙古自治区通辽市。

（一）地理环境，地理位置对养殖行业的影响

通辽市地势南部和北部高，中部低平，呈马鞍形。北部为大兴安岭南麓余

---

① 敖桂兰.市场主导下的内蒙古半农半牧区生计模式变迁研究［D］.内蒙古大学硕士学位论文，2023.

② 苏湘淋.内蒙古自治区农牧区农牧民生计方式及变迁——以兴安盟扎赉特旗农牧区为例［J］.农村经济与科技，2021，32（8）：1-4.

③ 包杜拉玛.民族地区村落传统生计的现代转型研究［D］.内蒙古师范大学硕士学位论文，2023.

脉的石质山地丘陵；南部为辽西山地边缘的浅山、黄土丘陵区；中部为西辽河流域沙质冲积平原，其中在西辽河流域冲积平原与山地、丘陵之间的过渡地带分布着起伏不平的沙丘和沙地。通辽市所辖旗、县、区为库伦旗、奈曼旗、开鲁县、科尔沁左翼中旗、科尔沁左翼后旗、扎鲁特旗、科尔沁区。

库伦旗地处燕山北部山地向科尔沁沙地过渡地段，燕山山脉自旗境西南部延入，在中部与广袤的科尔沁沙地相接，构成旗境内南部浅山连亘，中部丘陵起伏，北部沙丘绵绵的地貌。奈曼旗地形地貌特征一般概括为"南山中沙北河川，两山六沙二平原"，南部属于辽西山地北缘，浅山丘陵，海拔 400 ~ 600 米，以构造水蚀为主，连绵起伏，沟谷纵横；中部以风蚀堆积沙为主，沙沼带呈东西走向各两条；中北部平原属于西辽河和教来河冲积平原的一部分，地势平坦开阔。开鲁县地处西辽河冲积平原西部，地貌成因为堆积类型，西辽河水系泛滥沉积，使沿河两岸出现了宽阔的河漫滩，风力搬运和堆积作用，使中地形和微地形出现了沙地叠加于平地的垂直结构，形成了平原与沼泽相间排列的现代地貌轮廓。科尔沁左翼中旗境域属平原地貌，在冲积、风积因素下，具有波状起伏、草甸、沙坨、湖沼漫布的特点，地势由西北向东南倾斜。科尔沁左翼后旗东部系辽河冲积平原外，皆是沙丘、沙地为主要特征的地貌类型，沙坨、草甸相间交错，沙丘连绵起伏，洼地纵横分布。扎鲁特旗地势西北高，东南低，北部为山地，中部为低山丘陵区，南部为西辽河沙丘地平原。科尔沁区地形特点是西宽东窄，中间凹陷，地势由西南向东北逐渐倾斜，中部从东到西为狭长低平的草甸平原。

通辽市五个牛市集中在南部，分别为科尔沁右翼中旗舍伯吐牛市、科尔沁区大林鼎盛牛市、开鲁县牛市、科尔沁左翼后旗伊胡塔牛市、库伦旗牛市。五个牛市各有自己的优势，其中舍伯吐和开鲁的最大，牛的流量都是顶级的，差不多有 10000~20000 多头牛的规模。伊胡塔牛市和库伦牛市的牛的品种相对于其他要好一点。大林鼎盛牛市跟其他四个相比还是处于初期的一个发展状态。

从地理环境来看，开鲁和舍伯吐的牛市所在地相对于库伦牛市和伊胡塔牛市所在地来看地形相对平坦，多以平原为主。相反库伦牛市和伊胡塔牛市的所在地库伦旗和科尔沁左翼后旗是以沙丘和小山为主的。地形以平原主区域养殖育肥牛的人多，地形为沙地的主要养殖繁殖母牛。因为平原区域地形平坦人畜出行方便，因此牛羊集市也相对活跃。集市人员联系多、交易频率高，市场的发展较好。地形为沙丘、高地为主的集市并没有像平原为主的市场那样火爆。

养殖育肥牛和养殖繁殖母牛各有各的优点,养殖育肥牛的优点是养殖周期短、收入多;养殖繁殖母牛的优点是牛品种好、收入多元化,可以出售各类奶制品。因地理环境的差距,大体上库伦牛市和伊胡塔牛市的牛的品种好,但是跟开鲁牛市和舍伯吐牛市相比牛的数量较少。随着人们的生活品质提高,生活需求越来越大,养殖育肥牛成为越来越受欢迎的趋势。因为在牛数量相同的情况下养殖育肥牛的收入普遍比养殖繁殖母牛的多,加上基础设施、交通条件的改善,交易增多,市场范围扩大,人们更倾向于短期养殖的肉牛类。

(二)集市内活跃人物的角色

(1)老客。场面奔波于各大牛市之间,深知牛的价格,研究牛价的起伏和牛价起伏不定的原因。奔波于各个村子之间,寻找价格便宜,品相好的牛然后卖到牛市,从中挣差价。对牛的行情有自己的看法和理解。

(2)养牛户。养牛户分为两种:第一种是专门养殖育肥牛的,从外面把牛买回来,然后在家养一段时间然后卖掉(跟养殖繁殖牛的相比需要的本金大,投入大,利润大,受到市场价格的影响大)。第二种是养殖繁殖母牛,就是专门养殖母牛,然后等母牛繁殖出小牛犊后,将其养大后卖掉。还会用牛奶做奶食品(跟养殖育肥牛的相比,投入小,利润小,受到市场价格的影响小)。

(3)老板。以调查的地点来看通辽的大多数养殖户养殖的数量为15~30头,极少数的老板养殖的数量超过100头。调查得知从东三省来通辽买牛的大老板资金雄厚,买牛都是几十头牛起步,超过100头的不多。

(4)中间人。中间人分为两种:第一种是专门从事这个行业的人,他们专门奔波于市场之间,深入研究牛的行情,对牛价的起伏有一定的判断能力。这类人大多数情况下为大老板服务。多数大老板从东三省过来,他们对当地牛的行情不是很了解,因此就会需要专门的中间人,他们会以每头牛200~500元的价格雇中间人帮助他们买牛,这是中间人赚到的一类钱。第二类就是中间人会在答应老板的情况下去寻找卖牛人,会跟他们谈交易(帮卖家卖掉一头牛,然后以一头牛200~500元的价格收钱)。这样中间人就会赚到双倍的钱。第二种的中间人是受到老客的委托(老客为了第一时间知道当地谁家卖牛,就会给一个人送去礼物,然后帮他们打听村子里的情况)时刻关注当地的买卖牛情况,然后告诉老客。

（三）调查经历节录

在长达 21 天的田野调查中，笔者多次跟着主要报道人去牛市进行观察。牛市的收费标准是如果是卖家，卖出去一头牛，牛市会从一头牛上收取 20 元的税，如果是买家，买到一头牛，牛市也会从一头牛上收取 20 元钱的税。反之，如果是没能卖出去一头牛，牛市也不会向卖家收费，或者是买家没能买到一头牛，牛市也不会向买家收取费用。买卖成交量是牛市主办方获得利润的主要渠道。牛市有很多牛圈，是相互分开的，赶牛来的每个卖牛人都分到圈牛的地方。卖牛人把牛赶进牛圈，等买家来给报价。

一次笔者跟着报道人去卖牛，刚进牛市就看见一个很大的车停在装牛的地方。报道人自己养殖育肥牛的年头有差不多 30 年了，因此认识不少业内的人。报道人在牛圈旁边时，有一个人走过来说："你们家牛的质量不错，我有老板，我可以帮你卖出去，但是收费标准是一头牛 500 元。"报道人说："500 元太贵了，200 元。"经过几次的讨价还价后，最终没能达成交易，他出价是一头牛 13400 元。那个人走了之后，又来了几个人，但是都没有达成交易。后来那个中间人又走了过来，说："你们的出价是 13400 元我要从一头牛中收取 500 元的费用，这样吧，一会儿老板来时，你出价一头牛 13900 元，这样你卖出你理想的价格，我也可以赚到自己的钱。"双方最终达成协议。报道人以 13900 的价格卖了出去。当报道人把牛赶出去帮助他们装车的时候，看到要装的车正好是进来时看到的那辆大车。报道人说："这些人，一般是来自东三省的大老板，他们不太了解当地的牛行，就会花钱雇中间人来帮他们买牛，以一头牛 200~500 元的价格来付中介费，刚才那个人来找我们，又跟我们达成协议，这样他就可以赚两份钱了。他们专门奔波于各个牛市之间，来给老板服务，赚钱是很快的。"

（四）集市的意义

养牛户称牛羊交易的地方为"牛集"，他们一般都会说"去牛集"。不会说"去牛市"。但是成立牛羊交易市场的人，都是以市场命名的。例如，舍伯吐成峰牲畜交易市场、开鲁牛市、库伦牛市等。即使经营者给出的名字是 ×× 市场，但是养殖户会以具体的名字命名，例如，养殖户会把库伦牛市叫作"哈图塔拉牛市"。库伦牛市的具体地点就在哈图塔拉这个地方。集市是一群销售者和购买者相会的具体地点，同样市场也可以理解为一个进行交易的具体地点，但是市场还有眼睛看不到，手摸不到的虚拟视角的定义。市场遵循价格一般规律由供求关系决定。

买卖双方根据与集市地点的远近，一辆车上会跟两到三人。卖家或买家再加司机。每开一次集市，有大量的人口流动。人流量也使得牛市旁边挤满了旅店和小饭馆。牛市也带动了当地经济的发展。饭店和旅店都需要人手，因此也会拉动当地的就业率。经过集市的牛，几次交易之后大多数会走向加工厂。生牛交易量的提高推动了牛产业链上的各层次消费，也进一步促进了养殖户的积极性。

牛羊肉价格涨高，利润空间加大，使得不少农村劳动力跃跃欲试。虽然受到饲养成本、资源承载、发展方式、疾病灾害等困扰，但养殖户的热情却依然不减，高利润的吸引以及相对猪鸡养殖更容易起步，农户根据地理环境特色尽量扩大养殖规模。在当前城镇化进程下，农村劳动力朝向城镇转移而空出大量的土地，加上经济和社会的发展，村民转向种植玉米、小麦等省时、省力的农作物品种。这些农作物种植过程有利于兼顾牛羊养殖，能为畜群提供充足的饲料来源。加上近年来农村淘汰落后产能，高能耗的工厂被关闭，释放出大量劳动力在社会发展趋势下不谋而合，多数人转向了牛市相关行业。

集市有良好的社会整合功能。社会整合是社会通过各种方式或媒介将社会系统中的各种要素、各个部分和各个环节结合成为一个相互协调、有机配合的统一整体，增强社会凝聚力和社会合力的一个过程。集市发展有利于促进区域经济一体化、城乡协调发展。集市体系为社会互动、利益分配和文化交融提供了平台，加强了区域内外经济关联性。

四、养牛业的现状

（一）规模化养殖现状

在内蒙古东部地区规模化养殖呈现出逐步增长趋势。利用现代化的设备和管理技术，规模养殖场在降低生产成本的同时，提高了养殖效率，提高了产品质量。这些养殖场通常具备可实现规模化生产、集中经营的现代化饲养设施，对当地经济发展具有积极的促进作用。2023年通辽市全市累计出栏肉牛385.8万头（只），同比增长5.04%；完成牛冷配82.48万头、深度育肥出栏肉牛10.05万头、屠宰加工2.49万头、投保肉牛保险；计划新建、改造育肥牛规模养殖场30户,盘活闲置规模养殖场10户,目前已全部启动建设。[①]发挥资源禀赋优势,吸引社会资本,打造一批规模大、竞争力强的奶牛养殖企业,工作重点区域是科左中旗、开鲁县和科左后旗。规模养殖各方面都强于散户养殖。规模养殖对市场价格波动的应对能力远强于散户,但是同样也受到价格波动的影响。牛价在2023年开始下跌,使得农场的经济收入开始下滑,高昂的成本陆续导致一些农场关闭。

(二)散户养殖现状

与规模养殖相比,内蒙古东部地区依靠传统养殖方式和经验养殖牛群规模较小的散户仍然很多。这些散户化的农民通常面临着挑战,例如,饲料供应不足,以及难以预防和控制疾病。通辽市目前存栏7~10头的养牛户比例最高,为17.77%,2023年计划出栏4~6头的养牛户比例最高,为20.38%。由此表明,通辽市养牛户的养殖模式以小规模、大群体为主,存栏的牛大多集中在10头以下(尤欢等,2022)。[②]这说明散户养殖市场对整个内蒙古东部地区的养牛业是一个不容忽视的环节。散户养殖相比规模养殖而言,规模较小,承受能力较差,遇到大的市场价格回落就可能面临负债累累的后果。2023年2月开始,牛价大跌导致养牛户的养殖欲望大跌,大量养牛户放弃养牛,将精力放在农业上,以降低牛价波动带来的影响。

(三)牛市现状

作为农产品主要销售渠道之一的牛羊交易市场,在农业经济中占有重要地位,直接推动了农民增收。农户可通过这些市场向需方出售牲畜,进行商品流通。牛羊交易市场也是人们可以在这里建立联系、互通信息、促进社区互动与合作的重要社交与交流场所。牛价的波动不仅对养牛户产生影响,也对牛市产生深刻影响。牛价上升的阶段性牛市也是异常火爆,人们进行交易,对牛整体品种的提升帮助很大。牛价从2023年开始大幅下跌,人们养牛的欲望开始变低,牛市相比之前冷清了不少。虽然牛市依然很热闹,但牛市的交易中有一部分是正常的多头交易,另外一部分是牛农在抛售中放弃了养牛。

---

① 通辽市农牧局.通辽市上半年畜牧业生产形势分析[EB/OL].(2023-07-10)[2024-04-09].
https://nmj.tongliao.gov.cn/nmyj/tlrn/2023-07/10/content_e33e748c83114fb694f4939945f288ee.shtml.

② 尤欢,王雪,张勋."牛"品牌助力产业升级——通辽市养牛业调研分析[J].内蒙古统计,2022(4):18-20.

五、白土嘎查案例

白土嘎查是通辽市奈曼旗治安镇下辖的一个自然村。白土嘎查的气候属于北温带大陆性季风干旱气候，四季分明，降水量少而集中在 6~8 月，利于庄稼生长。白土嘎查虽然地势平坦但是沙地多，草地较少。村里有 206 户人家 1000 多口人。牛价上涨之前，养殖户差不多占全村户口的 60%，牛价上涨后达到 96%。笔者详细调查了该村子具有代表性的 21 个养牛户。21 个养牛户中有三个养牛户养殖数量较多，养殖数量保持在 60~70 头。其余的养牛户的养殖数量保持在 10 头左右。养牛户之间有较大的区别，牛群种类一般分为两种：一种是养殖肉牛；另一种是养殖母牛。养殖肉牛的出栏时间快，一般两到三个月可以出栏一次。养殖母牛需要根据市场需求把牛犊饲养到一定大小再出栏，算上母牛怀孕到牛犊出生再到饲养到指定大小再进行出栏，养殖母牛出栏的时间是很长的，需要一年多的时间。养殖肉牛的成本要比养殖母牛大，因为养殖肉牛的出栏时间快，因此需要大量的饲料和草，还需要定期购入健康的牛犊。白土嘎查 21 位养牛户中只有一位是养殖肉牛的，其余的养牛户都是养殖母牛。

牛价格上涨期间大部分养牛户为扩大规模，投入了较多的资金。现在牛价大幅下跌，养牛户中有 3 位放弃了养牛，其余 18 位的养殖数量也已经减少，投入的资金相对于以前变得很少，尽可能地减少成本。笔者采访 21 位养牛户得知以前肉牛价格好时养牛收益可观。养牛让家庭经济收入大大增加，提高了生活品质，如买车、购买楼房及装修房屋等。牛价上涨之前农民还是以种地为主要经济收入来源，但是牛价上涨后种地成为第二经济来源。贩卖肉牛成为第一经济来源。有些养牛户养殖数量增加越来越多，导致种地不卖，都加工成牛料和秸秆。但是如今肉牛价格持续低迷导致农牧民不得不减少养殖数量，转而把农业视为第一经济来源。有的甚至放弃养牛出去打工以此来还养牛借的贷款。

（一）七户养殖户基本情况及 2022~2023 年的收支

宝先生[①]54 岁，养牛已经 25 年了，根据采访得知，宝先生 2022 年的支出收入如下：养殖数量为 50~60 头左右，一年的饲料费用为 15 万元，秸秆费用为 5 万元，玉米料需要购买 15 万斤。种植 70 亩玉米，玉米不卖，秸

---

① 访谈对象：宝先生，访谈时间：2024 年 1 月 12 日，访谈地点：白土嘎查，性别：男，年龄：54 岁。

秆和玉米都用在养牛上。种植70亩地的成本为4.2万元。按照2022年的牛价平均一头牛10000元进行交易除去成本一年还有20万~25万元的利润，2022年有20万元左右的收入。到2023年支出收入情况：养殖数量为60头左右，一年的饲料费用为15万元，秸秆费用为5万元，玉米料费用为15万元。仍种植70亩玉米，一亩地平均成本为600元，70亩地种植成本为4.2万元。按照2023年牛价平均一头牛在5000元，除去成本2023年亏了9万元。2023年牛价下跌后入不敷出。牛价在2018~2022年持续上涨时除了维持生计外还有一定的存款。2023年牛价大幅度下降时赶紧抛售降价带来的影响。

万先生①36岁，养殖年限为11年，万先生2022年的支出收入如下：算上母牛和牛犊养殖数量在50头左右，一年的秸秆费用6万元，饲料费用在3万元，需要用到4万斤玉米料。一年差不多会下20头牛犊，按照2022年的牛价，公牛犊和母牛犊平均可以卖到一头8000元，养牛所带来的收入为3万元。种植玉米500亩，可以收获80万斤玉米，500亩中50亩为自己的地，其余是租的，租金平均一亩地400元，450亩为18万元。一亩地平均成本为700元，500亩地种植成本为35万元，按2022年1块1毛的玉米价格算，可以卖88万元，除去成本获得的利润为35万元。2022年总体收入为38万元。2023年支出收入情况如下：养殖数量为50头，秸秆费用6万元，饲料费用在3万元，需要用到4万斤玉米料。养牛成本为13万元。按照2023年的牛价平均一头牛在4000元。贩卖牛犊数量为18头。养牛亏了5万元。种地面积为500亩，成本为53万元，种植玉米的收入为35万元。2023年整体收入为30万元。牛价下跌后影响总体收入，万先生决定减少母牛数量，配种时找品种好的种牛，提高牛犊的品质。

巴先生②50岁，养殖年限为23年，算上母牛和牛犊养殖数量在20头，2022年的支出收入情况如下：玉米料2万斤，饲料为1万元，秸秆费用为1.5万元。2022年卖10头牛犊，平均每头可以卖到8000元，利润在4万元。种植50亩左右玉米地，一亩地成本在700元，可以收获4万斤粮食，除去成本利润在4万元。2022年总体收入为8万元。2023年支出收入情况如下：玉米料2万斤，饲料为1万元，秸秆费用为1.5元。2023年卖了9头牛，平均价格为4000元，养牛亏了9000元。种植50亩左右玉米地，一亩地成本在700

---

① 访谈对象：万先生，访谈时间：2024年1月12日，访谈地点：白土嘎查，性别：男，年龄：36岁。

② 访谈对象：巴先生，访谈时间：2024年1月14日，访谈地点：白土嘎查，性别：男，年龄：50岁。

元，可以收获 4 万斤粮食，除去成本利润在 4 万元。2023 年总体收入为 3 万元。巴先生家家庭条件一般，所以母牛的数量一直稳定在十头以内。喂养母牛为主，卖牛犊来增加经济收入。牛价稳定上涨时也没有增加牛的数量，只是卖牛犊补贴家用。2023 年 2 月牛价开始下跌利润不及成本，巴先生没有多余的钱来重新选购品种好的母牛，决定放弃养牛，在 2023 年 11 月把牛都卖了。

海女士[①]49 岁，养殖年限为 18 年，2022 年支出收入情况如下：养殖数量 148 头，卖了 63 头牛。平均每头价格 8000 元，秸秆费用 20 万元，饲料为 4 万元，玉米料为 15 万斤，利润为 11.4 万元，种地面积为 400 亩，一亩地成本在 700 元，其中 300 亩为租赁土地，如果一亩地平均 400 元，购买土地的费用为 12 万元。一年的利润在 20 万左右。2022 年总体收入为 31 万元。2023 年支出收入情况如下：养殖数量为 156 头，卖了 78 头牛。平均每头价格为 4200 元。秸秆费用 22 万元，饲料为 5 万元，玉米料为 17 万斤。2023 年养牛亏了 11 万元，种地面积及费用与 2022 年基本一致。一年下来利润在 20 万元。2023 年总体收入为 10 万元。牛价下跌严重影响了海女士家的经济收入，面对持续下跌的价格不知所措。

高先生[②]53 岁，养殖年限为 16 年。2022 年支出收入情况如下：养殖数量为 10 头母牛，卖了 9 头牛犊，平均一头牛卖到了 1 万元左右。秸秆费用 2 万元、饲料费用 1.5 万元、玉米料费用 2 万元。除去成本有 3.5 万元的利润。种地面积为 70 亩，一亩地成本在 550 元左右，除去成本利润为 6.65 万元。2022 年总体收入为 101500 元。2023 年收入支出情况如下：养殖数量为 10 头母牛，卖了 10 头牛犊，平均每头价格在 4200 元，秸秆费用 2 万元、饲料费用 1.5 万元、玉米料费用 2 万元，2023 年亏了 1.3 万元，种地面积为 70 亩，一亩地成本在 550 元，除去成本利润为 6.65 万元。2023 年总体收入为 5.35 万元。

梁先生[③]45 岁，养殖年限为 12 年。2022 年支出收入情况如下：养殖数量为 22 头，以平均 8000 元的价格卖了 10 头。秸秆费用 3 万元、饲料费用 1 万元、玉米料费用 2 万元。利润为 2 万元。种地面积为 55 亩，一亩地成本在 600 元，利润为 5.5 万元。2022 年总体收入为 7.5 万元。2023 年收入支出

---

① 访谈对象：海女士，访谈时间：2024 年 1 月 14 日，访谈地点：白土嘎查，性别：女，年龄：49 岁。

② 访谈对象：高先生，访谈时间：2024 年 1 月 15 日，访谈地点：白土嘎查，性别：男，年龄：53 岁。

③ 访谈对象：梁先生，访谈时间：2024 年 1 月 17 日，访谈地点：白土嘎查，性别：男，年龄：45 岁。

情况如下：养殖数量为 19 头，平均以 4000 元的价格卖了 9 头牛。秸秆费用 2 万元、饲料费用 1 万元、玉米料费用 2 万元。养牛亏了 1.4 万元。种地面积为 55 亩，一亩地成本在 600 元，利润为 5.5 万元。2023 年总体利润为 4.1 万元左右。

超先生 [①] 65 岁，养殖年限为 24 年。2022 年收入支出情况如下：养殖数量为 10 头母牛，平均以 1 万元的价格卖了 6 头牛犊。秸秆费用为 1 万元、饲料费用 1 万元、玉米料费用 1 万元。利润为 3 万元。种地面积为 20 亩地，一亩地成本 500 元，除去成本获利 3.2 万元。2022 年总体收入为 5.2 万元。2023 年收入支出情况如下：养殖数量为 10 头母牛，平均以 4000 元的价格卖了 7 头牛犊，秸秆费用为 1 万元、饲料费用 1 万元、玉米料费用 1 万元。养牛亏了 2000 元。种地面积为 20 亩地，一亩地成本 500 元，除去成本获利 2.2 万元。2023 年总体收入为 2 万元。

2023 年养牛户养殖现状如表 4-1 所示。

表 4-1　2023 年养牛户养殖现状

名称	养殖年限（年）	数量（头）	养殖种类	出栏方式
宝	25	50~60	肉牛	饲养出栏
万	11	50 左右	母牛	出栏牛犊
巴	23	20 左右	母牛	出栏牛犊
海	18	150 左右	母牛	出栏牛犊
高	16	10	母牛	出栏牛犊
梁	12	22	母牛	出栏牛犊
超	24	10	母牛	出栏牛犊

（二）养牛经验的重要性

村民说，"养殖业没有简单一说，养牛每天都需要投入饲料维持牛的'生计'"。因此养牛需要考虑以下五种情况：①资金，这是很大的一笔投资，需要建造牛棚，购买饲料、秸秆、玉米料等必需品，除此之外还需要一些农机以加工生产用；②品种选择，有些牛容易长膘但是也容易生病，有些品种的

---

① 访谈对象：超先生，访谈时间：2024 年 1 月 17 日，访谈地点：白土嘎查，性别：男，年龄：65 岁。

牛虽然长膘需要更多的投入，但是不容易生病，养牛户根据当地的自然环境和市场需求来选择合适的品种，例如，纯种西门塔尔牛，此品种的牛适应性较强，不容易生病而且长膘还快，但购入价格比较高；③选秸秆时需要注意购买优质的秸秆，喂养时注意从草料中捡出腐烂的部分，腐烂的牧草不利于牛的生长，易致生病；④养殖技术，养牛不是投入得越多收益越多，养牛户需要根据牛自身的情况和天气的变化调整饲料搭配，从而保证养牛带来的经济效益；⑤关于销售和市场调查，牛不是养到越大越好，而是根据市场需求把牛养到标准大小快速出售，从而达到经济效益最大化，应根据市场需求及价格制定合理的养殖计划。养牛是一项耗费体力和精力的活，需要养牛户耐心经营。

养牛是门技术活儿，牛的种类和品种多有不同，所以圈养的方式因牛而需做出一定的调整。肉牛养殖一般是养牛户到牛市或者别的养牛户家里购买体重和身高较小的牛带回家进行饲养，等肉量上来后卖掉，减去成本获取利润。因为养牛户投入成本的不同，一年所出栏的次数和每次出栏的量都有所不同。一般养牛户一年都会出栏两到四次。喂养母牛的出栏次数和出栏量跟喂养肉牛的出栏次数和出栏量是不同的。喂养母牛要等母牛怀孕生下牛犊，在看市场行情喂养到一定大小后再卖掉，减去成本获取利润。一般喂养母牛的出栏牛犊的次数为1年一次。牛价的上涨和下跌影响着养牛户，但是也不是所有人的损失都是一样的，高牛价虽然能增加养牛户的经济收入，但是也会让人过度投资导致牛价下跌时破产。

六、牛价波动给养牛户带来的影响

（一）牛价可观时人们的决策

牛价的上涨会增加养牛户的收入，使其更有动力继续养殖牛群。这有助于鼓励农民投入更多资源和精力来提高牛的养殖质量和数量，从而促进畜牧业的发展。牛价的上涨充满机遇和挑战，尽管高牛价可以带来更高的收入，但也伴随着市场波动风险，一旦价格下跌就很可能导致经营困难而破产。牛价的上涨带来了养牛热，很多人投入养牛户行列。笔者在2022年调查时，21户养牛户随着牛价的上涨做出了调整。

21户养牛户中有19户决定趁牛价上涨增加牛的数量，只有2户保持现状，具体生产调整如下：

1. 养殖规模调整

当牛价上涨时，养牛户会考虑适当扩大养殖规模，增加牛只的数量。这样可以利用市场行情获取更多的收益。当然，扩大规模也需要考虑到场地、饲料等方面的资源供给，以及养牛技术和管理水平是否能够跟得上扩大规模的需要。正因扩大规模所考虑的各个方面，21户中有2户放弃了扩产。

2. 养殖品种调整

养殖品种好的牛不仅增加经济收益喂养起来也比较省心，所以当牛价上涨养牛户赚到钱后，下一步就是调整养殖品种。但这也无疑加大了生产前期投入。

3. 农牧结合比例调整

在牛价上涨的情况下，养牛户可以考虑将养牛与农业生产结合起来，实现资源的互补和效益的提升。大多数养牛户把牧业也就是养牛业当作第一经济收入来源，把农业当成牧业的附属产业，在养殖业上花费更多的时间和精力从而想利用自己现有的生计资本达到经济收入最大化。

（二）牛价萧条时人们的决策

进入21世纪以来在内蒙古东部地区买卖牛成为人们的主要收入来源之一。牛市给养牛户提供了平台进行交易。牛价的波动给养牛户和牛市带来了很大的影响，一些养牛户趁着牛价持续稳定增长，增加了经济收入，人们的养牛情绪高涨，养牛户的数量和养牛户的养殖数量都有所增加。牛市也越来越火爆。但是2023年2月开始牛价开始大幅度下降，部分地区如新疆伊犁、内蒙古通辽、吉林公主岭等主产区的待宰活牛价格在6月已经下降至24元/千克，较年初的34元/千克下降了30%。活牛价格下降导致大部分肉牛养殖主体亏损，按照肉牛平均出栏650千克重量计算，每头牛的销售收入较2022年减少3000~4000元（曹建民，2023），[①] 严重影响了肉牛养殖者的积极性。养牛户高价买的牛或者以低价甩卖或者继续喂养等价格好转些再卖。养牛户的养牛情绪低落，交易数量变少。养牛带来的经济收入越来越少，有些人开始负债，导致人们不得不做出生计决策。笔者调查的21户当中到2023年下半年，18户均决定减少牛的数量，还有3户放弃了养牛。

---

① 曹建民.关于肉牛市场价格下行情况研究报告［J］.家畜生态学报，2023，44（9）：94-96.

牛价下跌对养牛户的影响主要表现为收入减少、经营利润下降、经营压力增加以及市场风险增加。养牛户需要根据市场情况和自身条件，采取相应的经营策略，以应对牛价下跌所带来的挑战。养牛已经开始满足不了人们的生活需求，因此养牛户开始调整养殖规模，重新规划农牧结合比例和外出务工，牛价大幅下跌时具体生产和生计调整如下：

1. 养殖规模调整

对牛价涨幅高度敏感的是肉牛养殖户。牛价下跌经济收入减少，肉牛养殖户会率先调整养殖规模。在持续下跌情况下，大多数养牛户把养殖数量减少到自己的能力以内，减少牛只数量以减少成本压力。

2. 农牧结合比例调整

牛价上涨之前农民还是以种地为主要经济收入来源，但是牛价上涨后种地成为第二经济来源。贩卖肉牛成为第一经济来源。有些养牛户养殖数量增加，导致种地不卖，都加工成牛料。但是牛价下跌导致养牛带来的经济收入下降，甚至比不上种地带来的经济收入多时，养牛户会调整农牧结合比例，农业重新成为第一经济收入来源，开始侧重于农业，牧业逐渐成为附属产业。这样的调整可以减少牛价波动带来的影响，从而增加经济收入。

3. 外出务工

在牛价下跌的情况下，一些养牛户会外出务工或者寻找其他生计方式来补充家庭收入，减轻养牛业带来的经济压力。越来越多的养牛户减少养殖数量后有更多的时间和精力去做别的事情增加经济收入，现如今外出务工会有较为可观的经济收入，可以减轻牛价下跌带来的压力，使生计方式变得多样化，利用自己可控的生计资本从而达到经济收入最大化。

牛价的波动对养牛户的生计带来的影响较大，因此养牛户需要密切关注市场的变化，在牛价上涨和下跌时及时并准确地做出调整来维持生计。应采取以下三项措施：①分析市场动态，预测牛价的变化。养牛户还需要注意国内外经济环境，咨询政策变化等对市场进行调查。②调整养殖规模，牛价上涨时根据自身情况可以考虑增加养殖规模，牛价下跌时可以减少养殖规模，还需要调整投入成本的大小，从而提高经济效益。③如果养牛不能带来经济效益而且还赔钱那就需要改变生计方式，可以外出打工或从事农业。

在内蒙古东部地区，多方面的因素影响着养牛户的生计决策。这些决策既受到市场需求、政策帮扶、气候条件等制约因素，更是农民个人智慧和心血的充分体现。市场需求深刻地影响着养牛户的生计。对养牛户的生产决策产生直接影响的是价格波动和市场经济中消费者需求的变化。例如，在牛肉市场需求旺盛的情况下，养牛户为了获得更高的收益，可能会增加养殖规模。但市场需求的不稳定性，要求养牛户敏锐地洞察市场及时调整养殖规模。

对养牛户的生计，政策帮扶也起着不可忽视的作用。现阶段国家养殖补贴、技术培训、优惠贷款等农业产业的政府政策扶持力度在不断加大。这些政策帮助养牛户积极投身养殖行业，有利于降低养牛户的生产成本，提高养殖效益。不少养牛户在政策扶持下走上了脱贫致富之路。另外，气候条件的影响也是举足轻重的。气候条件恶劣、冬季漫长而寒冷的内蒙古东部地区地处高原，这种气候特点给养牛户的养殖业带来了饲料供应偏紧、疫病防控难度较大等诸多困难，目前普遍存在着养牛户面临恶劣气候条件时无法应对的现状，因此必须加大基础设施建设力度，提高养殖业抗风险能力，需要对现有资源进行充分利用。

养牛户的经验和勤奋是至关重要的。养牛户必须紧紧地跟市场联系在一起，随着市场经济的波动及时作出调整。这样才能维持生计，增加经济收入。在内蒙古东部地区养牛户必须不断改进饲养方式和调整品种结构和管理策略来达到经济效益的最大化。最重要的是养牛户根据自身的生计资本和市场需求来制定合理的计划也需要紧跟时代的步伐，学习更科学的养殖技术来抵御市场经济带来的冲击。

第三节 健康观念下的牛奶产业、内蒙古 形象和特色奶食品[①]

一、健康饮食观念

饮食习惯是适应其生态环境的结果，不同的文化环境下形成不同的饮食习

---

① 本节内容由嘎初拉（内蒙古大学民族学与社会学学院民族学专业硕士研究生）；王浩宇（内蒙古大学民族学与社会学学院民族学专业本科生）撰写。

惯，而饮食习惯又与健康与疾病相关联。发现膳食结构模式与人的健康有密切关系是在第二次世界大战期间，当时由于食物缺乏，尤其是肉类、奶类与蛋类的缺乏，使人群中慢性传染病发病率增高，例如，肺结核与肝炎（陈仁惇，2002）。[①] 个体的健康包括了身体健康、心理健康、饮食健康，等等，而其中饮食与健康的关系体现较为直接。人类在追求饮食与健康的道路上探索了几千年，中国更是拥有悠久的饮食文化，是践行健康中国战略的重要依据（孙宝国和刘慧琳，2023）。[②]

自新中国成立至今，国民对于饮食的观念有了质的改变。新中国成立伊始，一切百废待兴。由于社会动荡不安、经济停滞、农业生产力落后、粮食产量低等问题，人们吃不饱穿不暖，国民的基本需要便是解决温饱问题，也就是"吃饱"就行。随着改革开放的推进，国民生活水平也在逐步提高。人们开始追求"吃好"，这一时期饮食也向多样化发展。到了新时代，社会经济达到了前所未有的发展，随着国民收入提高以及健康观念的传播，人们开始注重"吃出健康、吃出营养"。健康是人类永恒的追求，是人类得以延续的基本。人民健康更是民族昌盛，国家富强的重要标志。

二、食品安全与疾病预防

随着全球化的发展，各个国家之间饮食习惯相互影响，从而对不同食品类别有了更深刻的理解与交流，牛乳及乳制品既是其中较为显著的例子。当前流行的牛乳与乳制品相关的行业制度、标准基本以西方习惯为蓝本，深刻地影响了包括中国内的多个国家公共卫生安全的新议题——食品安全（章斯睿，2020）。[③] 在"科学""卫生""健康"等理念的影响下，国内对牛奶及奶食品认识有所改变。加上，人类的进步和发展，是一部同流行病作斗争而不断演进的历史，2003 年发生的"非典"唤醒了人们重视卫生、讲求营养的认识，人们为提高机体免疫能力、保持健康而开始倡导饮用牛奶，也推行了国家学生饮用奶计划。这是抗击"非典"斗争得到的一个重要启示，也是巩

---

① 陈仁惇.世界三大膳食结构模式的比较 [J].膳食指南，2002（3）：50-51.

② 孙宝国，刘慧琳.健康食品产业现状与食品工业转型发展 [J].食品科学技术学报，2023，41（2）.

③ 章斯睿.塑造近代中国牛奶消费：对近代上海乳业市场发展及其管理的考察 [M].上海：上海社会科学院出版社，2020：14.

固防止"非典"的必由之路（于若木，2004）。[1] 现今社会流行病实际上是常见的禽流感、结核病、甲型和乙型肺炎等，能防治或控制，所以不会像"非典"或后期的新冠疫情那样危及整个社会。历时三年之久的新冠疫情将人们带进了"口罩世界"，人民健康受到了严重的威胁。2020年，中国研究者率先解析了奶类对人体营养、免疫与肠道微生物的稳态调节作用；意大利学者将奶类中的活性因子——乳铁蛋白用于新冠病毒感染患者的食物中，使患者的康复期缩短到14天（王加启等，2021）。[2] 在抗击新冠疫情期间，国家卫生健康委员会发布了《新型冠状病毒感染肺炎防治营养膳食指导》，建议一般人群每天喝300克左右的液态奶，乳制品成为了被重点推荐的食物（赫璐璐等，2022）。[3]

奶制品除了对传染性疾病具有防治功能外，本身所含的蛋白质、维生素和矿物质等元素对于缺钙引起的疾病也有防治功能。例如，软骨病或佝偻症、骨质疏松、骨折，等等。软骨病是小儿缺钙所引起的病症，他们的腿会变得弯曲和发育不全，胸部凹陷等。[4] 通过饮奶可以增加钙的摄入量，能促进骨量的增长。因此奶类为儿童的生长发育提供了较好的物质基础。[5] 而骨质疏松多发于老年人群体。奶类及其制品的消费对骨骼的作用至少和使用钙补充剂一样重要，且与钙补充剂相比，奶类来源的钙更容易吸收，可以使骨密度的增加更为持久。[6]

对于乳糖不耐受者来讲，饮用鲜奶制品会引起腹泻、腹痛。他们规避鲜奶制品时也会遗憾地错过奶类所含营养物质。于是怎样才能使这一群体能够在避免乳糖的同时又能吸收其他营养成为了重中之重。对此，奶制品公司推送了脱脂奶、低乳糖奶、酸奶、奶酪等摘除乳糖或低乳糖的食品。

除此之外，还有一个重要的发现更有利于奶制品的进一步推广。食用奶及奶制品也对预防皮肤癌和黑变病具有一定的预防作用。皮肤癌多发于浅肤色人群，这是因为他们体内的黑色素微粒少的缘故，因此他们除了避

---

① 于若木.后"非典"时期坚持实施国家学生饮用奶计划的建议［C］//中国学生营养与健康促进会.中国学生营养与健康高层论坛论文集，2004：2.

② 王加启，郑楠，张养东.面对新冠肺炎疫情：需要树立奶类具有双重营养功能的新认识［J］.中国乳业，2021（8）：123.

③ 赫璐璐，许佳彬，李翠霞.后疫情时期提升乳制品消费动能的路径探析［J］.黑龙江畜牧兽医，2022（6）：1—6+135.

④ 马文·哈里斯.好吃——食物与文化之谜［M］.济南：山东画报出版社，2001：151+165.

⑤⑥ 中国营养学会.中国居民膳食指南［M］.拉萨：西藏人民出版社，2008：31+32.

免晒伤以外就是补充维生素 D3 来补充营养，因此，奶及其制品就成了最佳选择①，奶食品因其富含丰富的营养而受到人们的追捧。其受追捧的范围从一开始占有地域优势的"黄金奶源带"外，那些因为体质或思想观念而无法食用奶食的群体也在"全球化"的热门环境下，渐渐意识到了奶类的营养价值。通过高温或低温杀菌的方法去掉奶制品中不易吸收的乳糖技术开始普及。尤其是在疫情肆虐的时期，通过政府向人民群众普及公共卫生、食品安全等观念，人们逐渐意识到了"科学""营养"的饮食结构对健康的重要性。

三、健康观念下的奶食品

特定区域、特定群体的饮食观念和饮食文化是建立在一定自然和客观物质基础之上的，人们的饮食习惯常常受到不同地区的地理特点和气候条件的影响，即"因地施膳"。② 由于受气候、植被、土壤等生态环境的影响，在地球南北纬 40°~50° 形成了"黄金奶源带"。奶作为热量、高质量蛋白质和钙及乳糖的多重来源③，在疾病预防中扮演着重要的角色，奶类是一种营养成分齐全、组成比例适宜、易消化吸收、营养价值高而被称为"优质蛋白质"。④ 因此奶类被国家和地区看作最接近完美的食品。

"黄金奶源带"所处地区气候条件良好，一方面有利于牧草和饲料的生长，适宜养殖奶牛，另一方面奶牛生长的环境舒适健康，从而可为消费者带来高产量高品质的奶源。⑤ 北半球黄金奶源带主要包括爱尔兰、荷兰、法国诺曼底、德国北部、蒙古、内蒙古、日本以及美国的部分地区。南半球的黄金奶源带主要分布在了澳大利亚北部、新西兰以及阿根廷的潘帕斯草原，例如，新西兰是世界上的产奶大国，乳业是该国经济发展重要的支柱产业，产品出口 150 多个国家。美国是世界上第二产奶大国，美国的黄油、全脂奶酪、脱脂奶粉产量均为世界第一，乳清粉产量为世界第二，浓缩乳清粉产量为世界第三。荷兰是欧洲人口密度最高的国家，但是其牛奶产量却超过了人口数

①③ 马文·哈里斯.好吃——食物与文化之谜［M］.济南：山东画报出版社，2001：156+165.

② 仁庆苏布德，空间转向背景下的健康理念与实践研究——以打柴沟村为例［D］内蒙古大学博士学位论文，2022.

④ 中国营养学会.中国居民膳食指南［M］.拉萨：西藏人民出版社，2008：29.

⑤ 李胜利.来自"黄金奶源带"的馈赠［J］.河北农业，2020（2）：28-29.

量的增长，处于世界畜牧业最发达的国家。[①] 这些地区因得天独厚的地理环境给人们提供了营养丰富的奶源，从而在奶界打下了"江山"，奠定了品牌地位。

除黄金奶源带以外的地区因为生态的限制以及在不同地区存在的机会而产生了差异。[②] 这些地区的人因为不能消化动物奶中的乳糖而拒绝食用奶制品。例如，东亚人、撒哈拉沙漠以南的非洲人、美洲和大洋洲的原住民会出现较多的"乳糖不耐症"。[③] 除此之外，也有一些国家由于奶食既没有再生产上的利益也没有经济上的特殊价值而拒绝食用。[④] 东亚地区的人，如中国人、日本人、韩国人和印度支那人对奶的使用具有一种根深蒂固的厌恶。[⑤] 比如，中国人一开始并不能接受食用奶食，这是因为大多数内地人具有乳糖不耐受的症状，也因为他们从豆类、蛋类，肉类以及蔬果上获取了相应的营养。奶食对于他们来说没有了食用价值，为此他们还找了很好的理由，动物的乳腺分泌物是一种很讨厌的东西。[⑥] 因此，除了北方游农牧民族外，汉人和多数少数民族是很少食用奶制品的，奶制品始终处于中国饮食体系的边缘，从未成为中国传统饮食的主流。[⑦] 但是，中国也有自己的"黄金奶源带"，主要分布在东北、西北和华北草原带，集中了全国70%的奶牛和超过60%的原料奶。[⑧] 本节调查地点位于中国华北草原带，内蒙古自治区赤峰市。

内蒙古也是世界上公认的"黄金奶源带"之一，这里的人群善于食用着奶食品，其中蒙古族群体与奶食品之间形成了直接关联，几乎成为纯正奶食品的代言人。蒙古人食用奶食的记录在较早期的文献中都能够查阅到。《蒙古秘史》中便提到过蒙古人对五畜奶的利用。譬如，秘史中记录着在阔亦坛之战（1202年，成吉思汗与王汗联盟对抗乃蛮部联盟获得胜利）中，成吉思汗被射中脖

① 李丽，刘瑶，韩亚娟.发达国家乳业发展经验及对中国的启示［J］.食品科学技术学报，2017，35（2）：84–88.

②④⑤⑥ 马文·哈里斯.好吃——食物与文化之谜［M］.济南：山东画报出版社，2001：6+141+165.

③ 刘国伟.牛奶的前世今生［J］.环境与生活，2014（1）：14–19.

⑦ 章斯睿.塑造近代中国牛奶消费：对近代上海乳业市场发展及其管理的考察［M］.上海：上海社会科学院出版社，2020：1.

⑧ 李胜利.来自"黄金奶源带"的馈赠［J］.河北农业，2020（2）：28.

子，因其口渴，大将者勒蔑从敌方取马奶为其解渴。① "孛端察儿纵其鹰，往彼百姓处，日则就其马乳，夜则归宿其草庵。"② 诸如此类的例子在秘史中很常见。除此之外，在马可波罗在其《马可波罗行记》中记载"鞑靼人，饮马乳，其色类白葡萄酒，而其为佳"。③ 被称为蒙古族的"百科全书"的《蒙古风俗鉴》中也从习俗方面，例如，祭祀方面记录着奶食品的使用。④ 敖其（2019）的《蒙古民俗》⑤这本书中可以了解有关奶食品的制作等方面。小长谷有纪等（2008）的《蒙古"白食"的民俗学调查与探讨》从奶源、种类、加工办法以及功能和特征方面进行了描述。⑥ 内蒙古大学硕士生石旭（2016）在《地方性知识视野下蒙古族奶制品传统制作工艺研究》论文中，从"本土知识"出发探讨了奶食品在蒙古族饮食文化中的地位。⑦ 敖其（2012）的《蒙古族传统奶食品的制作技艺与相关民俗探析》是在田野实践和田野调查的基础上，将蒙古族传统奶食品技艺分为自然凝固法、搅拌发酵法、温火烧制法三种类型，同时对蒙古族在食用奶食品过程中形成的一整套与精神文化相关的饮食礼仪和饮食习俗进行了探讨。⑧ 温嘉玉和崔菁菁（2023）的《乡村振兴背景下内蒙古奶食品产业的发展问题研究》分析了内蒙古奶食品产业发展过程中面临的问题，提出了相应的对策和建议。⑨

四、奶食品的地方性

民族文化中的地方性生态知识是一个不断丰富与完善的知识体系，集中表现为一个组织有序的知识网络。⑩ 地方性知识（Local Knowledge）是在特定的自然条件和社会环境下由当地百姓经过长期的生产生活实践所形成的具有地域

---

① ［蒙古］策·达木丁苏荣.蒙古秘史（蒙文）［M］.呼和浩特：内蒙古人民出版社，2007.

② 道润梯步.蒙古秘史［M］.呼和浩特：内蒙古人民出版社，1979：13.

③ 马可波罗.马可波罗行记［M］.冯承钧，译.上海：上海书店出版社，2006：175.

④ 罗布桑却丹.蒙古风俗鉴（汉文）［M］.赵景阳，译.沈阳：辽宁民族出版社，1988.

⑤ 敖其.蒙古民俗［M］.呼和浩特：内蒙古人民出版社，2019.

⑥ 小长谷有纪，祁惠君，韩永花.蒙古"白食"的民俗学调查与探讨［J］.满语研究，2008（1）：123–132.

⑦ 石旭.地方性知识视野下蒙古族奶制品传统制作工艺研究［D］.内蒙古大学硕士学位论文，2016

⑧ 敖其.蒙古族传统奶食品的制作技艺与相关民俗探析［J］.西北民族研究，2012（3）：94–98.

⑨ 温嘉玉，崔菁菁.乡村振兴背景下内蒙古奶食品产业的发展问题研究［J］.山西农经，2023（8）：105–107.

⑩ 周大鸣.人类学概论［M］.北京：高等教育出版社，2019.

性、本土性和民族性特征的传统文化知识，是对主流知识体系的重要补充。[①]笔者以赤峰市阿鲁科尔沁旗奶食品为例来谈在现代化进程中的地方性奶食品与产业之间的关联性。

实际上文化习俗并不是饮食偏好与禁忌的万能答案，答案要到生态史与文化史的结合中去寻找。[②]蒙古高原是北方游农牧民族居住的地区，因其幅员辽阔以及独特的生态与气候，使他们形成了草原畜牧文化。游牧人群在长期的与自然、畜群的接触、经营过程中完成了五畜为代表的家养动物的驯化，牛、羊、山羊、马和骆驼是蒙古高原常见的家畜种类。饲养五畜既是他们的生计，也是生活物资来源。在草原上的人，他们的饮食结构中肉和奶是最主要的两项。肉被称为"红食"，是抗寒的绝佳食品。奶食被称为"白食"，是能够长期存储的食物。

传统奶食品可以利用牛、羊、山羊、马、骆驼等五畜的奶，不同种类的动物奶由不同的加工制作，有各自一套方法和名称，也有区域之间的差异。笔者从五畜奶（主要是牛奶）的发酵程度对阿鲁科尔沁传统奶食品进行分类。

（一）鲜奶

鲜奶是一切奶食品的原料，可以通过静置、发酵等方法加工制作奶食品。一般生牛乳不宜直接饮用，因为生牛乳含有病原微生物（布氏杆菌、结核分枝、杆菌等）和有害微生物（腐败菌、嗜冷菌等）。[③]如果直接饮用的话，轻则腹痛腹泻，重则得布病、结核病等。鲜奶可以通过熬煮的方法直接饮用，也可以用来熬奶茶。除此之外，可以通过熬煮鲜奶过程中加入酸汁的方式制作奶豆腐。与普通奶豆腐相比，它是全脂的，口感上更加绵密。

（二）部分发酵奶

部分发酵奶所制的奶豆腐比较少见，例如，suun 胡日德（奶豆腐）。suun 胡日德是由半发酵奶温火熬煮制成的，在口感上相较于发酵奶豆腐更加绵密，奶味更浓。但是，如果 suun 胡日德火候过甚或者发酵程度过了头，会变成有嚼劲的奶豆腐（shurbesn 胡日德）。shurbesn 胡日德因其在食用时具有像筋骨

---

① 王希隆，明占秀.地方性知识与半农半牧区生态农牧业发展研究——以甘肃省天祝藏族自治县为例［J］.青海民族大学学报（社会科学版），2022，48（3）：101–107.

② 马文·哈里斯.好吃——食物与文化之谜［M］.济南：山东画报出版社，2001：4.

③ 王宇.生牛奶中的主要微生物、检测方法及其控制［J］.现代畜牧科技，2019（5）：5–7.

一样的口感而得名。但是实际上此类奶豆腐在传统意义上为失败的成品。

（三）发酵奶

传统的奶食品多数都是通过凝固发酵后才制作的。这种发酵奶能够产生益生菌，这一词源于拉丁文，意为"有利于生命"的菌类。[1]益生菌是指当人体服用一定量时能够对人体产生有益影响的微生物，人们熟知的大多数益生菌是能够产生乳酸的用于发酵乳制品的乳酸菌。[2]早在20世纪初，梅契尼科夫在他获得诺贝尔奖的"长寿学说"里明确指出，日常饮食中经常饮用的酸奶中含有大量的乳酸菌，它能有效地抑制有害菌的生长。从医学角度来讲，益生菌具有促进营养物质吸收、预防腹泻、缓和乳糖不耐症、降低胆固醇水平等作用。

蒙古族的发酵奶食品种类多样，例如，奶豆腐、奶酪、奶渣、奶皮子、黄油，等等。这些都是过滤掉乳糖后，更能使人安全食用的产品。[3]奶食品作为蒙古族的文化符号之一，是在漫长的历史进程中，一代代传承下来的瑰宝。传统奶食品比较受当地特定群体的喜爱，但在更广的范围内没有得到宣传和销售，[4]在奶源、供货方面都存在不稳定。

五、牛奶产业的文化之源[5]

（一）产品包装与草原渊源

伊利集团作为中国乳制品行业的领军企业，伊利品牌在"全球最具价值乳品品牌10强"榜单中位居第一。伊利拥有母品牌及20余个子品牌，安慕希与纯牛奶年销售收入位居200亿级阵营，金典和优酸乳年销售收入突破100亿元，10亿级子品牌多达10个。伊利超高的品牌效应下，伊利产品包装设计也随着时代与消费需求的变化不断更新升级。自2005年以来，伊利纯牛奶的包装设计历经多次调整与优化，每一次的变化都映射出乳制品行业的市场趋势和消费

① 李磊.益生菌——保护肠胃健康的好伙伴［J］.中国检验检疫，2007（4）：61.

② 庞伟华，李忠民.益生菌发酵乳制品的生理功能［J］.中国乳业，2013（5）：64-67.

③ 苏叶.蒙古族奶食品市场化研究——以赤峰市天山镇为例［D］.内蒙古民族大学硕士学位论文，2024.

④ 斯日吉莫德格.蒙古族传统奶食品加工业发展分析——以阿鲁科尔沁旗为例［J］.现代商业，2018（19）：66-67.

⑤ 本段内容由内蒙古大学民族学与社会学学院民族学专业本科生王浩宇负责撰写。

者心理的转变。早期的伊利牛奶包装相对简约，以白底蓝字为主，突出产品的"纯""健康"特性。随着市场竞争的加剧，伊利逐步在包装中融入更多现代化设计元素，如象征自然与绿色生态的图案、环保概念的色调选择等，以适应消费者对于健康和环保产品日益增长的需求。从符号学的角度来看，伊利包装的每一次更新都不仅是商业策略上的调整，更是品牌符号的不断编码过程。例如，2008年，伊利在产品包装中首次大规模引入"绿色食品"标识，以迎合健康消费趋势。2012年，随着国内乳制品市场的升级和高端产品的推出，伊利的包装设计也趋于高端化，以高档的金色和银色为主色调，进一步传递出高端、纯天然的品牌形象。

伊利纯牛奶的包装设计在长期的市场运作中形成了一系列经典符号。这些符号不仅具有视觉吸引力，更通过符号的象征意义传递品牌的核心价值。伊利的LOGO设计是其品牌识别的核心要素，蓝绿色调的搭配象征了天空与大地，体现了自然和环保的品牌诉求。蓝色象征广阔无垠的天空，给人以纯净与自由的联想，而绿色则代表辽阔草原与自然和谐，传递出品牌对自然生态的关注。此外，"伊利"两字的字体设计一直保持着圆润流畅的风格，这不仅符合消费者对品牌亲和力和信任感的需求，也为品牌树立了稳定、可靠的形象。品牌标识与背景图案的有机结合，使伊利产品具有了高度的可辨识性。产品包装中的其他符号，如"有机""高钙"等功能性标识，也在符号学上承担了强化产品健康属性的功能。

伊利旗下的各类纯牛奶品牌（如金典、舒化奶、臻浓）在包装符号上各具特色，充分体现了不同品牌的市场定位和消费群体差异。每种产品的包装符号不仅是视觉设计的元素，更承载了品牌的文化意义和价值主张。

金典纯牛奶，作为伊利旗下的高端品牌，金典的包装设计以绿色和金色为主，象征着高端、自然和有机的产品属性。包装上描绘的奶牛图案和牧场风景，直接传递出"源自优质牧场"的品牌诉求。在符号学中，这种"牧场"图像不仅是一种具象的表征，还象征着与自然的紧密联系，进一步强化了其有机和健康的产品定位。

舒化奶，舒化奶的包装设计突出了"无乳糖"的健康理念。蓝白相间的色调传递出轻松、舒适的感觉，符合无乳糖产品的功能定位。包装上的大字标注"无乳糖"，符号化地传递出产品对于乳糖不耐症群体的友好性。在符号学角度，舒化奶通过这些视觉符号，成功编码出"健康""轻盈""消化舒适"的象征意义。

臻浓牛奶，臻浓的包装设计以黑金色调为主，强调产品的高蛋白含量和营养价值。臻浓包装上的"3.8g 蛋白质"这一符号显眼醒目，是符号学中典型的"数字符号"，直接与消费者的健康需求相对应。这类符号通过视觉强化了产品的营养功能，帮助消费者在购买时迅速识别产品的功能属性。

伊利经典款纯牛奶，作为母品牌，伊利经典款包装设计更趋于简约，突出品牌标识的同时，通过简洁的色彩搭配和图案设计，传递出"纯净""安全"的品牌内涵。与其他品牌相比，伊利经典款的包装符号更为务实，旨在巩固消费者对品牌的信任。

（二）传统牧区牛奶文化的符号化

品牌的包装符号不仅是商业设计元素，还是文化的表征工具。它们通过视觉符号的排列组合，体现了企业的核心理念，传递了关于健康、自然和安全的文化价值。例如，金典包装中的"牧场""奶牛"符号并非单纯的图像，而是消费者对自然、健康生活方式的认同和追求。通过这些符号，伊利将产品与消费者的文化认同联系在一起，进一步巩固了品牌在消费者心目中的地位。文化符号不仅是信息的载体，还承载了深刻的社会意义。在伊利的包装设计中，符号的编排与组合反映了现代社会中消费者对健康、天然和环保的关注。每个包装符号都是文化信息的象征，它们通过视觉传达，塑造出产品与消费者之间的互动关系。

伊利在包装设计中大量运用了传统牧区的符号元素，如奶牛、草原和蓝天等，这些符号不仅是对传统牧区文化的视觉呈现，还承载了深厚的文化意义。在内蒙古牧区，牛奶不仅是日常饮食的重要组成部分，更是牧区文化中不可或缺的象征。这种文化符号被引入到现代牛奶产品的包装中，成为品牌传递文化价值和传统记忆的工具。通过包装符号，伊利将传统牧区文化的精髓与现代消费者的需求结合起来，让消费者在工业化的现代社会中找到与自然、健康的连接点。

（三）消费者对传统文化的再解读

符号的力量在于它能够被重新解读和赋予新的文化价值。通过田野调查中的访谈，笔者发现，许多消费者在购买伊利牛奶时，已经将包装上的传统符号与现代健康理念紧密结合。例如，一位消费者提道："看到包装上的草原图案，我会觉得这个牛奶更加纯天然。"现代消费者通过符号对传统牧区文化进行了再解读，并赋予其现代化的健康意义。在田野调查中，笔者发现，虽然许多城市消费者对牧区文化并不熟悉，但通过包装符号的引导，他们能够对这一文化符号进行再解读。例如，许多消费者将包装中的"牧场"符号解读为纯天然和无污染的象征，这说明符号虽然来自传统文化，但经过现代包装设计的转译后，能够被消费者赋予新的文化意义。通过这种再解读,消费者不仅在购买牛奶时受到传统文化符号的影响,还将这种符号转化为现代消费社会中的健康理念。

全球化背景下,乳制品包装的符号不仅反映了品牌的定位,也体现了文化的多样性。以雀巢和达能为例,雀巢在其牛奶产品包装中广泛采用蓝色、白色等象征纯净、自然的颜色,并在许多市场中采用国际通用的"绿色认证"标识。这些符号在不同文化背景下具有不同的解读。例如,在欧洲市场,雀巢通过"绿色认证"标识传递产品的环保理念,而在中国市场,消费者则更倾向于将这一符号解读为"健康、安全"的保证。达能的牛奶包装则更多地采用象征营养、科技的符号元素,如在产品上突出标注"蛋白质含量""钙质补充"等数字化符号。这种符号化的数字体系与中国国内高端乳制品的定位相吻合,也深受消费者信赖。国际乳制品品牌通过符号的本土化改造,不仅增强了产品的文化适应性,还进一步加深了与当地消费者的情感联系。

总体来看,乳制品虽为内蒙古特色的产业,但在产业链下,农牧民对于原奶供应链的参与是有限的,各大品牌方都有自己的指定牧场和牛群以及行业标准,农牧民养殖五畜产出的奶处于规模小、奶量、质量不稳定的"散奶",实际上这些散奶还是依靠传统奶制品及改良版的传统奶制品零星销售的,如遍布内蒙古多个城镇的各类奶食品店、旅游点上的摊位。从本节探讨的内容来讲,笔者所要表达的是在奶产业链下更多的受益者是大企业,仅仅从包装设计中的地方性文化的应用就表明,"纯天然无污染的大草原"产出的优质形象为奶业"大佬"提供了真正优质的品牌意义。

第四节 羊绒产业链下的农牧民经济行为[①]

一、山羊、羊绒产业链与农牧民生计

目前全球山羊绒主要来源于亚洲,分布在中国、蒙古、伊朗、阿富汗、巴基斯坦、哈萨克斯坦等国家。内蒙古绒山羊与辽宁绒山羊是国际著名绒山羊品

[①] 本节内容由内蒙古大学民族学与社会学学院民族学专业2019级本科生仓阿撰写,在本科学位论文基础上继续补充了调查资料,包含2022~2024年受访家庭羊绒收入的追踪记录。

种。内蒙古凭借得天独厚的自然资源和环境优势,养殖绒山羊的数量居于首位,①成为山羊绒的主产区,占全球羊绒总产量的三成之多。独特的荒漠半荒漠环境使阿拉善白绒山羊表现出极强的抗逆性,同时也体现了它在荒漠地带独特的生态适应性和价值。随着经济社会的发展人们对羊绒制品的要求越来越高,这为牧区的羊绒产业提供了发展机遇。阿拉善农牧民的羊绒生产是一种独特的生产形式,也是一种文化现象,更是一种生态现象,对于阿拉善地区的农牧民来说羊绒已成为重要的经济来源之一,每年的羊绒采集活动以及出售也是牧区生产过程中的重要环节。

作为最早被人类所驯服的家畜,山羊为早期的人类提供了大量的肉食资源、奶、皮毛,在古代社会发展过程中扮演了一个重要的角色。由于绒山羊有诸多优势,因此世界上许多国家都对山羊养殖和羊绒产业尤为关注。羊绒产业,又称绒毛用羊产业,是中国纺织产业中发展较早的行业之一,早在数百年前就与国外有密切的贸易往来(李成旺,2022)。②2009 年 9 月 26 日,国内第一家以羊绒为主题的博物馆在河北清河建成并正式开馆,该馆通过大量精美图片和珍贵实物,全方位地展示了从古至今、从中国到世界的羊绒发展历程,并试图通过对历史的精细梳理,凸显产业积淀的厚重文化,探索行业发展的深层规律(耿春华和郑春雨,2009)。③

中国是世界上最大的羊绒生产国,羊绒产量占世界总产量的 2/3 以上。中国羊绒行业发展大致经历了三个阶段:早期中国的羊绒产品市场被欧美等发达国家所垄断,国内的羊绒产品质量并不差,只是工艺上远远落后于国外的品牌;20 世纪 80 年代,鄂尔多斯集团的出现标志着国产羊绒品牌的逐渐兴起,但现阶段国内羊绒制品的竞争也较为激烈,产品质量各异;进入 21 世纪,随着全国消费水平不断提高,人们对羊绒的消费需求也逐渐提高,羊绒企业数量也开始增多,行业发展相对成熟,秩序化。④

随着中国羊绒产业化发展,内蒙古地区的羊绒产量占据中国各省区排名第一。绒山羊的养殖有着严格的要求,山丹的《内蒙古山羊绒的发展优势》中提出产自中温地带的典型草原、荒漠草原和高寒地带的绒山羊,气候过暖或过潮湿,山羊不会长绒,内蒙古的地理环境适合于绒山羊的生长,每年羊绒产量占

---

① 内蒙古农畜产品生产基地产业链条研究[R].内蒙古自治区宏观经济学研究中心,2021.

② 李成旺.基于 GVC 理论的我国羊绒产业升级影响因素分析[D].东华大学硕士学位论文,2022.

③ 耿春华,郑春雨.中国首家羊绒博物馆建成并开馆[N].中国纺织报,2009-09-30(004).

④ 2022 年中国羊绒产业全景图谱,https://baijiahao.baidu.com/s?id=1729704738465357517&wfr=spider &for=pc.

全国总量的 40% 左右（山丹，2004）。[1]

羊绒产业对国家和地区经济增长有重要的作用。内蒙古羊绒产业作为世界羊绒的主产区，内蒙古凭借资源优势，大力发展羊绒加工业，销售收入过百万的羊绒加工企业增多，涌现了鄂尔多斯、鹿王、兆君、维信、东达等十几个知名品牌。内蒙古地区有多种优良品种的绒山羊，其中阿拉善地区的白绒山羊是内蒙古乃至全世界最优质的白绒山羊品种，羊绒较细，因其白如雪、轻如云、细如纱，故被誉为"毛中之王""纤维宝石""软白金"，是毛纺工业的高级原料（刘晓芳和邢玉梅，2013）。[2] 阿拉善盟白绒山羊总量保持在 60 万只左右，年产绒量 240 吨左右（朱莉仙等，2019）。[3]

羊绒产业的产业链由绒山羊养殖、羊绒生产、羊绒流通、羊绒加工及羊绒制品销售等环节组成，可以概括为羊绒的生产、流通、加工和销售四个环节。羊绒产业链的相关参与主体包括山羊养殖户、绒山羊养殖合作社、羊绒贸易商、羊绒加工企业等，它们形成了一个相互联系的有机系统，这个系统联系密切但又存在一定程度的利益冲突。畜牧养殖处于羊绒行业上游部分，纺织服装属于下游产业。全球知名羊绒纱线制造商主要分布在中国和意大利。中国的知名品牌有鄂尔多斯羊绒（KVSS）、康赛妮（Consinee）、新澳羊绒、鹿王羊绒、中鼎羊绒等。意大利羊绒品牌有诺悠翩雅（Loro Piana）、马罗（Malo）、布鲁奈罗·库奇内利（Brunello Cucinelli）等。山羊绒制成品有生活类和服装类，生活类包括羊绒制品、毯子、洗净绒、呢绒；服装类包含羊绒衫、羊绒围巾、披肩、绒裤、羊绒絮片服装等。[4]

对于农牧民而言，养殖山羊最重要的原因是它在生计中的作用。生计是指个人或家庭的谋生方式。斯图尔德认为生计方式的研究是生态人类学研究过程中最基本的问题。自斯图尔德提出生态人类学以后，人类学术界一直将生计方式看作与其所处的环境有着最大关联的一种文化核心。生计方式是生态人类学研究的重点课题，因此人类学者有关生计研究基本上都是在生态人

① 山丹.内蒙古山羊绒产业的发展优势［J］.西部论丛，2004（10）：57-58.

② 刘晓芳，邢玉梅.阿拉善地区羊绒生产与可持续发展探讨［J］.当代畜禽养殖业，2013（6）：56-58.

③ 朱莉仙，聂慧，图布新毕力格.阿拉善羊绒优质优价市场现状与展望［J］.畜牧兽医科技信息，2019（11）：13.

④ 内蒙古农畜产品生产基地产业链条研究［R］.内蒙古自治区宏观经济学研究中心，2021.

类学的框架下进行的（舒瑜，2019）。[①] 王天雁和马晓青（2022）通过调查牧民生产生活，发现生态保护政策下的禁牧和草畜平衡政策对牧民牧业收入有着显著影响。[②] 王泽文（1996）认为，绒山羊成为牧民致富的畜种，主要原因有山羊的繁殖率高，耐寒耐粗饲料，适应性强，而且山羊绒市场需求量大。[③]

山羊业不仅对于中国的农牧民，对于全世界的经济欠发达地区都有重要地位。关于山羊在生计中的重要性，国外研究者 Alemu Tewodros 等写到，阿伯格尔地区人民的生计支柱是高度依赖山羊的生产。[④] 阿伯格尔 Abergelle 山羊是埃塞俄比亚山羊品种之一，与其他农业产品相比，山羊对牧民生计的贡献最大，山羊是重要的资产，山羊肉、奶和黄油，都是重要的食物来源和收入来源，山羊的粪便与其他生物燃料的混合是埃塞俄比亚国内能源的重要来源。

二、阿拉善山羊养殖概况

根据阿拉善 2020 年统计年鉴，阿拉善左旗 2019 年 6 月末山羊总头数共324137 只，绵羊共 191750 只。2019 年，全盟山羊粗毛产量共 129.7 吨，山羊绒产量 150.35 吨。其中阿拉善左旗山羊粗毛产量占 79 吨，山羊绒产量占 75 吨。[⑤]

（一）环境优势

阿拉善左旗是绒山羊的主要产地，特别是阿拉善左旗北部的敖伦布拉格、吉兰泰、巴彦诺尔公等地。夏季气温高，冬季气候寒冷，气温年较差大，早晚温度变化也大，气候干燥，降雨量较少，植被稀疏，地形复杂，很少有牲畜能适应这当地干旱半干旱生态环境条件。而白绒山羊耐寒，耐旱，身体结实明杰，能爬山，能远足。羊绒是生长在山羊表皮层粗毛根部的一层无髓细绒。每

① 舒瑜.海拔、生计与现代性：德昂族生计选择的生态人类学研究［J］.云南师范大学学报（哲学社会科学版），2019（4）：72-80.

② 王天雁，马晓青.生态保护与牧民生计：牧区草原生态保护补助奖励政策实施状况调查［J］.青海民族大学学报（社会科学版），2022，48（2）：57-69.

③ 王泽文.绒山羊成为牧民致富的畜种［J］.中国畜牧杂志，1996（2）：4.

④ Alemu Tewodros, Seifu Eyassu, Bezabih Amsalu.Production Practices, Constraints and Opportunities of Abergelle Goat Breed, Northern Ethiopia［J］. Journal of Animal Research, 2020, 10（5）：677-684.

⑤ 阿拉善统计年鉴（内部资料),2020：阿左旗六月末牲畜总头数（表5-8）；分地区畜禽产品产量（表5-13）。

当天气渐凉时羊绒逐渐长出，有季节性特征，山羊绒可以有效抵御寒风，北部冬季天气寒冷，山羊需要有更厚的"衣服"来抵御寒冷气候，低温促使山羊的绒毛更厚更长更多。

阿拉善人习惯上总是把左旗分为南部和北部。以阿拉善首府巴彦浩特为临界点，巴彦浩特以南的地区称为"南部"，以北称"北部"。首先北部地区地形较复杂，有荒漠、戈壁、山地等，适合养山羊。山羊的养殖效益比其他动物高，可以利用羊绒，羊肉，羊奶。南部地区被腾格里沙漠覆盖，主要以荒漠地区为主，比起山羊更适合养骆驼、绵羊。南部地区山羊的绒肉质量相比北部缺乏竞争力，在阿拉善人们提到牧区羊肉都是选择"北部"的肉。羊绒的细度，长度，净绒率也不具竞争力，因此羊绒的价格也是不理想。但是"南部"与宁夏和甘肃接壤，与银川市、中卫市、民勤县较近，这些地方的人普遍喜爱绵羊肉和羔羊肉，为满足客户需求，增加收益，大部分农牧民都选择养绵羊，养殖成本低，经济效益高。因此对于"南部"地区的农牧民来说绵羊对于他们更有吸引力。

（二）经济优势

山羊绒、肉、奶均可利用，与绵羊相比，具有养殖成本低，成活率高，经济效益好的优点。山羊绒是一种稀有的动物纤维，优质的高档毛纺原料，有很高的经济价值，产量稀少，以克论价，被称为纤维中的软黄金。根据调查2022年庆格勒图嘎查的羊绒价格最高到了一斤210元，每年出售的羊绒也是农牧民的重要经济来源之一。山羊肉也受人们的喜爱，如果按羊肉的价格来算牧区羊肉每斤45元，如果一只羯羊体重60斤，一只可以卖2700元。同时农牧民每年都会接羊羔子，羊羔可以卖，公母羊羔平均价格900元，但也看羊羔的质量来定价。对于"北部"的农牧民来说，山羊身上有如此多的经济价值，因此选择养山羊也是他们的首选。在"包产到户"承包制度实行之际农牧民AR家选择养殖的畜牧种类是骆驼，但是随着他年龄的增长，到后来很难"控制"200多只骆驼了，他们只能减少骆驼的数量，但还是显得力不从心，没有办法最后选择放弃骆驼，养了山羊，之后他的儿女也跟着在牧区养了山羊。

（三）政策优势

1988年内蒙古自治区人民政府对内蒙古白绒山羊的品种进行了分类，将其分为阿尔巴斯、阿拉善和二狼山白绒山羊三个类，因此阿拉善白绒山羊作为地方特色更有一定优势。同时，内蒙古自治区发展和改革委员会在2022

年工作计划中提出，推进产业链和产业集群建设，会同相关部门着力打造乳业、肉牛、肉羊、马铃薯、羊绒、现代煤化工、有色金属、新能源汽车、风电装备、光伏装备、生物医药、稀土等 12 条重点产业链。[①] 羊绒产业得到了政府以及市场的重视，因此解决羊绒产业的原料问题也是饲养绒山羊者的责任。

三、庆格勒图嘎查案例

阿拉善左旗位于内蒙古自治区阿拉善盟东部，阿拉善盟地势南高北低，主要为沙漠戈壁，低山丘陵，湖泊盆地，起伏滩地。这里是一个具有严酷天气环境的典型大陆性天气，干旱少雨，风沙大，白天和晚上的温度相差大。根据 2024 年公布的信息，全旗总人口约 20.3 万（含阿拉善开发区及孪井滩生态示范区人口），全旗总面积 80412 平方千米，人口密度为 0.93 人／平方千米。[②] 阿拉善左旗辖 15 个苏木镇，其中包括吉兰泰镇，庆格勒图嘎查属于阿拉善左旗吉兰泰镇下辖的行政村，位于阿拉善左旗北部。

庆格勒图嘎查蒙古族人口数量占据多数，庆格勒地区地广人稀，牧户都早已定居，每个家庭之间的距离相对远，大部分农牧民家庭草场面积在 10000 亩以上。家畜种类有山羊、绵羊、牛、骆驼，山羊的数量远远多于其他牲畜。农牧民在冬季忙于接羊羔，春天要忙于梳羊绒，这是庆格勒图牧区的普遍现象。山羊的养殖方式为结合放牧与圈养，即山羊白天在草场活动，晚上在羊圈里过夜，只有在冬天怀孕的母羊才会留在羊圈，这是农牧民为了防止刚出生的小羊羔在野外冻伤或被野兽吃掉，还有就是冬季的草场并不是那么"富有"，怀孕的母羊需要更多的营养，农牧民会把它们留在羊圈特殊照顾。据了解 2~6 岁的绒山羊产绒量、绒纤维长度等综合品质都比较好，所以农牧民会适当增加这个年龄段在群体中的比例，同时 7~8 岁绒山羊产绒量已经下降，需要降低比例。

庆格勒图嘎查主要饲养的牲畜种类为山羊，同时部分牧户也兼顾着养殖少量绵羊、牛、骆驼。绵羊还被保留下来是因为蒙古族人习惯在重要场合需要"Uuca"，Uuca 取自绵羊前胸部位，如果自家没有绵羊需要摆放 Uuca 时就得购买，Uuca 平均价格 1000 元，如果是风干的会更贵一点，所以农牧民养殖

---

① 内蒙古自治区发展和改革委员会 2022 年工作计划，2022 年 3 月（内部资料）。

② https://www.alszq.gov.cn/art/2024/2/18/art_2156_6118.html.

山羊的同时也会给自己留一部分绵羊,以便在节庆时节享用。绵羊一般很少圈在羊圈里,只有母羊在越冬时留在羊圈一段时间吃点补饲。庆格勒图的草场面积相对宽阔,绵羊一般在自家的草场里吃草,喝水的时候就会自己来到井边,农牧民也趁饮水的时候检查羊群。然而在这一片土地上山羊比起绵羊有更多的优势。

农牧民在这片引人入胜又荒凉无边的地貌中熟悉他们生活的土地和栖息其中的动物,并对他们满怀深情。这里虽然是望不到边际的沙丘,光秃秃的岩石,陡峭险峻的山地,生活的却是一群纯白洁净、眼神清澈的生灵。通过适应极端季节的过程中,绒山羊有了极强的适应力与生命力,它们的绒毛为其抵御风雨、寒冷、沙尘的同时给农牧民带来了财富。地方生态环境和资源基础对生计模式及生计变化产生决定性影响,正如江郁涛(2018)所说,自然生态环境是形成生计方式的基础,经济制度环境是优化生计方式的关键。[1]

表4-2、表4-3是庆格勒图嘎查的七位牧民家庭基本情况及三年来的羊绒价格、产量、收入情况:

表4-2 2022年羊绒产量、价格及家庭情况

姓名	年龄	性别	劳动力(个)	山羊数量(头)	草场面积(亩)	羊绒总产量(斤)	羊绒价格(元)	补贴金额(元)
NS	43	男	1	230	21000	192	195	12.5
NT	72	男	2	200	17000	175	192	10
HB	48	男	2	370	29000	380	190	12.5
UL	58	男	2	480	27000	260	195	12.5
SG	48	女	2	210	15000	110	182	10
HQ	49	女	2	430	17000	300	190	25
MJ	54	男	2	370	18000	290	190	25

表4-3 2023~2024年羊绒产量、价格及收入情况

姓名	2023年羊绒总产量(斤)	2023年羊绒价格(元)	2023年羊绒总收入(元)	2024年羊绒总产量(斤)	2024年羊绒价格(元)	2024年羊绒总收入(元)
NS	180	202	36360	170	196	33320
NT	190	200	38000	270	200	54000
HB	310	205	63550	255	200	51000

---

① 江郁涛.旅游地环境变迁对居民生计方式的影响研究[D].广西大学硕士学位论文,2018.

续表

姓名	2023 年羊绒总产量（斤）	2023 年羊绒价格（元）	2023 年羊绒总收入（元）	2024 年羊绒总产量（斤）	2024 年羊绒价格（元）	2024 年羊绒总收入（元）
UL	220	205	45100	210	195	40950
SG	195	200	39000	185	200	37000
HQ	255	207	52785	240	196	47040
MJ	280	205	57400	320	200	64000

四、羊绒采集

山羊的绒毛分为外被毛（毛）和内被毛（绒）两层，来自内层的绒毛就是羊绒，其纤维直径比羊毛细，羊毛较粗较长，纤维中心有髓质通道，保护动物不受物理损伤，而羊绒则可以御寒，手感比羊毛绵密，保暖性也比羊毛强。采集方式上各个地区有区别，在阿拉善地区，从山羊身上采取绒毛的方法主要是以梳取的方式，即羊绒和羊毛分开采集，先剪掉外层的羊毛，然后以梳取的方式收集内层的羊绒。绵羊则不需要梳绒，只需剪掉一层羊毛即可。

收集羊绒需要一定的经验和方法。抓绒的准确时机要根据羊绒松动的具体情况而定，一般在每年4月中旬以后，当春天来临天气渐暖时，太早梳绒山羊可能会着凉生病，时机太晚羊绒细度也会有所影响。判定标准为当用手拨开山羊的绒毛后绒毛轻松离开山羊表皮就表示这只羊可以梳绒了。梳绒工具包括长剪刀和钢丝梳子（见图4-1和图4-3）。

绒山羊被毛由两层纤维组成，底层纤维是山羊绒，上层的是粗毛，牧民通常称为梢子毛，用长剪刀剪去梢子毛（见图4-2），梢子毛经济价值低，剪去梢子毛的长度以不损坏绒毛为基础。剪完梢子毛的羊开始第二道工序，梳绒时首先在地上铺好一块布，这有利于防止羊绒被污染，然后将羊的四肢固定好以防在梳绒的时候羊乱动逃窜导致人畜受伤。梳绒时要用一种钢丝梳子顺着颈、肩、背、腰、股、腹等部位从头梳到尾，梳绒的时候要注意方法，梳子要贴近羊只的皮肤，抓绒时用力要均匀，不能用力过猛，防止刮破羊皮和刮伤自己。当完成一遍梳绒后需要再一次用细的梳子梳一遍，从而做到有绒必梳，梳绒必有效益（见图4-4）。

钢丝梳子用于剪完梢子毛后，在山羊身上各个部位都梳一遍，绒毛就会在梳齿的带动下脱落。这种梳子有两种，区别是一种大一种小，大梳子的铁丝和梳齿的距离都比较粗且大，小梳子则细梳齿距离也小，牧民想要做到更细致就会先用大梳子梳一遍羊绒，再用小梳子做一些细节工作。

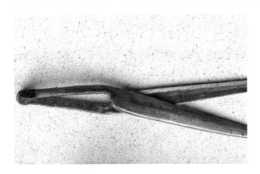

图 4-1　长剪刀

图 4-2　农牧民在剪梢子毛

图 4-3　钢丝梳子

图 4-4　农牧民在梳羊绒

　　由于不是家里所有的羊都同时具备梳绒的条件，因此在采集羊绒的这段时间里，牧民每天必须要做的工作就是为明天做准备。每当晚上山羊从草场回到羊圈时，牧民在圈完羊之后会挑选几个合格的羊单独把它们圈在别的羊圈里面，等到第二天早上其他的羊照旧去草场，而它们则会被留下梳绒了，在留下来的羊都完成了梳绒之后它们会被放出来。就这样，明天又会是一批新的羊被留下来。

　　庆格勒图嘎查农牧民 UL："我们家今年有 287 只羊需要梳绒，现在我有点老了抓绒这活也干得不利索了，以前我一个人一天梳个 10 多只羊没问题。每当羊绒季节到来时我儿子会过来帮忙，刚好是五一劳动节那会儿，也不必特意请假了，家里劳动力多了我们会多抓几只羊，平常我们夫妻两个人每天大概抓个 15~16 只羊，偶尔下点功夫多抓几只，有时候我们邻居间也会相互帮忙抓羊绒的，今天到他家帮忙抓绒，明天再来我家，这样效率也高了。"羊绒生产活动在这里更像是一种技术传承，很多牧民的羊绒生产经验是从家族长辈那里传承下来的，这种传统技术涉及很多细节和智慧，以确保高质量的羊绒产出。

五、羊绒交易

山羊原绒的交易方式主要有散户售卖、"二道贩子"收购、羊绒交易市场等。而阿拉善大多数羊绒都通过前两者售卖，近年来通过羊绒交易市场拍卖羊绒也越来越形成主流之势。优质羊绒通过羊绒交易市场拍卖的方式，为牧民增加30%的收入。内蒙古羊绒交易中心现拥有50多家中小微企业进行加工生产，有80多家企业从事羊绒制品专卖店。

过去每当牧民梳完羊绒后，5月中旬就会有"二道贩子"来牧区收购羊绒。这些人可能是阿拉善的本地人，也可能来自巴盟、银川、甘肃等地区。他们给的价格参差不齐，牧民为了把自家的羊绒卖个好价钱会不断相互打听价格，但是商家也想要赚钱就会不断压低价格。牧民的羊绒买卖就像一场惊心动魄的竞价游戏一样，存在着各种风险，有些牧民因为一时间的价格下跌就急于出手，一不小心就会亏钱。或许他们会对今年的羊绒价格比较满意，但同时也担忧明年羊绒还能不能卖出好价钱。

阿拉善左旗羊绒交易从主要贩卖给"二道贩子"，但最近几年实行了通过羊绒交易市场现场优质优价拍卖。2022年阿拉善左旗莱芙尔羊绒有限责任公司受鄂尔多斯羊绒集团的委托，以优价收购了阿拉善优质白绒山羊绒。此次以阿左旗吉兰泰镇庆格勒图为收购点，吉兰泰及敖伦布拉格、银根、乌力吉、巴彦诺日公等周边苏木镇的农牧民将自家今年采收的羊绒送到鄂尔多斯集团优质优价收购点，排成长龙等待羊绒验绒收购。这样的收购点全盟只有一个，但卖羊绒的农牧民不止一两户，于是来自几个不同嘎查的几十户农牧民都聚在收购点，农牧民不仅要自己载着羊绒过来还要排队等待验绒出售（见图4-5和图4-6）。

图4-5 羊绒收购现场　　　　图4-6 农牧民在排队出售羊绒

牧民 NS 家里草场面积两万多亩，主要劳动力一人，全部山羊有 230 多只，2022 年他家总产绒量 192 斤。

牧民 NR 说："我家里加上今年接的羊羔一共有 230 多只山羊。以前卖羊绒在家就能出售，现在得自己带着羊绒到公社排队。今年的羊绒有 192 斤，卖给了鄂尔多斯的一个羊绒集团，一斤 195 元，后面补价 12.5 元，总价每斤 207.5 元。据我所知这个补加是咱们农牧局给的，虽然不能马上把钱给我们，但是今年应该会打到卡里的。记得以前最大的两个收购羊绒场子有河北和鄂尔多斯的。我觉得现在卖羊绒对比以前好像比较麻烦。以前等着做买卖的人到家里来看羊绒，看好了双方在价格上达成了一致就可以马上把羊绒提走，钱也马上到手，不用到别的地方排队住宿，过程简单、方便，虽然价格是有点不稳定。"

牧民 UL 家的情况描述如下："今年我家 287 羊掉了 260 多斤绒，一斤 195 补贴 12.5 元。羊绒质量检测就是选几撮毛随机测试，大约需要半个小时，那次（2022 年 6 月）卖羊绒在公社住了一晚，队伍排得可是真长，很多人都准备了被褥帐篷找地方搭帐篷或打地铺，或者在车里过夜，我还是第一次这样卖羊绒。我认为还是私人买家来家里带走羊绒比较好，2021 年卖了 215 元一斤，对我来说这样不仅省时间方便，不用排队，而且去年我们卖的价格好，一手交货一手交钱，今年价格也算不错，不知道明年行情怎么样。"

在收购现场有专业人员用仪器进行羊绒质检（见图 4-7），检测结果会马上出来，羊绒越细价格越贵。商家会先把基础款打给卖家，然后根据刚刚检测出的羊绒质量再给相应的补贴。检验结果出来之后将长度在 32.5 毫米以上的羊绒按细度分为五个等级（见表 4-4），总的来说羊绒的细度越细价格越贵。

图 4-7　工作人员在检测纤维

表 4-4　羊绒细度分级标准

羊绒细度（微米）	d ≤ 14.0	14.0 ≤ d ≤ 14.5	14.5 ≤ d ≤ 15.0	15.0 ≤ d ≤ 15.5	15.5 ≤ d ≤ 15.8
补贴价格（千克）	50 元	30 元	25 元	15 元	10 元

在收购现场中吉兰泰镇庆格勒图嘎查的农牧民 MJ 表示今年羊绒交易主要看了羊绒细度，绒长度，干净程度等方面，他说他家的羊绒价格卖到了190/斤，后期补贴每公斤 25 元。还有去年（2021 年）他家羊绒价格达到了210 元 / 斤。

牧民 HB 说："今年羊绒产量有 380 斤。一斤 190 元，补贴 12.5 元。补贴就等着打到卡里面，还是比较相信政府。等了两天一夜才卖掉羊绒。去年羊绒价格好，卖了 210 元一斤，之前卖给'二道贩子'的价格一直不稳定，一天一个价，也没有条件测量细度，就看个干不干净，白不白。现在人家都看羊绒的质量，干净而且白的羊绒基础价可以给得好，然后再看细度。我们剪羊毛的时候会注意干净整洁，检测细度的时候是免费的。"

羊绒拍卖市场虽然需要耗费农牧民大量的精力和时间，但是一部分人也为此心甘情愿，因为在这里卖羊绒价格高而且稳定，可以卖一个不错的价格。这种优质优价拍卖方式有助于促进农牧民养殖绒山羊的积极性，帮助农牧民培育出更加优质的羊绒，从而推动地区的羊绒产业高质量发展。也有人并不排斥以前卖给"二道贩子"的出售方式，他们虽然对于价格的不稳定有一点不满，但是觉得这种方法比较方便。

总体来看，近两年牧民的羊绒总产量呈下降趋势，主要原因有近两年牧区降雨量少、天气干旱、风沙多、植被枯死导致山羊吃食减少，健康水平整体下降，羊绒产量和质量也随之减少和降低。且在植被少的干旱天气里风沙肆虐使得沙子草种等"垃圾"陷进山羊的羊毛当中影响羊绒的干净程度从而也降低了羊绒价格。

山羊原绒的交易方式主要有散户售卖、"二道贩子"收购、羊绒交易市场等。2020 年疫情之前阿拉善大多数羊绒都通过前两者售卖，这种售卖方式使羊绒的价格飘忽不定，或许今年的羊绒价格能到达 250 元，来年也可能降到 150 元。2020 年之后由于疫情的原因"二道贩子"很少来牧区收购羊绒，因此大部分农牧民开始通过羊绒交易市场拍卖，近年来这种方式也越来越形成主流之势，此后的 3 年羊绒的价格也稳定在 200 元左右，具体价格按优质优价方式定价。2023 年随着疫情控制"二道贩子"也渐渐出现在羊绒交易市场上，到了 2024 年"二道贩子"频繁出现，"二道贩子"和羊绒公司拍卖的方式成为了主要的两个出售途径。2024年"二道贩子"率先出手来到农牧民家里收购羊绒，由于羊绒市场的不确定性因素牧民陆续出售了自家羊绒。羊绒公司今年的交易地点设在了巴彦浩特（阿拉善首府），牧民想要对他们出售羊绒首先要从牧区把采集的羊绒搬到巴彦浩特的交易地点，因为羊绒公司要实行优质优价，检测羊绒需要时间，牧民不能扔下羊绒就离开需要时刻盯着自家的羊绒，所以牧民排队也需要很长时间。前来这里出售羊绒的并不是一两家，在市里等车排队会导致交通堵塞，违规停车也会遭到罚款，如果牧民对于羊绒的定价不满意还可能需要把羊绒再拉回来。这一系列问题都是需要牧民掂量的。因此2024年庆格勒图嘎查的大部分牧民都把羊绒卖给了"二道贩子"，当然也有人卖给羊绒公司。

六、羊绒企业的选择

（一）"三只小山羊"

"三只小山羊"是一家服装品牌供应商，主要从事女性服装产品的设计、生产和销售，并提供风衣、毛呢大衣、纯羊绒大衣以及饰品等产品。三只小山羊的创始人杨玉勇说：羊绒是大自然最珍贵的礼物，而世界上最优质的羊绒大多都来自阿拉善。三只小山羊的每一件羊绒外套均用58只12个月大的阿拉善小山羊的细绒做成，裸穿也不扎人。他也是抖音平台上首位提出14.5微米细度小山羊绒的人，细度相当于只有头发丝直径的1/6，和Loro Piana一直推广的baby绒是同一等级。这种原料做成的羊绒大衣贴身穿着更轻盈、柔软、亲肤。据了解，很多国际一线大牌的羊绒大衣原料细度在15.5微米，但杨玉勇选择了"14.5微米"这个更加稀缺和珍贵的细度数字。他走遍中国各大牧场，最后选择了阿拉善的小山羊。

（二）Loro Piana对阿拉善白绒的信赖

意大利奢侈面料品牌Loro Piana（诺悠翩雅），被誉为绒毛界的"劳斯莱斯"，它们每年从意大利前往阿拉善地区采购白山羊绒，并对绒毛的品质有非常高的评价（见图4-8）。2019年，Loro Piana邀请生态学家、奥斯卡获奖导演吕克·雅克指导纪录片《羊绒：秘境之源》（Cashmere-The Origin of a Secret），使大众了解到品牌的羊绒原料纤维来源于阿拉善地区的小山羊。《羊绒：秘境之源》描绘了一幅人与自然恒久和谐的画面，让人们明白"精美绝伦"是如何从自然中诞生来的。在崎岖不平的山地中，Loro Piana 与当地农牧民建立了前所未有的工作关系，在这个看似贫瘠的世界里，人、动物和环境，有着密不可分的关系。"自然会给我悸动，强大的冥想力量。我喜欢展现极端环境，这种情况下才能显露出最真实的感觉。"雅克说。

图 4-8　意大利 Loro Piana 委托收购阿拉善羊绒现场

Loro Piana 要求只能通过梳取来收集羊绒，这不仅保证了所得的羊绒品质，而且还确保了每年同一时期的绒山羊都有底层绒毛可供梳取。阿拉善地区恰好是以梳取的方式获取羊绒，这种方法在收获的动物纤维中产生的纯羊绒含量更高，而且羊绒和羊毛各自分开的形式减少了企业加工的工序和资源的消耗。该方法摒弃了剪羊毛的方法，因为剪羊毛不仅会迫使工厂在初步加工过程中进一步降低产量，还会使纤维经受许多不必要的机械压力。[1]用剪刀获取纤维的方法，在买卖时并不注重质量，唯一关注的就是纤维的重量。羊绒最重要的特征是纤维直径、长度和颜色。直径、长度、颜色、杂质量是影响羊绒价格的因素。

七、羊绒的独特性与农牧民积极性

近年来，为了进一步宣传和展示阿拉善白绒山羊育种成果，激发农牧民养

①　刘嘉.一小捆羊绒背后的故事　意大利高端纺织品牌 Loro Piana 在京揭晓最佳羊绒大奖［J］.纺织服装周刊，2016（45）：56.

殖优质白绒山羊的积极性，加快优质高效白绒山羊产业发展，阿拉善盟已经连续举办了七届"阿拉善·白中白"绒山羊种羊评比活动，主要由测评组专人采集绒毛样本、对种羊进行体质外貌评估。采集的绒毛样本密封交由实验室进行羊绒细度、机测长度、净绒率和绒产量测定。山羊的毛发够细，体质外貌够好，在评比中出色的，羊主人就可以获得奖金。设有特等奖，一等奖，二等奖。分四个类别（成年公羊、育年公羊、成年母羊、育年母羊）。这是为了进一步宣传和展示阿拉善白绒山羊育种成果，激发广大农牧民养殖优质白绒山羊的积极性的一种办法。

牧民 HQ 家里的绒山羊在本次第七届"阿拉善·白中白"绒山羊种羊评比活动中取得了成年母羊组一等奖，并获得了 5000 元的奖励。在第六届"阿拉善·白中白"绒山羊种羊评比活动中她家的母羊又取得了特等奖的荣誉，并获10000 元的奖励。她表示这种活动激发了她想要经营好自家山羊业的决心，一方面政府提供了免费检测纤维的机会，不需要农牧民花费，另一方面获奖金额也是一笔很大的"意外之财"。

羊绒之所以十分珍贵，不仅因为产量稀少，更因为其优良的品质和特性。阿拉善的羊绒质量达到了业界所追求的卓越品质，以绒毛细柔、光泽好等特点闻名海内外，成为了绒毛企业的必争之地。梳取羊绒的方式更是保证了羊绒纤维的品质，减少绒纤维经受不必要的机械压力，而且加工环节上更能减少能源消耗，从而也减少环境污染。按质论价拍卖方式有助于羊绒产业的良性发展。

阿拉善盟庆格勒图嘎查牧民的羊绒生产现状和农牧民与产业之间的联系说明，羊绒产业的发展为当地牧民带来了经济利益，山羊在这个系统中是不可或缺的，山羊在当地经济发展中持有重要地位，对山羊及羊绒相关的地方性知识需要保护和支持，形成良好的可持续发展循环。同时阿拉善地区的羊绒产业对改善当地农牧民生活水平，保护和发展生态环境减少污染等方面具有重要的意义。

在阿拉善地区，羊绒产业已经成为了一个重要的产业，可以创造大量的就业机会，维系当地的经济发展。同时，该地区羊绒产品的质量和口碑也很高，得到了广泛的认可和青睐。原料决定品质，品质决定价值。因此，羊绒供应端是整个羊绒产业链高质量、稳定、健康发展的关键环节。总的来说，羊绒产业为农牧区发展做出了贡献，促成了农牧民参与市场经济、了解世界的生计模式。

第五节 本章小结

"产业"与"链"的结合形象地表达了作为产业的经营特点。产业自然有产出的物品用于销售。这样早期的关于产业的研究既包括了供应、生产、包装、销售等系列环节，而随着市场监管到追求销售精准性的过程逐渐将产业的发展引向产业化，试图通过控制整个纵向与横向上的各个环节保证产品的品质，而这种努力后期被具象化变成链条式的产业的理解。正是产业在纵向与横向上的延伸特质，使得该链条最终是要将链条的两端回归到供应与销售相连接的个体为单位"零散"之内。牛产业链的供应端常常是农牧民劳作而出的牛肉与牛奶，即使一些大的肉、乳产业依靠企业内部的循环来解决产品源，但产业带动的肉、乳消费的社会需求会惠及市场上的各个层级的经济主体。

农牧村牛集市、传统奶制品市场案例很好地说明了产业链与基层社会农牧民经济行为之间的互惠关系。阿拉善白山羊的案例则是突出了政府行为、地方性知识及国际市场之间的有效合作，农牧民的行为在此案例中可说是多赢的，完成了生产保护、生产可持续的时代使命的同时保存了地方性特色，在政府的协调下提高了经济收入。

在激烈的市场经济竞争下，地方性常常是保护、保存自我的有效途径，尤其是与生态特点有机结合的地方性知识的产业化应用更是具备此种功能。国人健康观念的升级为整个内蒙古的肉、奶业市场带来了机遇，这与内蒙古长期以来的地方性文化形象以及特色产业的打造无不相关，同时符号化的文化想象有着极大的市场回馈能力，在奶业的大环境中伊利的成功与其起步、扎根的区域特色的把握有千丝万缕的关联性。而养殖奶牛的广大散户在奶业大佬的产业循环内可能仅仅是消费者，但如在奶产业链下自治区传统奶业异军突起的效果一样，技术与市场的刺激下农牧民也能够从中获益，使其经济行为获得更多的回报。

第五章

结　语

在本书开篇以调查中以小意外为线索提出了关于"兼业""整体性"的思索。书中基于内蒙古农牧区的案例，对当前农牧民兼业的常态化提出了"所兼之业来自何处？"为此在书中编入了农牧区生计环境的变化、生产条件的改变以及思想观念的升级。不同章节中的多个案例表明现阶段在农牧业村落大家都不愿意闲着，忙活起来的理由也不仅仅是为了赚到更多的钱，驱动人们向前走的动力似乎是比较模糊的。于是仍继续追问了第二问题"为何需要兼业？"此问题的答案则需要花费更长的篇幅。书中对内蒙古自 20 世纪 50 年代以来的农牧区历史进程进行了尽可能的梳理，内容中大致包含了两个脉络：一是宏观社会政治、经济政策的演进过程；二是社会生活微观领域的缓进变化。两者之间有着重复、连续、频繁的交集，同时交集意味着其中也包含了一定的偏差。而偏差并不是绝对的，从文中列入的多项案例中的表现，农牧业政策在基层社会的实践过程，在几十年间的宏观和微观过程中始终保持了"偏差整体"内的互动，并保持了向前的发展方向。这也正是在书中纳入整体性的考虑的同时又从发展的角度、社会空间的角度引入案例，再推进产业链的延伸的原因。构成偏差整体的必然性在于，首先是理论与实践层次之间的差距的结果；其次是区域之间差异的必然性；最后是专业化与日常之间的区别。

一、理论与实践

在发展的视角下，国家话语体系中的规划目标明确，并包含了经过多次经验总结之后的总的方向和步骤，它是前一阶段经验与后一阶段展望的综合体现。内蒙古农牧区从 20 世纪 50 年代至 21 世纪以来紧跟党中央决策部署，完成了民主改革，迎来了改革开放，取得了几十年来的各个阶段性成果。通过民主改革农牧区人口对社会平等、民族团结、建设社会主义国家等概念有了切身的体会，人们热情高涨、心怀感恩，积极投身到了各项社会建设。分布在不同文献中的农牧民生产生活记录体现了当时的农牧民社会生活场景和追求。

20 世纪 70 年代末是从国家政策到村落生活产生巨大转变的阶段，该阶段改变最多的是人的思想意识当中对社会主义初级阶段以及社会主义市场经济的重新解释与实践。时代性的诸多变化在人口流动上表现得尤为突出。与 50 年代的相对固化的人口相比此阶段人口逐渐松动，大批量的农村人口流向城镇。土地制度、户籍制度、住房制度、工作岗位性质等悄然发生了改变。到 20 世纪 90 年代初作为边缘地区的内蒙古依然在城镇与农村二元结构上因流动的人口迎来了大的变化。同时乡镇企业、第三产业有了起色，鼓励农牧业产业化发展，税费制的改革进一步刺激了农牧产业寻求市场化，城乡一体化为 21 世纪更深刻的变化打好了基础。

回看 21 世纪以来的 20 年进程，社会话语的更新是惊人的，生态文明、"双碳"目标、新质生产力等内容悄然映入人的生活领域，人们正当俯身凝视时却已然成为生活日常中的"琐碎"。发展的话语给人的生活带来的是希望和前进的方向。现实中发展所"走过"的是人的艰难抉择和生计奔波。第二章末尾的案例的主要被访人是 20 世纪 90 年代到口岸城镇寻求发展的一代，他们当时从农牧区被吸引到城镇，做起了跨境贸易，又在诸多竞争者中成功地留存下来成为了跨境商人。从发展的视角去看整个过程，理论与实践之间的差距是暂时的，是人们不断去使两者趋向重合的过程。

二、区域之间的差异

在社会空间研究中对区域差异有深刻的解读。空间性的概念中容纳了庞大又错综的社会关系网络，这也就能够解释现实中人们为什么喜欢在熟悉的区域活动。农牧民在政策引导下为了生计逐步进入周边城镇，细观每个人的选择都充满了人与物之间的关系的组合。本书中总结的"城村互动模式"说明了自 21 世纪以来农牧村人口对城镇的选择上有了更多谨慎的思考。这也是随着三农／三牧问题的突出而产生的社会效应之一。城镇与村落之间的两栖生活对生计的可靠性上来考虑更有心理保障。同时，城镇化的过程与生态治理政策处于同一时空，治理的叠加效应对农牧村人口的生计抉择产生了极大的影响，主要体现在升级技能上，因此在当前的时空内对关系网的需求也是技术、技能、信息资源的获取为目标的。

现阶段，农牧民借助现代信息、交通条件，利用家庭农牧业资源既可以实现多种生计收入，改善家庭生活。在构建北部边疆文化的脉络中身处其中的广大农牧民所贡献的是家庭生计内结合、互补农与牧两种生计系统。这种互补性的实现是政策鼓励的结果，也是区域性的农、牧业人口长期积累的技术性实践。在第三章农牧交错带到农牧互补的论述则正是为了体现这一点。中国式现代化在基层社会的实践表现为农牧民对新的技术的渴求、应用及新的模式的创造。在实现现代化的过程中农牧业社会人的观念、想法产生了极大的改变。人们在理念、婚育、职业观念上的坚持与其生计系统的改变息息相关，对优势区域资源的利用成为了现代农牧人的生计决策的主要根据和可能路径。

三、专业化与日常性

产业链概念是随着国内对产业化发展的深入而产生的，也是对产业经济发展理论的因地制宜的过程。以链条的形象思维观察产业所涉及的生产、销售过程，从供应的原料到出售为商品，在某一产业的纵向的网络里包含了多个项目、多个领域、多个层级之间的商业合作。在农畜产品行业整个产业链链条的一端自然要与广大农牧业村和人的劳动关联到一起。产业与农牧民家庭产出的农牧产品进行有效的交易是政府助农、现代化、共同富裕目标所鼓励的内容。如同第四章中羊绒的案例内容，阿拉善白山羊绒的高价格是多方互动的结果；牛业相关的案例则表明政策鼓励与市场运行之间会产生一定的出入，牛产业链下的农牧民经济决策也因市场的价格波动而面临不确定的未来。

与羊绒案例相比，牛产业链下农牧民面临的不确定性因素更多，究其原因主要在于作为供货链下的农畜产品，与阿拉善白羊绒的独特性相比，小型的牛群养殖与产业内的高标准有一定的距离，而自身也无力孵化含有独特性的新的商品渠道。在牛肉和牛奶的产业标准下经营小规模养殖的农牧民所提供的原材料是不稳定的货源。其不稳定性扎根于生产过程的日常性，在农牧结合模式下，牧业是农村人"顺带"的产业。

产业链下农畜产品以其独特性而获得制定标准的机会，让产品更符合标准而变得专业化从而产生更多的效益。产业化运作下产品的市场高回报率同其专业化有直接关系，获得专业资质是问题的关键。如同同样是牛奶，但伊利的牛奶和农牧民家的牛奶在大的市场环境下，前者总是受到更多人的信任。围绕专业化形成的文化习惯在产业链下有直接的促进市场消费的作用。在地方性传统奶食品的发展中出现的小的成就，是近些年健康观念转变下的文化效应。人们通过不同途径逐渐在认识农牧民生活中的牛奶和这种牛奶的品质。在当下产业链模式能够为不同企业带来丰厚的利润和文化上的边际效益，参与其中的农牧民送出的产品游离在专业性和日常性之间，容易走入尴尬境地。这也是当下的农牧业社会空间关系性显示出对新技术、新机会的渴望的主要原因。

总体而言，在以农牧业为主的基层社会谈整体性，实则是在探讨中国式现代化理论的基层实践。把基层社会化约为整体是危险的，因为在发展的欲望下农牧民经济行为表现出了极大的能动性特征。农牧民对不同农牧业产业的参与、竞争方式有着极大的不同。在理论与实践的结合过程中，实践是对地方性人文和自然特征的了解适应，以及对产业专业化程度与农牧民日常生活、经济行为之间建立连接的过程。产业链下的农牧民经济行为的新型与否在于确立特定整体性基础上对人的能动性的承认与引导。

参考文献

REFERENCE

［1］Alemu Tewodros, Seifu Eyassu, Bezabih Amsalu. Production Practices, Constraints and Opportunities of Abergelle Goat Breed, Northern Ethiopia［J］. Journal of Animal Research, 2020, 10 (5): 677–684.

［2］Edited by Derek Gregory and John Urry. Social Relations and Spatial Structures［M］. London: The Macmillan Press LTD, 1985.

［3］Yinchuan Y. Modernization: Common Properties and Chinese Characteristics［J］. International Critical Thought, 2024, 14 (1): 18–33.

［4］阿拉坦宝力格.论徘徊在传统与现代之间的游牧［J］.中央民族大学学报（哲学社会科学版），2011（6）：51–58.

［5］阿拉腾.文化的变迁——一个嘎查的故事［M］.北京：民族出版社，2006.

［6］［英］安杰伊·齐埃利涅茨.空间和社会理论［M］.邢冬梅，译.苏州：苏州大学出版社，2018.

［7］安丽巧.我国农村大龄"剩男"现象成因与对策研究［D］.河北师范大学硕士学位论文，2018.

［8］敖桂兰.市场主导下的内蒙古半农半牧区生计模式变迁研究［D］.内蒙古大学硕士学位论文，2023.

［9］敖其.蒙古民俗［M］.呼和浩特：内蒙古人民出版社，2019.

［10］敖其.蒙古族传统奶食品的制作技艺与相关民俗探析［J］.西北民族研究，2012（3）：94–98.

［11］白蓉.回族婚姻价值观研究［D］.西南大学博士学位论文，2011.

［12］包杜拉玛.民族地区村落传统生计的现代转型研究［D］.内蒙古师范大学硕士学位论文，2023.

［13］包银山.北部边疆建设的价值指引与路径选择［J］.内蒙古社会科学，2024（2）：23-30.

［14］包智明，任国英.内蒙古生态移民研究［M］.北京：中央民族大学出版社，2011.

［15］包智明，石腾飞.牧区城镇化与草原生态治理［J］.中国社会科学，2020（3）：146-162+207.

［16］李儿只斤·布仁赛音.近现代蒙古人农耕村落社会的形成［M］.娜仁格日勒，译.呼和浩特：内蒙古大学出版社，2007.

［17］［美］比尔·盖茨.气候经济与人类未来：比尔·盖茨给世界的解决方案［M］.陈召强，译.北京：中信出版社，2021.

［18］曹建民.关于肉牛市场价格下行情况研究报告［J］.家畜生态学报，2023，44（9）：94-96.

［19］［蒙古］策·达木丁苏荣.蒙古秘史（蒙古文）［M］.呼和浩特：内蒙古人民出版社，2007.

［20］曾凡林，曾娟娟.种养结合循环绿色农牧业发展技术模式探讨［J］.农业技术与装备，2023（12）：169-170+173.

［21］常青.习近平"不能回到计划经济的老路上去"的财产哲学基础［J］.湖北经济学院学报（人文社会科学版），2022，19（2）：4-8.

［22］陈岱云.中国人口政策与社会可持续发展［J］.齐鲁学刊，2010（1）：103-107.

［23］陈红."双碳"目标下内蒙古牧区发展——牧民经济主体及培育路径研究［M］.北京：经济管理出版社，2023.

［24］陈金永.大国城民：城镇化与户籍改革［M］.北京：北京大学出版社，2023.

［25］陈仁惇.世界三大膳食结构模式的比较［J］.膳食指南，2002（3）：50-51.

［26］慈曾妮.中国现代婚姻观念现状及思考［J］.青年时代，2017（2）：2.

［27］崔继云.对农村市场经济中市场主体的再认识［J］.农业经济，1995（3）：24-25.

［28］崔思朋.北方农牧交错带与北部边疆研究［J］.内蒙古大学学报（哲学社会科学版），2023，55（6）：24-25.

［29］崔思朋.气候与人口：历史学视域下"农牧交错带"研究基本线索考察及反思［J］.重庆大学学报（社会科学版），2020，26（5）：279-292.

［30］崔思朋.游牧生产方式及其生态价值研究：以北方草原为考察对象

［M］.北京：中国社会科学出版社，2023.

［31］［美］D.盖尔·约翰逊.经济发展中的农业、农村、农民问题［M］.林毅夫，等编译.北京：商务印书馆，2004.

［32］［美］戴维·迈尔斯.心理学（第9版）［M］.黄希庭，等译.北京：人民邮电出版社，2013.

［33］戴孝悌.产业链视域中的中国农业产业发展研究［M］.北京：中国社会科学出版社，2015.

［34］［英］丹尼斯·史密斯.历史社会学的兴起［M］.周辉荣，等译.上海：上海人民出版社，2000.

［35］党的二十大报告辅导读本编写组.党的二十大报告辅导读本［M］.北京：人民出版社，2022.

［36］道润梯步.蒙古秘史［M］.呼和浩特：内蒙古人民出版社，1979.

［37］德力米拉.发展中的选择——新疆北疆H村婚姻家庭变迁与调适研究［D］.兰州大学硕士学位论文，2018.

［38］［美］德内拉·梅多斯，乔根·兰德斯，丹尼斯·梅多斯.增长的极限［M］.李涛，王智勇，译.北京：机械出版社，2023.

［39］邓寒竹.城乡生活方式对撞下农民婚姻家庭问题的思考［J］.重庆邮电大学学报（社会科学版），2008（S1）：140-143.

［40］第七次全国人口普查公报（第七号）——城乡人口和流动人口情况［J］.中国统计，2021（5）：13.

［41］东苏旗畜牧志编委.东苏旗畜牧志（蒙古文）［M］.海拉尔：内蒙古文化出版社，1995.

［42］董克礼.在更高层次上培育农村市场经济新主体［J］.新长征，1995（3）：28-29.

［43］董印红.傣族女性婚姻观念的田野思考［J］.楚雄师范学院学报，2006（2）：60-65.

［44］杜智佳.城乡一体化背景下农村中青年农民的婚姻家庭：基于对东北地区吉林省X村的实证调查［D］.华中农业大学硕士学位论文，2012.

［45］额尔敦吉日格.阿鲁科尔沁旗族际通婚变迁研究［D］.内蒙古师范大学硕士学位论文，2022.

［46］高杨，刘永功，冯海英.我国少数民族通婚圈变迁及其动力机制研究——以云南省陆村拉祜族为例［J］.青海社会科学，2018（1）：153-160.

［47］葛丽英.北部边疆建设背景下乌兰牧骑艺术节的当代价值与创新发展［J］.艺术管理（中英文），2024（1）：103-109.

［48］耿春华，郑春雨．中国首家羊绒博物馆建成并开馆［N］．中国纺织报，2009-09-30（004）．

［49］冠琼．内蒙古边境贸易与经济发展研究——以满洲里和二连浩特为例［D］．内蒙古师范大学硕士学位论文，2007：10．

［50］桂玉，俞宁．一个乡村中的婚姻观念变迁——基于安徽省潜山县C村的调查［J］．云南农业大学学报（社会科学版），2015，9（4）：11-17+113．

［51］郭迅羽，周大鸣．流动视角下客家农村婚姻家庭变迁：以梅州市大埔县百侯镇为例［J］．学术研究，2023（3）：68-72．

［52］韩茂莉．农牧交错带的人地关系与地区关联［J］．内蒙古大学学报（哲学社会科学版），2023，55（6）：6-7．

［53］何磊．气候变化对北方农牧交错带农业生产脆弱性的影响研究［D］．南京信息工程大学硕士学位论文，2007．

［54］贺来．主体性的当代哲学视域［M］．北京：北京师范大学出版社，2013．

［55］赫璐璐，许佳彬，李翠霞．后疫情时期提升乳制品消费动能的路径探析［J］．黑龙江畜牧兽医，2022（6）：1-6+135．

［56］［法］亨利·列斐伏尔．日常生活批判（三卷本）［M］．叶齐茂，倪晓晖，译．北京：社会科学文献出版社，2018．

［57］胡琪．社区人口概论［M］．上海：上海社会科学院出版社，2012．

［58］胡耀高，朱文珊，逄焕成．论农牧结合的基本理论［J］．北京农业大学学报，1995（S1）：76-83．

［59］黄琳．现代性视阈中的农民主体性［M］．昆明：云南大学出版社，2010．

［60］黄兴涛．新史学（第三卷）：文史研究的再出发［M］．北京：中华书局，2009．

［61］［美］加里·贝克尔，吉蒂·贝克尔．生活中的经济学［M］．章爱民，徐佩文，译．北京：机械工业出版社，2013．

［62］贾华强．中国如何实现持续繁荣的市场经济——以经济主体多样性为视角的分析［J］．人民论坛·学术前沿，2013（2）：28-35．

［63］江郁涛．旅游地环境变迁对居民生计方式的影响研究［D］．广西大学硕士学位论文，2018．

［64］将省三，刘守英，李青．中国土地制度改革：政策演进与地方实施［M］．上海：上海三联书店，2010．

［65］蒋志远，聂爱文．农牧业经济互补可行性研究及相关思考——以新

疆玛纳斯县为例［J］.农业考古，2014（4）：260–263.

［66］解丽霞.从"容器""场所"到"社会"：西方哲学空间叙事的现代转向［J］.深圳大学学报（人文社会科学版），2023，40（5）：144–152.

［67］康建国，翟禹.北部边疆的时代价值［J］.内蒙古社会科学，2023，44（5）：40–46+213.

［68］李超尘.婚姻的意志——《论离婚法草案》读后有感［J］.法制与社会，2010（33）：261–262.

［69］李成华.城乡流动背景下婚姻挤压对中国农村婚姻暴力的影响研究［D］.西安交通大学博士学位论文，2017.

［70］李成旺.基于GVC理论的我国羊绒产业升级影响因素分析［D］.东华大学硕士学位论文，2022.

［71］李春林.内蒙古打造"北部边疆"品牌的时代价值及其路径探析［J］.内蒙古师范大学学报（哲学社会科学版），2024（1）：5–10.

［72］李春梅.先秦时期北方地区民族交错地带的变迁及特点［J］.内蒙古社会科学，2024（1）：130–136.

［73］李大龙，刘壮壮.试论北部边疆的范畴、内涵与价值［J］.内蒙古社会科学，2023（5）：2+33–39.

［74］李广昌.民族主体性的觉解——马克思主义哲学中国化的想象力［M］.北京：中国社会科学出版社，2010.

［75］李磊.益生菌——保护肠胃健康的好伙伴［J］.中国检验检疫，2007（4）：61.

［76］李丽，刘瑶，韩亚娟.发达国家乳业发展经验及对中国的启示［J］.食品科学技术学报，2017，35（2）：84–88.

［77］李梦奇.入住新型农村社区后村民出行变化研究［D］.山东建筑大学硕士学位论文，2021.

［78］李锐，崔思朋.内蒙古黄河历史文化（上）［M］.北京：国家图书馆出版社，2021.

［79］李胜利.来自"黄金奶源带"的馈赠［J］.河北农业，2020（2）：28–29.

［80］李文龙，匡文慧，吕君，赵中华.北方农牧交错区人地系统演化特征与影响机理——以内蒙古达茂旗为例［J］.地理学报，2021，76（2）：487–502.

［81］李燕，徐北静."岸—城融合"视角下的沿边口岸城镇产业规划思考与实践——以内蒙古自治区甘其毛都镇为例［J］.小城镇建设，2018,36(10)：

92–98.

[82]李勇进，杨怀德，陈文江.甘肃省石羊河流域农民家庭生计多样化及其影响因素的实证研究［J］.科学·经济·社会，2014（4）：39–44.

[83]梁铁城.内蒙古自治区志·发展和改革志［M］.呼和浩特：内蒙古人民出版社，2013.

[84][法]列斐伏尔.空间与政治（第二版）［M］.李春，译.上海：上海人民出版社，2015.

[85]刘晨晨.石河子市族际通婚的成因与影响分析［D］.兰州大学硕士学位论文，2016.

[86]刘国伟.牛奶的前世今生［J］.环境与生活，2014（1）：14–19.

[87]刘贺贺，祁晓慧.内蒙古农牧交错带畜牧业高质量发展研究［J］.北方经济，2022（5）：63–65.

[88]刘嘉.一小捆羊绒背后的故事 意大利高端纺织品牌 Loro Piana 在京揭晓最佳羊绒大奖［J］.纺织服装周刊，2016（45）：56.

[89]刘良梧，周建民，刘多森.农牧交错带不同利用方式下草原土壤的变化［J］.土壤，1998（5）：225–229.

[90]刘晓芳，邢玉梅.阿拉善地区羊绒生产与可持续发展探讨［J］.当代畜禽养殖业，2013（6）：56–58.

[91]刘钟龄，恩和，达林太.内蒙古牧区草原退化与生态安全带的建设［M］.呼和浩特：内蒙古大学出版社，2011.

[92]龙翠芳.少数民族流动人口婚姻观念与状况调查——以贵州两个农村社区为例［J］.黑河学刊，2011（3）：147–149.

[93]卢桢.牧区城镇化视角下马蹄藏族婚姻家庭变迁研究［D］.兰州大学硕士学位论文，2020.

[94]罗布桑却丹.蒙古风俗鉴［M］.赵景阳，译.沈阳：辽宁民族出版社，1988.

[95]吕萍.草原畜牧业产业链建设与运行机制创新研究：基于牧民增收视角［M］.北京：中国社会科学出版社，2017.

[96]吕翔宇.内蒙古农牧交错带生态可持续发展研究——以乌兰察布市化德县为例［D］.内蒙古大学硕士学位论文，2020.

[97]麻国庆.都市、都市化与土默特蒙古族的文化变迁——内蒙古土默特地区的考察［J］.阴山学刊，1990（2）：43+98–106.

[98]马可波罗.马可波罗行记［M］.冯承钧，译.上海书店出版社，2006.

[99][美]马文·哈里斯.好吃——食物与文化之谜［M］.叶舒宪，户

晓辉，译.济南：山东画报出版社，2001.

［100］马晓丽，彭海英，刘新有.农户生计多样化视角下耕地利用变化的研究综述［J］.农村经济与科技，2022，33（15）：7-11.

［101］马志雄，张银银，丁士军.失地农户生计策略多样化研究［J］.华南农业大学学报（社会科学版），2016，15（3）：54-62.

［102］曼昆.经济学原理微观经济学分册［M］.梁小民，梁砾，译.北京：北京大学出版社，2015：502.

［103］孟根仓，陈红."城牧互动社区"：内蒙古城市—牧区二元社会的时空压缩［J］.青海民族大学学报（社会科学版），2020（1）：143-147.

［104］那顺巴依尔.内蒙古现代化先驱者视野中的游牧社会：主体性的他者化——以喀喇沁右翼旗贡桑诺尔布为例［A］//齐木德道尔吉，徐杰舜.游牧文化与农耕文化——人类学高级论坛［M］.哈尔滨：黑龙江人民出版社，2009.

［105］纳日碧力戈.中华民族现代文明视域下的北部边疆［J］.前沿，2023（5）：43-50.

［106］娜仁其木格.简论达斡尔族婚姻观念变迁［J］.呼伦贝尔学院学报，2019，27（5）：1-3+11.

［107］奈曼旗志编纂委员会.奈曼旗志［M］.北京：方志出版社，2002.

［108］内蒙古党委政策研究室，内蒙古自治区农业委员会.内蒙古畜牧业文献资料选编（1947-1987）第一卷，第二卷（内部资料）［M］.呼和浩特：内蒙古党委印刷厂，1987.

［109］内蒙古自治区政协文史资料委员会."三不两利"与"稳长宽"文献与史料［M］.呼和浩特：内蒙古政协文史书店，2005.

［110］尼可拉斯·卢曼.信任［M］.瞿铁鹏，李强，译.上海：上海世纪出版集团，2005：10-11.

［111］庞伟华，李忠民.益生菌发酵乳制品的生理功能［J］.中国乳业，2013（5）：64-67.

［112］齐晓安.我国社会转型中生育文化发展面临的问题及对策［J］.人口学刊，2003（1）：43-47.

［113］其布日哈斯.都市化进程中的乡村婚姻家庭生活变迁探析［D］.内蒙古师范大学硕士学位论文，2011.

［114］邱力生."三农"问题的出路在于使农民成为市场经济的强势主体［A］//当代中国经济问题探索（上册）［C］.全国高校社会主义经济理论与实践研讨会领导小组.武汉：武汉大学商学院，2004：7.

［115］人类学概论编写组 . 人类学概论［M］. 北京：高等教育出版社，2019.

［116］仁庆苏布德 . 空间转向背景下的健康理念与实践研究——以打柴沟村为例［D］. 内蒙古大学博士学位论文，2022.

［117］山丹 . 内蒙古山羊绒产业的发展优势［J］. 西部论丛，2004（10）：57-58.

［118］单光鼐 . 中国青年婚恋观的变化趋势［J］. 青年研究，1986（7）：1-6.

［119］尚艳春 . 美丽乡村建设视角下农村垃圾分类与人居环境优化——基于内蒙古自治区农牧业交错带公合成村的调查［J］. 内蒙古农业大学学报（社会科学版），2022，24（5）：50-54.

［120］石旭 . 地方性知识视野下蒙古族奶制品传统制作工艺研究［D］. 内蒙古大学硕士学位论文，2016.

［121］史德宽 . 农牧交错带在持续发展战略中的特殊地位［J］. 草地学报，1999（1）：17-21.

［122］舒瑜 . 海拔、生计与现代性：德昂族生计选择的生态人类学研究［J］. 云南师范大学学报（哲学社会科学版），2019（4）：72-80.

［123］司咏梅等 . "链"入"双循环"：内蒙古特色优势产业全链条发展策略研究［M］. 呼和浩特：内蒙古人民出版社，2024.

［124］斯日吉莫德格 . 蒙古族传统奶食品加工业发展分析——以阿鲁科尔沁旗为例［J］. 现代商业，2018（19）：66-67.

［125］宋迺工 . 中国人口（内蒙古分册）［M］. 北京：中国财政经济出版社，1987：184-194.

［126］宋新亮 . 政府的宏观调控与农民的市场经济主体地位［J］. 黑龙江教育学院学报，2005（3）：13-14.

［127］苏红，任永进 . 国内外大学生婚恋观研究综述［J］. 河南职业技术师范学院学报（职业教育版），2008（2）：81-83+107.

［128］苏日娜 . 乌拉特中旗甘其毛都口岸经济发展的调查研究［D］. 内蒙古师范大学硕士学位论文，2019.

［129］苏湘淋 . 内蒙古自治区农牧区农牧民生计方式及变迁——以兴安盟扎赉特旗农牧区为例［J］. 农村经济与科技，2021，32（8）：1-4.

［130］苏叶 . 蒙古族奶食品市场化研究——以赤峰市天山镇为例［D］. 内蒙古民族大学硕士学位论文，2024.

［131］孙宝国，刘慧琳 . 健康食品产业现状与食品工业转型发展［J］. 食

品科学技术学报，2023，41（2）：1-6.

［132］孙贵艳.基于多层次模型的甘肃秦巴山区农户生计多样化研究［J］.中国农业资源与区划，2018，39（10）：177-183.

［133］孙明.乡村振兴视域下农民法治信仰生成机制研究［J］.鲁东大学学报（哲学社会科学版），2023，40（3）：28-35.

［134］孙绍骋.关于《内蒙古自治区党委关于全方位建设模范自治区的决定》的说明［N］.内蒙古日报，2023-07-10.

［135］唐健，谭荣，魏西云.农村土地制度改革的中国故事：地方政府行为的逻辑［M］.北京：北京大学出版社，2021.

［136］涛娣，敖仁其.内蒙古草原畜牧业发展问题探索：纪念赵真北先生［M］.北京：民族出版社，2023.

［137］滕驰.内蒙古牧区新型城镇化进程中人口转移问题与对策研究——以W旗为例［J］.中央民族大学学报（哲学社会科学版），2017，44（1）：12-16.

［138］涂少彬.探求均衡之治：基于公民主体性与儒家文化的论述［M］.北京：中国社会科学出版社，2012.

［139］王海荣，高晓燊.北部边疆的生成逻辑探析［J］.内蒙古社会科学，2024，45（3）：27-33.

［140］王皓田.人畜合—离式游牧与牧区城镇化新探索——以内蒙古四子王旗为个案［J］.贵州民族研究，2016，37（4）：45-48.

［141］王加启，郑楠，张养东.面对新冠肺炎疫情：需要树立奶类具有双重营养功能的新认识［J］.中国乳业，2021（8）：123.

［142］王婧.国家、市场与牧民生计转变：草原生态问题的阐释——内蒙古巴图旗的案例研究［J］.天府新论，2012（5）：96-99+118.

［143］王静爱，徐霞，刘培方.中国北方农牧交错带土地利用与人口负荷研究［J］.资源科学，1999，21（5）：19-24.

［144］王娟，吴海涛.山区少数民族农户参与市场与生计策略关系研究——以滇西南为例［J］.贵州民族研究，2014，35（7）：126-129.

［145］王淑梅.当前呼盟的婚姻观念正在悄然转变［J］.内蒙古统计，1998（3）：48.

［146］王天雁，马晓青.生态保护与牧民生计：牧区草原生态保护补助奖励政策实施状况调查［J］.青海民族大学学报（社会科学版），2022，48（2）：57-69.

［147］王希隆，明占秀.地方性知识与半农半牧区生态农牧业发展研

究——以甘肃省天祝藏族自治县为例［J］.青海民族大学学报（社会科学版），2022，48（3）：101-107.

［148］王晓毅，张倩，苟丽丽等.非平衡、共有和地方性：草原管理的新思考［M］.北京：中国社会科学出版社，2010.

［149］王妤.甘肃农村婚姻观念的现状及变迁原因分析——基于对甘肃省武威凉州区的调查［J］.和田师范专科学校学报，2012，31（1）：6-9.

［150］王宇.生牛奶中的主要微生物、检测方法及其控制［J］.现代畜牧科技，2019（5）：5-7.

［151］王泽文.绒山羊成为牧民致富的畜种［J］.中国畜牧杂志，1996（2）：4.

［152］王志清.农区蒙古族村落中的族际通婚及其演变——以烟台营子村为个案［J］.湖北民族学院学报（哲学社会科学版），2009，27（5）：26-30.

［153］［美］维托·坦茨.政府与市场：变革中的政府职能［M］.王宇，等译.北京：商务印书馆，2016.

［154］魏玉凯，安萍莉，金玉铃等.北方农牧交错带人口老龄化及其撂荒效应——乌兰察布市为例［J］.干旱区资源与环境，2021，35（7）：64-70.

［155］温嘉玉，崔菁菁.乡村振兴背景下内蒙古奶食品产业的发展问题研究［J］.山西农经，2023（8）：105-107.

［156］习近平.习近平谈治国理政（第四卷）［M］.北京：外文出版社，2022.

［157］香杰，苏金星.乡村振兴背景下畜牧业经营方式的重构——基于内蒙古兴安盟实地研究［J］.现代畜牧科技，2023（8）：134-136.

［158］萧凌波，方修琦，叶瑜.清代东蒙农业开发的消长及其气候变化背景［J］.地理研究，2011，30（10）：1775-1782.

［159］［日］小长谷有纪，祁惠君，韩永花.蒙古"白食"的民俗学调查与探讨［J］.满语研究，2008（1）：123-132.

［160］新吉乐图.中国环境政策报告：来自中、日两国学者对中国生态环境的考察——生态移民［M］.呼和浩特：内蒙古大学出版社，2005.

［161］邢廷铣.农牧结合种植模式及其发展战略［J］.农业现代化研究，1999（1）：47-50.

［162］徐云鹏.浅析婚姻观念的转变［J］.人口学刊，1988（2）：26-29.

［163］薛进军，郭琳.科学认识气候变化，合理制定碳达峰碳中和的路线图和时间表［J］.华中科技大学学报（社会科学版），2022，36（5）：42.

［164］阎建忠，吴莹莹，张镱锂，周绍宾，石玉林.青藏高原东部样带农

牧民生计的多样化［J］.地理学报，2009，64（2）：221-233.

［165］阎云翔.私人生活的变革：一个中国村庄里的爱情、家庭与亲密关系：1949-1999［M］.龚小夏，译.上海：上海书店出版社，2009.

［166］杨美惠.礼物、关系学与国家：中国人际关系与主体性建构［M］.赵旭东，孙珉，合译，张跃宏，译校.南京：江苏人民出版社，2009.

［167］杨宁，刘文明，冯艳春，舒坤良.基于农业社会化服务的吉林省农牧结合模式构建研究［J］.农业科技管理，2022，41（2）：23-26.

［168］杨善华.城市青年的婚姻观念［J］.青年研究，1988（4）：29-36.

［169］尤欢，王雪，张勋."牛"品牌助力产业升级——通辽市养牛业调研分析［J］.内蒙古统计，2022（4）：18-20.

［170］于宏建，崔思朋.北部边疆品牌打造视域下的内蒙古黄河历史文化再挖潜［J］.前沿，2023（5）：24+51-62.

［171］于若木.后"非典"时期坚持实施国家学生饮用奶计划的建议［C］//中国学生营养与健康促进会.中国学生营养与健康高层论坛论文集，2004：2.

［172］于萨日娜，丁继，王璟璇.促进农牧系统耦合推进农牧交错区农牧业经济高质量发展研究［J］.现代农业，2023，48（3）：30-34.

［173］喻立凡，曹大宇，廖冰.生计资本、生态认知对农户绿色生产技术采纳意愿的影响研究［J/OL］.中国农业资源与区划，2024：1-15［2024-04-09］.

［174］袁宏霞，乌兰图雅，郝强.北方农牧交错带界定的研究进展［J］.内蒙古林业科技，2014，40（2）：38-43.

［175］袁剑.中华民族共同体建设中的北疆实践：地理、区域与连续性［J］.内蒙古师范大学学报（哲学社会科学版），2024，53（1）：19-23.

［176］张坤.玛纳斯县回族婚姻观念变迁研究［D］.石河子大学硕士学位论文，2014.

［177］张立彦.中国政府土地收益制度研究［M］.北京：中国财政经济出版社，2010.

［178］张宁."双碳"目标下黄河流域生态保护和高质量发展路径及政策设计——在第五届鲁青论坛"黄河流域碳达峰与碳中和路径高峰论坛"上的发言［J］.青海师范大学学报（社会科学版），2021（4）：13-17.

［179］张群.工矿开发背景下的牧民可持续生计研究：基于内蒙古乌拉特后旗的调查［M］.北京：光明日报出版社，2021.

［180］张万群.农村婚姻家庭结构和功能变化［J］.桂海论丛，1991（6）：50+101-103.

［181］章斯睿.塑造近代中国牛奶消费：对近代上海乳业市场发展及其管

理的考察［M］.上海：上海社会科学院出版社，2020.

［182］赵东海.西辽河文明视域下的北部边疆内涵挖掘与品牌打造［J］.内蒙古民族大学学报（哲学社会科学版），2024，50（1）：1-6.

［183］赵哈林，赵学勇，张铜会，周瑞莲.北方农牧交错带的地理界定及其生态问题［J］.地球科学进展，2002（5）：739-747.

［184］赵哈林，周瑞莲，张铜会等.我国北方农牧交错带的草地植被类型、特征及其生态问题［J］.中国草地，2003（3）：2-9.

［185］赵明月.当代我国女性婚恋观的变化研究［D］.河北科技大学硕士学位论文，2016.

［186］赵威，韦志刚，郑志远等.1964-2013年中国北方农牧交错带温度和降水时空演变特征［J］.高原气象，2016，35（4）：979-988.

［187］赵维伟.城乡流动背景下青年农民工的婚恋困境及原因浅析：基于布迪厄场域理论的视角［EB/OL］.https：//www.lishiyushehui.cn/article/item/294，2010.

［188］中共中央文献研究室编.十八大以来重要文献选编（上）［M］.北京：中央文献出版社，2014.

［189］中国农学会耕作制度分会编.中国农作制度研究进展2010［M］.济南：山东科学技术出版社，2010.

［190］中国农业科学院《中国种植业区划》编写组.中国种植业区划［M］.北京：农业出版社，1984.

［191］中国营养学会.中国居民膳食指南［M］.拉萨：西藏人民出版社，2008.

［192］中华人民共和国财政部《中国农民负担史》编委会.中国农民负担史·第五卷，中国全面改革开放和建设社会主义市场经济体制时期的农民负担：1985年-2006年［M］.北京：中国财政经济出版社，2020.

［193］周大鸣.人类学概论［M］.北京：高等教育出版社，2019.

［194］周献德.城乡流动背景下农村青年婚恋模式的变迁——农村新婚恋"场域"的形成与影响分析［J］.河北农业科学，2009，13（10）：141-143.

［195］周璇，唐柳，王茹.农牧区城镇化模式创新与新型农牧区综合体建设研究［J］.农村经济，2016（9）：49-55.

［196］周涌，汪德水.中国农牧交错带现状分析［J］.农业科研经济管理，1999（1）：18-20.

［197］朱宏斌，郭向平.历史上西北地区农牧交互关系探析［J］.内蒙古大学学报（人文社会科学版），2003（1）：44-48.

［198］朱尖.试论北部边疆的学理与实践定位［J］.内蒙古社会科学，2024，45（1）：33-39.

［199］朱莉仙，聂慧，图布新毕力格.阿拉善羊绒优质优价市场现状与展望［J］.畜牧兽医科技信息，2019（11）：13.

［200］朱民，周弘，［德］拉斯·P.菲尔德，彼得·荣根.社会市场经济：兼容个人、市场、社会和国家［M］.北京：中信出版社，2019.

后 记

POSTSCRIPT

我比较喜欢阅读书后记，觉得轻松又踏实。记得曾有一本书的作者在后记里写了"读哪一本书靠缘分"的语句。当时我发挥想象力，联想到这位作者可能是在意想不到的情况下发现了对自己重要的研究主题。现在经过些许时日，我忘记了那位作者的解释，仅记住了自己的"猜测"。

我现在依然觉得在研究主题选择上多数情况下的确是"靠缘分"。本书关于农牧民经济行为的主题是多重"缘分"下的综合结果。首先是因为 2010 年以来本人有幸参与的几项牧区社会调查项目的经历，从而对 21 世纪以来的内蒙古基层社会情况有了切实的了解并积累了一些调查、访谈材料；其次是本人主持的内蒙古哲学社会科学规划项目（2021 年），虽然在项目执行期间经历疫情阶段影响了调查进度及深度，但因该项目我形成了较为具体可行的研究思路，并利用项目提供的经费维持了后续调查研究的支出，从牧区范围逐渐扩展到了农区和半农半牧区；再次是书中呈现的几位学生提供的内容使本书的社会调查案例变得丰富充实，他们对本主题的兴趣和对所学专业的认识促成了我们之间难得的合作；最后是内蒙古大学民族学学科的发展为出版书稿提供了重要平台资源及资金资助，与此同时因出版事宜联系到经济管理出版社任爱清女士，她了解到我书稿具体情况后提出了重要的建议，使我有动力去扩展对农牧区社会生活研究的范围及角度，进而促成了本书研究主题的确立。

然而，对"随缘"的笃信可能才是支持我去这样思考的根源。自决定攻读博士学位开始，在大环境的簇拥下，我逐渐陷入了探寻意义的旋涡，但忙碌的调查写作之后，又禁不住自问所谓意义何在。当时为此问题我的各位师长给出过不同的答案。而有意思的是在本书写作过程中与学生交谈时该问题再一次回到了我面前，让我禁不住感叹人思维的共性以及寻求意义的执着。但这一循环往复也让我的答案变得更加连贯、顺畅，同时也希望学生能对自己、他人所进行的社会调查和研究结论产生共鸣，获得持续思考的动力。产业链下的农牧民经济行为是在更大社会、历史、文化背景下的人的活动，它带有明显的目的性，也是人在盲目、随缘、模糊状态下抉择的生产、生活的真实过程。

这本书是我进入研究类工作岗位六年之后的成果，也是我撰写的第二本农牧社会主题专著，比起第一本在许多方面有了一定的提高。不过，即使是一点点的进步它也并非是我一人的努力，书稿里浸透着很多人的汗水。这里要特别感谢不同阶段对书稿进行校对、润色的各位编辑。在书稿最初版本中学生提供的稿件文字量远大于书中呈现的内容，还有几位同学写作的内容因书稿篇幅及主题限制未能纳入进来，特别感谢他们利用假期进行了认真的社会调查并整理成文字，同时，也需要感激在不同阶段的调查中接受采访的各位受访人。总的来讲，一个资质平平、能力有限又缺乏以坚韧毅力补救的人，在学术探索的过程中除了耐心倾听、缓慢积累、跬步前行之外似乎也无其他路径可选，好在还有一隅包罗动与静、平衡多元意义之空间，使我们因书结缘，思考生活日常，付梓出版沟通所思所想，恳请各位批评指正。

陈红

于内蒙古呼和浩特

2025 年 1 月